これだけは知っておきたい

リスク
マネジメントと
危機管理
ガイドブック

Risk management

東京海上ディーアール株式会社 編

同文舘出版

なお、本書の図表のうち出所が記載されていないものは、著者のオリジナルである。
また、本書を執筆するにあたって参考とした図書や論文などの文献については、まとめて巻末に記載した。

はじめに

2022年はロシアがウクライナに侵攻するという地政学リスクが顕在化し、新型コロナウイルスのパンデミックも継続している。また、気候変動による風水害など物理リスクと脱炭素社会に向けた移行リスクも増大している。このような不透明さを増す状況の中では経営のかじ取りの難しさは確実に上昇し、その道標となるリスクマネジメントが企業経営にとってますます重要になる。

21世紀に入り世界では経営のリスクマネジメントの必要性が強く認識され、リスクマネジメントに関する国際標準規格ISO31000が制定され、また各国も企業経営への関与を強めさまざまな法整備が進められてきた。日本でも会社法や金融商品取引法が制定され、有価証券報告書へのリスク情報の開示も義務付けられた。それに応えて大企業や上場企業を中心に多くの企業がリスクマネジメント体制を整えてきた。

この本を手に取られる読者の方は、リスクマネジメント体制が構築された企業において人事異動で新たに当該部門に配属されリスクマネジメントを学ぼうとされる方、あるいは中堅中小企業やベンチャー企業の新進気鋭の経営者で、これからリスクマネジメント体制を構築しようとされる方、そしてビジネススクールなどで学ばれる方が多いのではないかと考える。そのため、本書では国際標準規格の概念も踏まえた最新のリスクマネジメントの考え方を基礎から学べるようにした。また、万が一リスクに遭遇したときの緊急事態への事前の備えにも多くの紙面を割いている。

本書の構成は以下の通りである。第Ⅰ部「リスクマネジメントとは」では、必要性や言葉の定義概念などを説明する。第Ⅱ部「リスクマネジメントの取り組み」では、体制作りと日常のリスクマネジメントの進め方を継続的改善PDCAの手法に沿って解説する。第Ⅲ部「危機管理―緊急事態への対応」では、万が一リスクに遭遇したときの危機管理や事前の備えなどにつきノウハウを提供している。第Ⅳ部「よりよいリスクマネジメント構築のために」では、コンプライアンスやBCPなど個別のリスクへの対応や先進的企業の取り組みを紹介する。

本書が皆さまのリスクマネジメントに少しでもお役に立てば幸いである。

2022年7月
著　者

目 次

はじめに ……… i

第 I 部
リスクマネジメントとは

第1章 リスクマネジメントの必要性 3

1-1 リスクマネジメントを促す経営環境の変化 ……… 4
1-2 企業を取り巻くリスク ……… 5
1-3 リスクマネジメント促進に関する法整備 ……… 8
1-4 企業のはじめての危機管理「タイレノール事件」 ……… 11
1-5 リスク情報の開示 ……… 16
1-6 危機管理に成功した企業はセカンドベスト ……… 19

第2章 言葉の定義と国際標準規格の概要 27

2-1 リスクとは ……… 28
2-2 リスクマネジメントの定義 ……… 32
2-3 リスクマネジメントと危機管理 ……… 34
2-4 日本における危機管理の3つの概念の混乱 ……… 37
2-5 リスクマネジメント国際標準規格 ISO31000 の概要 ……… 41

第 II 部 リスクマネジメントの取り組み

第3章 日常時のリスクマネジメントの全体像 49

3-1 リスクマネジメントの組織の構築：PLAN …… 50
3-2 リーダーシップとコミットメント …… 52
3-3 経営者の役割 …… 54
3-4 取締役の役割：監督機関の役割 …… 56
3-5 リスクマネジメント方針 …… 59
3-6 リスクマネジメント担当役員 CRO …… 61
3-7 リスクマネジメント委員会 …… 63
3-8 リスクマネジメント推進組織：経営資源の配付 …… 66
3-9 責任の割り当て・説明責任と任務遂行責任 …… 68
3-10 コミュニケーションと協議 …… 71
3-11 組織の外部・内部状況の確定：SWOT 分析 …… 74

第4章 リスクマネジメントの PDCA サイクル 79

リスクマネジメントの計画：PLAN …… 80

4-1 適用範囲とリスク基準および状況の設定 …… 81
4-2 リスクの発見 …… 83
4-3 リスクの特定 …… 86
4-4 リスクの種類 …… 87
4-5 リスクの算定 …… 92
4-6 リスクマップ …… 95

4-7 被害想定シナリオと５つの評価軸 …… 97
4-8 リスク評価 …… 106
4-9 優先順位の高いリスク …… 108
4-10 リスクマネジメント目標の設定 …… 112
4-11 リスク対策 …… 114
4-12 リスクファイナンス …… 124
4-13 国際会計基準の考え方による資本とリスク量の関係 …… 127
4-14 資本の考え方と損害保険の効用 …… 129
4-15 財務インパクト分析 …… 131
4-16 損害保険と財務諸表の推移 …… 133
4-17 リスクの定量化の事例、バリューアットリスク …… 137
4-18 リスクコスト …… 143
4-19 リスクマネジメントプログラム …… 146

リスクマネジメントの実施：DO …… 149

4-20 運用管理と文書管理 …… 150
4-21 教育・演習 …… 153
4-22 リスクコミュニケーション …… 157
4-23 記　録 …… 160

リスクマネジメントの評価：CHECK …… 162

4-24 パフォーマンス評価 …… 163
4-25 有効性評価とパフォーマンス評価の総合評価 …… 166
4-26 KPI および監視測定 …… 168

リスクマネジメントの継続的改善：Act …… 170

4-27 点検是正 …… 171
4-28 監　査 …… 176
4-29 根本原因の分析 …… 178
4-30 レビューと継続的改善 …… 181

第 III 部
危機管理―緊急事態への対応―

第5章　対応（1）―事前―　185

緊急事態対応のための事前準備 …… 186

5-1 事態管理と危機管理 …… 187
5-2 危機管理規程：権限集中と権限委譲 …… 192
5-3 指揮命令系統の整備 …… 196
5-4 対策本部の構築 …… 198
5-5 対策本部のエスカレーション …… 202
5-6 早期警戒システム …… 205
5-7 緊急事態の対応計画の策定 …… 208
5-8 ICS の概念 …… 211
5-9 ICS の組織 …… 213
5-10 ICS の行動要領 …… 215
5-11 対策本部のレイアウト …… 219
5-12 情報の吸い上げ …… 223
5-13 緊急事態マニュアル …… 225
5-14 時系列一覧表 …… 229

教育および演習 …… 232

5-15 経営者の教育・演習 …… 233
5-16 机上演習の設計と事例 …… 235

第6章 対応（2）―事後― 243

対策本部要員の業務 …… 244

6-1 緊急事態の認定 …… 245
6-2 対策本部の立ち上げ …… 247
6-3 対策本部事務局の実施業務 …… 249
6-4 状況認識の統一：ポジションペーパー …… 253
6-5 緊急時のリスクコミュニケーション …… 256
6-6 情報の取り扱い …… 258
6-7 記者会見 …… 262
6-8 記者会見資料作成と記者会見の進め方 …… 267
6-9 記者会見以前の課題 …… 272

そのほかの事後対応 …… 276

6-10 危機管理のプロシージャー …… 277
6-11 復旧時の取り組み …… 280
6-12 危機に陥りやすい組織 …… 282
6-13 危機管理十か条 …… 287

第Ⅳ部 よりよいリスクマネジメント構築のために

リスクマネジメント構築に向けた具体的な取り組み …… 293

1 コンプライアンスの取り組みの要点、属人思考を知る …… 294
2 コンプライアンス促進のための 4 つの法改正 …… 297

3 事業継続計画 BCP の 7 つの要件 …… 300
4 製品安全へのリスクマトリックスの活用 …… 306

リスクマネジメント先端企業の体制構築事例 …… 309

5 グループ会社の ERM の構築 …… 310
6 取締役会のリスクマネジメントの役割を強化 …… 313
7 全世界のグループ会社の認識統一を担う専門部長の任命 …… 315
8 総合商社のリスクマネジメント …… 317
9 次世代経営者育成のためのリスクマネジメント経営 …… 319
10 サプライチェーンリスクマネジメント …… 321
11 サプライチェーンのトレーサビリティ …… 324
12 理想的なリスクマネジメントの全体像 …… 326

参考文献 …… 329
索　　引 …… 331

コラム一覧

① 日本型経営からの脱皮 …… 7
② 阪神・淡路大震災と東日本大震災 …… 14
③ 成功したリスクマネジメント　西暦 2000 年問題 …… 21
④ リスクマネジメントの歴史 …… 22
⑤ ハザード、ペリル、リスク …… 31
⑥ マネジメントシステムの特徴と欠点 …… 45
⑦ 内部統制とリスクマネジメント …… 77
⑧ IEC/ISO31010　リスクマネジメントの分析手法 …… 102
⑨ プロスペクト理論とフレーミング …… 103
⑩ 火災防災体系 …… 120
⑪ 情報セキュリティ体系 …… 122
⑫ 統合リスク管理と損害保険などの補填策の有効性 …… 141
⑬ リスク VS リスクトレードオフ …… 148
⑭ 教育・訓練・演習 …… 155
⑮ 危機の特徴 …… 207
⑯ 3 分間ブリーフィング …… 252

これだけは知っておきたい

リスク
マネジメントと
危機管理
ガイドブック

第 I 部

リスクマネジメントとは

経営者であっても経営者でなくても、日々の会社経営や個人の生活があらかじめ考えた通りに済々と進んでくれれば何もいうことはない。しかし実際はなんとなく気になっていたことや起きてはほしくないこと、あるいはまったく思いもよらなかったことが起きて、予定が狂い対応に追われることがある。しかしこれらの多くのことは改めて考えてみると、発生が予測でき、事前に対策を取ろうとすれば取ることができるものが多いことに気づく。また、周りをみてもいろいろなトラブルにみまわれても準備がよく何事もなかったように過ごしている人がいることに気づく。

このように、これから起きる可能性のある出来事をいかに体系立てて予期し、事前に対策を準備していくことがリスクマネジメントである。特に企業の経営者にとって、自然災害や脱炭素社会、地政学リスクが避けられず、予定調和的な安定した社会環境は望むことが困難な時代に直面してきており、リスクマネジメントは経営者の必修科目といっても過言ではない。

第１章では本書の導入部として、企業にとってリスクマネジメントの必要性を、環境の変化、過去の企業の対応事例、法律の面などから解説する。第２章ではリスクマネジメントに関する言葉の定義と国際標準規格の概要を解説する。

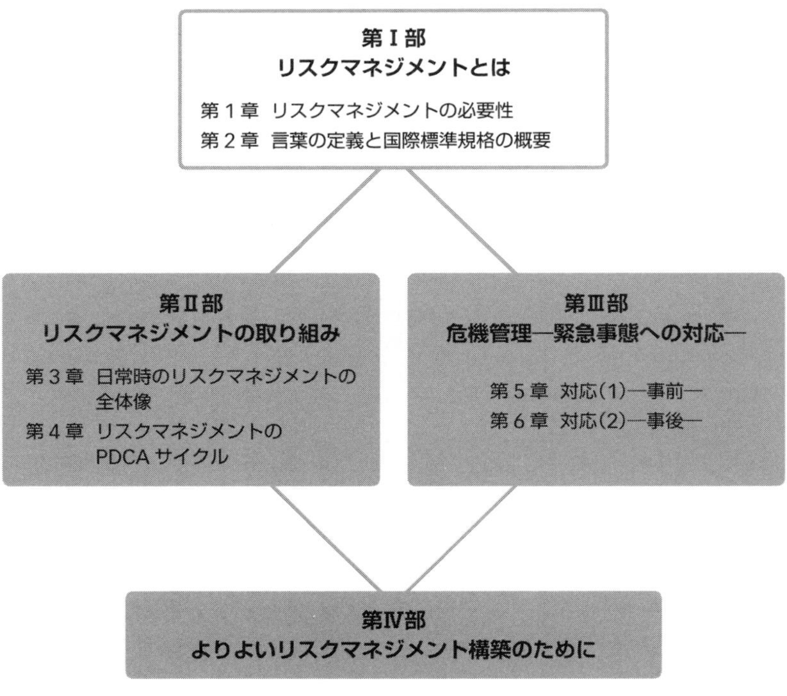
第Ⅰ部
リスクマネジメントとは
第１章　リスクマネジメントの必要性
第２章　言葉の定義と国際標準規格の概要
第Ⅱ部
リスクマネジメントの取り組み
第３章　日常時のリスクマネジメントの全体像
第４章　リスクマネジメントのPDCAサイクル
第Ⅲ部
危機管理―緊急事態への対応―
第５章　対応(1)―事前―
第６章　対応(2)―事後―
第Ⅳ部
よりよいリスクマネジメント構築のために

第 1 章

リスクマネジメントの必要性

企業を取り巻く経営環境の不確実性が増大したため、企業の経営者に対してリスクマネジメントが求められている

- ➪経済のグローバル化、迅速化、巨大化により、企業の経営の不確実性がかつてより大きくなった
- ➪企業経営の目的の達成を阻害する要因をリスクとする
- ➪リスクの発生の抑止と発生した場合の影響度の軽減を行うリスクマネジメントが従来以上に企業の経営者に求められている

自然災害や脱炭素社会への取り組み要請、地政学リスク、サイバーリスクなどが次々に顕在化し、また経済のグローバル化、迅速化、巨大化により、企業の経営の不確実性がかつてより大きくなった。そのため企業の倒産や株主保護のため様々な規制も強化されてきた。会社法などにおいて、企業経営の目的の達成を阻害するものをリスクとし、リスクの発生の抑止と発生した場合の影響度の軽減を行うリスクマネジメントが従来以上に企業の経営者に求められている。

顕在化したリスク例、リスクマネジメントを促す法律、リスクマネジメントの成功事例などを学ぶ必要がある。

1-1 リスクマネジメントを促す経営環境の変化

企業を取り巻く経営環境の変化は速くまた大きくなっている。この環境の中で企業目的の達成を阻害するリスクへの対処が求められてきている

- 企業は経済の発展とともに、グローバル化し、競争の激化により企業は巨大化し、またマーケットの変化に迅速に対応することが求められてきた
- 企業は社会に役立つ生業を実現するために設立され、多くの関係者が協働する、自律的に発展を目指す存在である
- 経営環境の変化に伴い事業目的の達成を阻害する事象であるリスクが多数発生している。企業の存続のためにはリスクへの対処が求められている

日本の企業は第二次世界大戦後の高度経済成長の時代に経済大国としての基盤が形成された。石油ショックなどの出来事はあったが、地震や水害など自然災害も少ない時期であることも重なり、官民一体となった経済政策の中で、先読みがしやすい経営環境で育ってきた。1991 年からのバブルの崩壊でそれまでの経営環境は一変し、失われた何十年といわれる経済停滞の時代となり、大型倒産や企業合併などが相次いだ。この間東西冷戦の終結や経済のグローバル化、新興国の発展があった。新興国の世界経済への組み込みは市場の拡大とともに世界中にサプライチェーンが拡大する状況となった。また、新興国の発展は冷戦とは別の新たな地政学的リスクを引き起こしてきている。21 世紀に入りインターネットの発展により、ますます世界の経済は迅速化しメガ競争の時代に入り、競争に打ち勝つために国境を越えた企業集団が形成されるなど巨大化が進んだ。国境を越えた企業活動は税金や法律の適用など国と企業間の摩擦も引き起こしている。またグローバル化によりリーマンショックの影響や、新型インフルエンザや新型コロナウイルスなどの感染症のリスクが世界中で大きくなった。

1-2

企業を取り巻くリスク

日本の危機管理元年とは阪神・淡路大震災が発生した1995年である。その後も様々な出来事が相次いで企業を襲っている

- バブル崩壊後の景気低迷期でも日本の企業は不良債権処理を行いながら景気浮揚のきっかけを探っていたが、阪神・淡路大震災で企業の存続を揺るがす事態があることを認識した
- 経済界を揺るがすリスクは地震だけではない。ありとあらゆるリスクが企業を襲う。グローバル化により国家間の地政学リスク、IT化による被害の伝達の迅速化、企業の巨大化による影響範囲の拡大などが顕著である

安定していた経営環境の中で、日本企業の経営者は企業目的の達成を阻害する事象であるリスクを普段は気にかけずに経営をすることができていた。バブル崩壊後の不良債権処理の段階でも、蓄えていた内部留保などを使いながら景気浮揚のきっかけを探っていた。結果として長い景気低迷からの脱出は難しかった。

1995年1月17日、阪神・淡路大震災が発生し、企業の存続に大きな影響を与える地震などの自然災害があることに気づかされた。その後も数年に1度の割合で被害地震が続発し、2011年には東日本大震災を経験する。また、1995年は地下鉄サリン事件が発生し、諸外国とは異なりあまり念頭に置かなかった大規模テロが日本でも発生するという認識を新たにした。この地震とテロの2つの想定外事象の発生により、経営者には想定外の事態への対応力である危機管理能力が求められるという認識が一般化した。日本は1995年を危機管理元年と位置付け日本標準規格として経営者のための「JISQ2001:リスクマネジメントシステム構築のための指針」の開発を進め2001年に発行した。

その後も大手銀行ニューヨーク支店の１人の行員の巨額損失事件に伴う株主代表訴訟や大規模食中毒事件、産地偽装、品質不正などのコンプライアンス問題、アメリカのサブプライムローン処理をきっかけに発生した世界的な金融危機であるリーマンショック、相次ぐ工場火災や気候変動に伴う風水害、そしてインターネットの世界的発展に伴う様々なサイバー犯罪およびウクライナ侵攻など、企業を取り巻くリスクはますます増加している。

【近年の企業のリスク事例】

●自然災害	東日本大震災、熊本地震 西日本豪雨、令和元年東日本台風、令和元年房総半島台風 猛暑、豪雪
●感染症	新型コロナウイルス
●事故	半導体工場火災、倉庫火災、放火ビル火災 原子力発電所事故 大規模脱線事故、トンネル天井板崩落事故
●情報	ランサムウェアによる操業停止 個人情報・機密情報漏洩 金融システム停止
●製品・サービス	大規模リコール 大規模食中毒
●環境	メキシコ湾原油流出事故 気候変動規制強化、プラスチック削減運動
●労務	過労死、ワークライフバランス、ジェンダー平等、差別 海外工場のストライキ
●法務倫理	粉飾決算、贈収賄、談合 品質不正、食品偽装、検査不正、耐震偽装 優越的地位の濫用
●市場マーケティング	価格政策の失敗
●財務	不良債権
●政治	地政学的リスク、クーデター、報復関税 税制改革、規制緩和
●経済	リーマンショック、マイナス金利政策 ギリシャ危機
●社会	電力不足、ブラックアウト ブログ炎上、自粛警察、ダイバーシティ、人権運動 WTC9.11テロ、工場・施設襲撃テロ、地下鉄サリン事件

コラム① 日本型経営からの脱皮

日本の企業は欧米の企業に比較して事件や事故などへの対応であるリスクマネジメントの発展がなかなか進まなかった。それは高度成長期において官民連携で護送船団方式と呼ばれる安定した経営環境が作られていたこと、株式の持ち合いにより経営者の方針を暗黙に支持する安定株主が存在したこと、自然災害が少なかったことなどにもよる。また、高度経済成長期の企業規模の発展に伴う資金需要を銀行が積極的に支援し、場合によっては大口債権者として要請に応じて企業経営陣に役員を送り込むなどを行い、事件事故への対応や経営不振にあたってはメインバンクが積極的に支援し様々な危機を乗り越えてきた。

また、財務的には日本型会計基準の恩恵がある。財務諸表の資産評価において、株式や債券などの金融商品の価格評価や土地の評価は、取得時の価格で評価する方式が永らく用いられてきた。このため高度経済成長期に株価や土地の価格が上昇しても財務諸表上は取得価格として評価をするため、その差額が含み利益となり、万が一経営不振や事件事故が発生して巨額損失が発生した場合に、保有株式などを売却することにより売却時価格と簿価との差額を特別利益として計上し損失の穴埋めを行う方法がとられてきた。このため、含み益が大きな企業ではリスクが顕在化して多少の損失が出ても財務諸表上はなんとかなると考え、これがリスクマネジメントが推進されてこなかった原因と考えられる。

現在、徐々に世界中の企業に採用がはじめられている国際会計基準では、金融商品や土地なども時価で計上する方向性となり、特別損失特別利益がなくなる。その場合は含み益が存在しないため損失がそのまま財務諸表に現れる。経営者は損失の発生を防ぎ万が一の時も損失を軽減するためのリスクマネジメントが欠かせなくなってきた。

なお、特別利益や特別損失の「特別」という言葉は、経営者の通常の経営責任ではないというニュアンスが感じられる。今後これらに頼ることができない経営者は、財務諸表に反映されるすべての利益と損失は、たとえ事件や事故、災害であってもすべて経営の責任として覚悟しなければならない。そのため特別扱いのない欧米の経営者は、財務諸表を守るためのリスクファイナンスに熱心である。

1-3

リスクマネジメント促進に関する法整備

21 世紀に入り日本も諸外国の動きに合わせてリスクマネジメントを促進するための法律整備が行われた。中でも会社法と金融商品取引法が重要である

- 国際競争に日本企業が負けないように、制度上の制約をすべて解消するため商法などの大改正を行い会社法が成立した
- アメリカの大規模粉飾決算事件再発防止の法律整備を受けて、日本でも金融業界個々の法律を一本に統廃合し同様の主旨を金融商品取引法として整備した
- 内部統制の思想を軸にリスクマネジメントの促進が図られた

1 会社法

21 世紀に入り、企業のグローバル化が進むとともに世界中の企業が競合相手となる時代となった。日本企業が日本の商法などの制約により諸外国企業との競争に負けかねないことから、法律上日本企業の経営の自由度を諸外国並みかそれ以上に持たせる方向で、商法を大改正し 2005 年 7 月 26 日に会社法を制定した。日本で事業を営むすべての企業は会社法に基づいて運営される。

会社法では経営の自由の大原則が方針である一方、経営の失敗は経営者の自己責任であり、市場からの撤退を促すことを主旨とした。その中で会社法 362 条は使用人の職務の執行が法令および定款に適合することを確保する体制としてコンプライアンス体制を構築することを求めているとともに、損失の危険の管理に関する規定その他の体制を求めており、この条項がリスクマネジメントの整備であると解釈されている。362 条は努力義務であり、罰則

規定はないが立法主旨としてはリスクマネジメントに失敗した企業では経営責任を取って経営者は退任、また企業は市場からの撤退をすることとしている。なお、罰則規定はないものの362条を論拠として株主代表訴訟を起こすことは可能である。

このように努力義務ではあるが、企業経営においてリスクマネジメントが法律で定められたことは大きな意義がある。

2 金融商品取引法

元は証券取引法であったが、それ以外の銀行や保険などの個別法も統合することと、アメリカで発生したエンロン事件などの大規模粉飾決算を防ぐためのサーベンスオクスリー法（Sarbanes-Oxley Act of 2002：SOX法）の主旨を盛り込み、2007年9月30日に金融商品取引法が施行された。株主をはじめ証券や銀行、保険などの利用者保護のために幅広い金融商品について横断的・包括的に法を整備した。

制定の主なポイントは、①販売勧誘ルールなどの銀行証券保険などの統一、②プロとアマを区別し、プロには裁量の自由を、アマには保護を推進する。③市民投資家の育成に重要な上場企業の有価証券報告書の誤りがないことを保証するための規制と罰則の強化。上場企業の内部統制報告書義務づけ。④違反した場合の罰則の強化と商品販売時の説明対象の拡充、などである。

中でも有価証券報告書は特にアマチュアの市民投資家が株や債券の購入や売却を行う基本資料となるため、誤りがないこと、さらには粉飾決算の防止を保証する仕組みの構築を求めている。この株主保護の一環として事業等のリスク情報の開示も含まれる。

このほかにも21世紀初頭の日本では、2004年6月に公益通報者保護法が成立し、企業内部でコンプライアンス違反をしている状況が放置されていることを従業員が認知し、企業のしかるべき部署に届け出ても一定時間以内に対応がとられない場合は、官公庁やマスコミなどへ通報しても情報漏洩などの就業規則違犯とはならず、企業はその内部通報を行った社員を左遷やいじめなどの不利益から保護しなければならないと定められた。これによりコンプライアンスの促進がされるようになった。また、2005年4月20日に独占禁止法が改正され、課徴金の大幅増額に加えて、談合の自主申告を一番はじめに行った企業に対して刑事罰の免除および課徴金の減免措置が行われることとなり、また同様に立ち入り検査前に自主申告を行ったその他の企業も報告順に割合は異なるものの課徴金の減免が行われる「リニエンシー制度」が制定された。この制度は世界の多くの国が実施しており、日本も同様の制度となった。これにより世界中で談合の摘発が進むようになった。

このほか、個人情報保護法の施行など利用者保護に関する法制度が世界の動向と合わせて整備され、企業のリスクマネジメントが促進されることとなった（内部統制とリスクマネジメントの関係性は第2章参照）。

1-4

企業のはじめての危機管理「タイレノール事件」

企業の事件で危機管理という用語が用いられた最初の事件がタイレノール事件である。危機管理の教科書もない時代に取った会長の対処は今では危機管理の手本となっている

- 企業の事件ではじめて危機管理という用語が使われたのは 1982 年に発生したジョンソン＆ジョンソン社の鎮痛剤タイレノールの毒物混入テロ事件である
- 危機管理の教科書もない時代にハーグ会長の取った対応は、今でも危機管理の手本とされている
- 経営者の陣頭指揮、緊急対応チームの設置、情報を隠さない広報、製品改良による早期復帰の 4 点が戦略として優れている

危機管理（Crisis Management）というもともとは軍事用語であったものがアメリカで一般にも使われるようになったのは 1962 年のキューバ危機である。一方、企業の事件ではじめて危機管理の用語が用いられたのがタイレノール事件である。1982 年秋にアメリカの大手製薬製造業のジョンソン＆ジョンソン社の主力製品である鎮痛剤のタイレノールに何者かが青酸カリを混入させ、その商品を服用したシカゴ近郊の消費者 7 名が死亡する痛ましい事件が発生した。リスクマネジメントが発達しているアメリカであってもこれだけの大規模な企業の根幹を揺るがすようなテロ事件に対する教科書的な手法は当時はまだ一般化されておらず、当時のハーグ会長他経営陣がとった危機対応は、今でも世界中の危機管理の手本となっている。ジョンソン＆ジョンソン社の取った対応には 4 つの重要な特徴がある。

1 経営陣の陣頭指揮

事件の報告が当局から立て続けに入電してからただちに、ハーグ会長自らが最高責任を取ることを明言し、会長のトップダウンで対応方針を打ち出した。その方針に基づき対策活動の優先順位を決定し、各部門が協力して対応した。方針は、「これ以上死者を出さない」であり、すばやい広報と多額の費用がかかる全品の回収を指示した。

2 緊急対応チームの設置

会長が事件を認識してから自らを最高責任者とする緊急対応チームを2時間で設置し、すべての情報を一元管理した。現在では携帯電話やメールなどで一括招集が可能であるが、当時では経営者や幹部職員に1人ずつ電話などで事情を説明し、日常業務を中断させて対応要請をしていく状況であり、2時間は速い対応と評価されている。

3 情報を隠さない広報対応

鎮痛剤を服用する人は、常備薬として購入する人も多いが、頭痛、生理痛、歯痛など緊急で服用を行うことが想定される。そのためこれ以上死者を出さないためには迅速で大規模な広報活動が必要になる。そのためハーグ会長自らがスポークスパーソンとしてテレビなどを通じて直接消費者に「タイレノールを飲まないように。また製品回収に協力してほしい」と呼びかけを行った。

また、工場などの緊急調査によって他工程に使用するための青酸化合物があることが判明したが、この事実も隠さずマスコミを通じて報告した。青酸化合物が工場内にあるということは、犯人が関係者である可能性、製造ミスということを示唆する可能性のある情報であり、企業に対して厳しい視線を浴びせる情報であるが、消費者などの信頼を勝ち取るには透明性が重要と判断し、判明し次第公表した。

消費者に対し、125,000回に及ぶTV放映、専用フリーダイヤルの設置、新聞の一面広告などの手段で回収と注意を呼びかけた。さらに、製品回収体制が整った時点でタイレノール全製品のリコールを実施し、結果的に毒入り瓶は8本であり、そのうち未使用3本を発見した。

こうした対応により、これ以上死者を出さないことに成功した。その結果約3,100万本の瓶を回収するにあたり約1億USドル（当時の日本円で 約277億円）の損失が発生した。

4 製品改良による早期復帰

犯罪の可能性が高いと判断された後は、犯人逮捕関連を当局にゆだね、事件の反省に基づいて開発した三重包装（1製品をビニールシールで包む、2紙箱に入れる、3紙箱をさらにビニールシールで包む）を2週間で開発し製品を市場に復帰させた。そして年末までに当初の売り上げの80%まで戻すことに成功した。この80%という数字はその後の危機に陥った企業事例でも最高値に近い値である。多くの企業では消費者の信頼の回復が遅れ、ここまで回復することは難しい。現在ではリスクマネジメントの被害想定シナリオで信頼回復後の売り上げ額の上限値としてこの80%という値を用いることは多い。

ハーグ会長が当時標準的な危機管理手法がない中でこのような対応が取れた理由は、「Our Credo 我らが信条」として「消費者の命を守る」ことが経営哲学として定められていたことによると後日答えている。

コラム② 阪神・淡路大震災と東日本大震災

今でこそ日本はどこでも地震があると認識されているが、1995年の阪神・淡路大震災当時は一部の地震学者や防災学者のみが近畿地方で地震の発生があると認識している状況で、マスコミをはじめ一般人や企業の経営者も近畿地方で地震のリスクはないと認識していた。

当時の地震対策は、安否確認と飲食料の備蓄がほとんどで、先進的企業が什器備品や設備機器の転倒防止を行っている程度であった。阪神・淡路大震災は人命の被災はもとより、生産設備の復旧や原材料および部品の調達、商品搬送のための物流の確保などに支障を生じ、売り上げが立たなければ企業の存続に直結するという、人道的対応を越えた経営課題となった。

阪神・淡路大震災への企業の対応を分析した結果、教訓が3つあることが判明した。

①地震対策は総務部長レベルの人道的対応ではなく、経営者が管理すべき経営課題である。

②事前に地震発生後の対応を準備しておいた企業が復興速度が速い。広域災害では企業活動に必要な資源確保が制限され、場合によっては早い者勝ちとなるため、復旧速度を確保するためには事前準備が欠かせない。

③臨機応変の指揮が取れる指揮者の育成が必要。緊急事態対応では冷静に全体を把握し、的確に優先順位を判断し方針を決定できる指揮者が経営陣にも現場のトップにも必要である。

阪神・淡路大震災では事前に経営課題として地震対策に取り組んでいなかった企業でも、経営陣の的確な判断で業績の落ち込みを少なくできた企業もある。しかし、いつでも経営者の個性に頼ることは危険であり、だれが経営トップや現場のトップについても最低限の及第点が取れる対応が取れるよう、指揮者の日常時の育成が必要である。

これら3つの教訓を踏まえて、日本企業の緊急時対応の強化が必要として開発されたのが日本標準規格JISQ2001：2001リスクマネジメントシステム構築のための指針である。緊急時の対応力強化を目的に開発がすすめられたが、緊急時対応力は日常時の備えの充実が必要であり、そのため日常時からの包括的な活動を求めるリスクマネジメントの規格として制定された。なお、JISQ2001は現在は2009年に制定された国際標準規格ISO31000：2018、JISQ31000：2019リスクマネジメント一指針に置き換えられている。ISOが制定されたように、企業のリスクマネジメントは世界中の関心事となっており、世界中の経営者の基礎知識として求められるものとなっている。

阪神・淡路大震災から16年後の2011年に東日本大震災が発生した。21世紀に入り日本ではリスクマネジメントが促進されてきたとはいえ、想定以上あるいは想定外の被害のため企業経営に大きな影響を被った企業も多かった。一方リスクマネジメントの一環である事業継続計画（BCP：Business Continuity Plan）を整備していた企業では、その成果を発揮し経営への影響を小さくできた企業もある。東日本大震災では、想定外および想定以上の被災に見舞われた際に、想定外なので対応できないと述べた経営者がいる。残念ながら経営者失格といわざるを得ない。企業経営上のあらゆるリスクへの備えと損失への対応は経営者の責務であり、また想定外への対応を決断できるのは経営者しかありえない。その意味でこの発言をした社長はトップになるべき人材ではなかった。

1-5

リスク情報の開示

株主や投資家を保護するために、自社の株価が下がるおそれのあるリスクにつき有価証券報告書にその内容を記述することが制度化されている

- 特に市民株主を保護するために、有価証券報告書の中で企業がかかえる株価下落のおそれがあるリスクにつきその概要を記述しなければならないと制度化されている
- 有価証券報告書で開示されたリスクが発生しても、その情報を承知して株式や債券を購入したのは株主の自己責任となる
- 株主はリスクを承知して投資をするが、同時にそのリスク対策を経営者に要求することとなる。対応が不備であれば当然株主代表訴訟の対象となる

世界の主要な証券取引所で、それぞれの政府は共通して市民投資家の育成を行っている。日本も金融商品取引法の整備の中で、アマチュアである市民投資家保護を掲げている。個別の株主対話が可能な機関投資家などとは異なり、アマチュアの投資家の得られる情報は公開されている情報に限定される。そのため、特に重要な企業からの開示情報である有価証券報告書の正確性が求められる。

金融商品取引法では有価証券報告書に誤りがあれば、故意過失を問わずそれ自体で企業に賠償責任が生じる。この有価証券報告書の中で企業のリスク情報の開示がある。金融商品取引法では、企業目的の達成を阻害するものをリスクとしている。そのためこのリスクが生じると企業目的が達成できなくなり、企業価値の下落、具体的には株価が下落するおそれがある。投資家は企業の持つリスクを有価証券報告書の開示情報を精査し、投資の可否を判断する。開示されたリスクを承知で株式の保有や債券購入を行ったのであるから、万が一そのリスクが発現して株価が下落しても、それは株主の自己責任

であるということになる。

一方、株主はリスクを承知で投資をするからには、経営者にそれらのリスクへの対応を要求していくこととなる。実際にリスクが顕在化しその結果対応に失敗するなど株価の下落が激しく生じた場合には株主代表訴訟を起こすことは可能である。日本では株主代表訴訟の多くは、不祥事による株価下落が発生した場合である。

有価証券報告書へのリスク情報の開示状況は、リスクの概要説明程度で詳細が記述されない状況が永らく続いたため、より詳細に記述を行い、経営者がそのリスクをどのように評価し、どう対応しているかを記述するよう規則が改正されてきている。また、近年激しくなってきた気候変動に伴う風水害などのリスクについては、日本でも企業統治指針（コーポレートガバナンス・コード）の2021年6月施行の改訂の中で、主要国の金融当局がつくる金融安定理事会が設置した気候関連財務情報開示タスクフォース（TCFD：Task Force on Climate-related Financial Disclosures）の提言に従い、風水害による企業の損害の程度の記述のほかに、カーボンニュートラル対応や世界各国の環境規制強化に対する経営への影響と対策の詳細記述が求められてきている。

なお、従来多くの企業では、リスクマネジメントの事務局部門と有価証券報告書の作成部門との連携がとれておらず、有価証券報告書の非財務情報の記述が株主対策上の作文と捉えていた企業も多かった。今後は非財務情報の評価が多くの株主から重要視されることに伴い、リスク情報の開示内容と実際のリスクマネジメントの対応との一体性が求められる。

実際のリスク情報の記述は業界ごと、企業ごとに個性あふれるものであり、業界内での比較など分析を試みることも有効である。以下に事例を示す。

A【事業等のリスク】項目例　運輸会社

(1) 経済状況
(2) 為替レートの連動
(3) 燃油価格の変動
(4) 運賃・輸送原価の変動
(5) M&A、資本・業務提携
(6) 財務制限条項
(7) 法的な規則
(8) 訴訟・係争等
(9) 輸送事故
(10) 物流施設における保管ならびにセキュリティ
(11) 顧客データ管理・情報の漏洩
(12) 情報システムのセキュリティ

B【事業等のリスク】項目例　小売業

(1) 景気動向等の影響について
(2) 業界動向および競合について
(3) 新規出店について
(4) 商品の安全性について
(5) 個人情報の管理について
(6) システムトラブルによるリスクについて
(7) 人材の確保について
(8) 地震台風等の災害、テロ活動等に関するリスクについて
(9) 法令・制度の変更について

C【事業等のリスク】項目例　製造業

(1) 市況の変動
(2) 為替相場および金利の変動
(3) 自然災害など
(4) 競争
(5) 事業戦略の推進
(6) グローバルな事業展開
(7) 戦略的提携および企業買収
(8) 資金調達
(9) 追加ファイナンス
(10) 筆頭株主である企業との関係
(11) 急速な技術革新
(12) 製品の生産
　①生産工程
　②原材料、部品、生産設備などの調達
　③外部への生産委託
　④適切な水準での生産能力の維持
(13) 品質問題
(14) 製品の販売
　①主要顧客への依存
　②顧客固有の仕様に基づいた製品に係る顧客からの計画の変更など
　③販売特約店などへの依存
(15) 人材の確保
(16) 確定給付制度債務
(17) 設備投資と固定費比率
(18) 固定資産の減損
(19) 情報システム
(20) 情報管理
(21) 法的規制
(22) 環境問題
(23) 知的財産権
(24) 法的手続

1-6

危機管理に成功した企業はセカンドベスト

緊急事態に陥ってトップダウンで危機を乗り越えるとマスコミは絶賛するが、本当の成功した企業は危機を事前に回避し平然と事業を継続した企業である

- 緊急事態が発生し、その場で経営者がトップダウンで様々な指示を行い、全社一丸となって危機を乗り越えた企業をマスコミは危機管理に成功したと評価する
- 同じような状況であらかじめ対処策を準備しており、事前にリスクの発現を抑止したり、あるいは事態対応で済ます企業がある
- 平然と事業を継続した企業はマスコミに取り上げられにくいが、本当の危機管理に成功した企業はリスクマネジメントを実践して成功した企業である

地震や水害による広域災害や世界中に蔓延した新型コロナウイルス、あるいは広範なサイバー攻撃など、複数の企業が同じような境遇に置かれることがある。このときに、大きな影響を受けた企業が経営者の巧みなその場の意思決定により、また消費者や市民および取引先などの支援を得て回復を果たすと、マスコミなどからは危機管理に成功した企業と高い評価を受けることがある。

一方、同じような状況が発生しながらリスクマネジメント体制をすでに構築しており、抑止策と軽減策および万が一緊急事態が発生した場合の対応策を準備していた企業では、そもそもその被害を免れることもある。また被害が発生したとしても事前の対応策を済々と発動し、消費者や取引先の影響度を許容限度内に収めて、速やかに復帰を果たす。ほかに被害を被った企業が多くある場合などはなおさら、これらの企業はマスコミに取り上げられることは少なくなる。他の多くの企業の状況などと一緒に経営の影響は軽微と1

行の記事で終わることもままある。

世の中全体への影響度から考えると、本当の危機管理に成功した企業とは、あらかじめリスクマネジメントを実施し、そもそも被害に遭わなかった企業や、事前に想定していた対応策を発動し、消費者や関係者および自社の被害を許容限度内にとどめた企業である。マスコミで取り上げられないようなこれらの企業こそ、目指すべきものである。

日本でも 21 世紀初頭に製薬会社を対象にした犯罪事件とその模倣犯が立て続けに発生したことがある。犯人が毒物を混入した商品を薬局の店頭に並べて、金品を要求した事件である。最初に狙われた企業は、社長がタイレノール事件（1.4 参照）を研究しており、商品の緊急回収を告知して対処するとともに、警察と連携しながら対処し犯人逮捕が迅速に行われたことがマスコミに称賛された。この事件では模倣犯が続出し、他の製薬会社も同じように毒物混入の電話が入り商品の回収に追い込まれ大きな被害が発生した。これらは連日のようにニュースになった。しかし、同業の中で 1 社は事前にこのようないたずらがされないように包装に工夫がされており、製品回収の必要がなく安心して使用してくださいとの記者会見を行った。ところがマスコミ的には話題性がなくテレビも新聞なども 1 度のニュースで報道が終了し、消費者の話題にもならなかった。

この事例では一番知名度が上がったのは最初の危機管理を成功させた企業であった。マイナスの影響が生じたのは、模倣犯の通知で商品を回収せざるを得なかった複数の会社。ほとんど取り上げられなかったのが、すでに対応に成功していた企業である。

この中で本当に目指すべきは、すでにこのようないたずらを予期して、商品包装を改善していた企業であるべきである。これこそ危機管理に成功した企業であり、学会やマスコミがその対応をもっと称賛すべきものである。トップダウンで対応に成功した冒頭の企業はセカンドベストである。

コラム③ 成功したリスクマネジメント　西暦2000年問題

成功したリスクマネジメントで多くの企業で共通した事例として有名なのは、西暦 2000 年問題である。20 世紀の終わりに西暦が 1999 から 2000 に変わるとき、情報システムのプログラムが処理できなくなるものが多数存在し、膨大なプログラムを修正しなければ回避できないことが判明したときの対応である。現在インターネットが発達し情報システムは世界中の基盤となってきている。情報システムは機械とプログラムの双方の発達が不可欠であった。昔は機械の処理速度が遅くまた扱えるデータ量が少ないため、今では 4 桁で当然表現している西暦を下 2 桁で取り扱っているプログラムが多かった。この場合 1999 年 12 月 31 日から 2000 年 01 月 01 日に日付が変わるとどうなるか。多くのプログラムでは日付順に処理を行うことが多い。すると 8 桁では大小関係はまったく問題がないが、6 桁では 991231 から 000101 になった途端に数字の大小が逆転してしまう。こうなるとコンピュータが停止してしまうおそれがあった。2000 年問題を回避するためには、多くのプログラムを確認し、日付を 6 桁で扱っているものを探し出して必要に応じて 8 桁に修正することである。

数年前からこの問題に気づき、多くの企業が各社の情報システムのプログラムの改訂を行い、細かなトラブルは世界中で発生したが、ライフラインをはじめ社会基盤が損なわれることはなかった。

これはリスクマネジメントの成功例として取り上げられる。成功の要因は①経営者が 2000 年問題を経営課題と認識して、多くの予算と要員を 2000 年問題の解決のために投入したことによる。認識が薄かった経営者に対しては、取引先の企業から、発生がわかっているリスクにつき対応しないと判断したことにより、被害を及ぼすこととなった場合には損害賠償を請求するとの確認が世界中で取引先に対して行われたことにより、経営者がリスクを十分認識したことである。また、株主も経営者に株主代表訴訟の対象にすると通告したこともある。

②プログラム技術者が不足することが予想されたことから、国を挙げて育成を実施したこと、③インターネットの発達期にあたり、プログラムが組み込まれた製品について、問題の有無と対処策を各社がホームページに提供しはじめたことにより、多くの企業の確認の手間が省力化され、また疑心暗鬼が晴れたことなどによる。

このように、ある時点で確実に発生するものに対して対処するかしないかの判断は経営者マターであるが、最終責任は経営者であることを日本企業の多くの経営者も認識したことが、リスクマネジメントの促進に一役買ったものといえる。そして世界中がサプライチェーンでつながっており、国の中だけで対応すれば事足れり、という時代でなくなったことを世界中の経営者や有識者が認識したことである。これらが国際標準規格「ISO31000リスクマネジメント—指針」が制定される原動力の1つとなった。

コラム④ リスクマネジメントの歴史

リスクマネジメントの歴史は諸説ある。リスクという用語の起源は一説によると古代文明発祥のころからあり、岩礁の間を縫って航海するということとされている。近代では主に3つの分野で発展がみられた。1つめは、経営そのもののかじ取りをリスクマネジメントとして考える、現在のERM（Enterprise Risk Management）の立場である。2つめは、労働災害事故の防止や製品の事故、火災事故などの事故防止の観点のリスクマネジメントである。3つめは企業の財務に関連するもので損害保険の発達の観点からのリスクマネジメントである。特にアメリカでは限られた予算を、事故防止への出費と損害保険料の経費とにどのように振り向けるかという観点で事故防止と財務とを組み合わせた研究が発展した。この本では、企業全体のリスクマネジメントの大きな枠組みの中で、事故防止活動や損害保険などのリスクファイナンス、および事件事故発生後の緊急事態対応のすべてをERMとして捉えるものとしている。ここでは、財務的観点から捉えたリスクマネジメントの発展の歴史の1つを紹介する。

1）船舶貨物保険の歴史

保険の役割は損害の補填である。最初に損害を補填する制度ができたのは、紀元前3000年ころの古代バビロニアの金貸しの損失補填であった。ラクダ商人のキャラバン隊に対して金貸しが資金を貸し付ける。旅商人が貿易に成功すると利息をつけて返す。ところが一定の割合で資金提供を受けたまま戻ってこない商人がいる。このときの損失を補填する仕組みとして担保制度ができた。

当時の担保は、商人の土地家そして使用人や家族であり、万が一期限が来ても返却できない場合は、これらの担保を売りさばいて貸付金の補填とした。今では許されないが奴隷としての売買も行われていたといわれる。この貿易への貸し付けは時代が下がり紀元前300年ころギリシャ文明が花盛りのころ、ラクダが船に変わった。また航海による貿易は嵐による沈没などの不可抗力もありそのとき家族が奴隷に取られることを解決すべきとなった。この時に知恵を絞って制度化されたのが、冒険貸借制度である（図表参照）。船舶や船荷を目的に資金を貸し付ける。航海が成功し貿易で利益をなしたら利息をつけて返金する。一方、嵐で難破した場合は返済不要とするものである。当然いくつかは嵐により貸付

［リスクマネジメントの歴史］

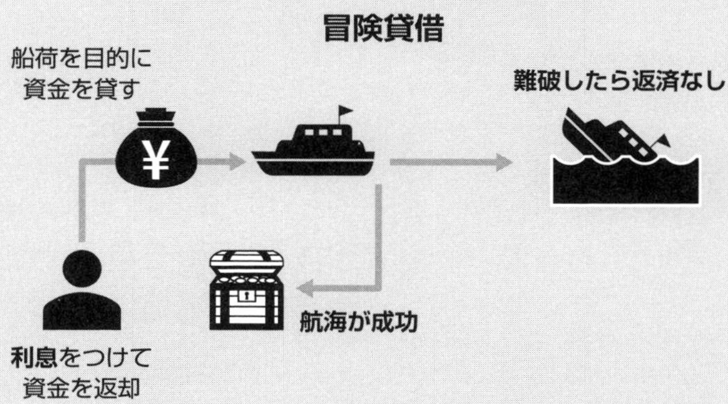

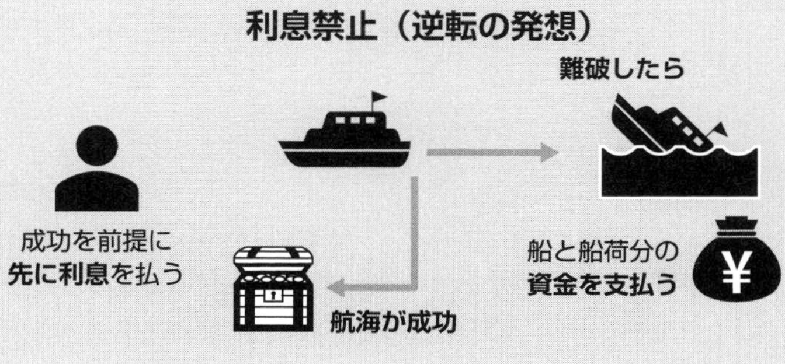

金が返済不能となるため、あらかじめそれを見越して利息が高くなる。この冒険貸借制度は広く受け入れられギリシャを中心に貿易が発達した。

ところが、西暦1230年ローマ教皇グレゴリウス9世が利息禁止令を発令した。今でもイスラム圏では利息は禁止であり融資を基本とした別な経済活動が営まれている。この利息禁止令により冒険貸借制度が禁止され貿易が難しくなった。ここで逆転の発想で新たな制度ができた。まず金貸しが船主など資金提供を行い無事に航海が成功したと想定する。その場合は金貸しの手元には利息が残る。一方嵐で船が遭難したら、そのときにはもともと資金を貸し付けたところに戻り、あとから資金を船主などに支払うこととした。つまりはじめに船主などが金貸しに成功した暁の利息を支払うことになるが、これは先払いなので利息ではないと抗弁した。この先に支払う利息相当がのちに保険料になる。そして船が難破してあとから支払う当初の貸付金が保険金となった。この制度が船舶貨物の損害保険、つまり今日海上保険と呼ばれる損害保険種目の誕生となった。

この海上保険は海の覇権がギリシャ、イタリア、スペイン、イギリスと交代したが発展し続けた。1347年にイタリアのジェノバで世界最古の海上保険証券が発行された。また1692年にイギリス・ロンドンのロイズコーヒー店で個人の保険引き受け集団が誕生し、1871年にロイズ組合が結成された。イギリスではネームと呼ばれる貴族が最終の保険金支払者となり、その財力を背景に貿易に資する海上保険が発達した。

2) 火災保険

保険にはもう1つの流れがある。これは互助会が発展したものである。古代ローマで相互扶助団体コレギア・テネイオルムという団体があり、会員の中で資金が必要なメンバーに他の会員が資金提供を行う仕組みが発達した。日本でも「講」と呼ばれる同様の互助会があった。互助会は資金を受ける人が少数の場合に成り立つ。西暦64年暴君ネロがローマ大火を引き起こし多くの人が被災者になり相互支援制度が成り立たなくなりこの互助会活動は下火となった。

その後、互助会はイギリスで5世紀ごろにギルドによる相互組合として別途発展した。宗教上や職業上の同業者の組合の相互扶助制度である。この互助制度が発展し、不幸を被った方々への市民の寄付の制度が発展してきた。16世紀のイギリスでは火災ブリーフによる教会募金制度が発達した。国王の手紙による火災乞食許状の制度であり、火災の被害者に対して国王に募金活動の許可を取って教会で寄付金を集める制度が定着した。

この制度は一回一回国王の許可をもらう必要があるのが面倒であった。ここでも逆転の発想により、あらかじめ会員を募り寄付金を集めておき、火災が発生し会員が被災したら会から見舞金を支払うことに転換した。あらかじめ集めたお金が保険料、見舞金が保険金となった。

1666年、イギリスのロンドンで4日間にもわたる大火が発生し当時のロンドン市街地の5分の4が消失し13,200戸が焼失、10万人が罹災しこの制度が破綻した。それをみていたドイツでは都市単位の会員制度ではこのような大火では破綻してしまうと気がつき、10年後の1676年、ドイツの各都市の46組合が統合し火災金庫が成立した。火災支払資金が欠如しやすい小組合は存続が困難であるため、合併で規模を大きくして地理的に離れることで、同時に被災をしない状況を作り出し、1つの都市の大火の被害を乗り越えることを可能とした。大数の法則やリスク分散の考え方にもつながるものである。

この広域で契約者を募集することで大火被害を免れる考え方を学んだイギリスで、ドイツの火災金庫発足の5年後の1681年にニコラスバーボンのファイアオフィスという世界初の民間火災保険会社が誕生した。この会社は火災保険加入者の家屋にワッペンを貼り、サービスとして火災が発生したら消火を行うというものであった。日本では江戸時代に大名火消や町火消などの制度があったが、イギリスでは公的消防より先に民間消防が誕生した。

このように金持ちの資金提供から開始された海上保険と、互助会から発展した火災保険の2つの流れがあるが、これら2つの流れは今日では多くの場合統合され、損害保険会社として世界の経済の発展に貢献している。

なお、ギリシャ時代の冒険貸借制度の考え方は、実は株式会社制度に姿を変えて今日にも根付いている。株主は資金提供を行う。うまく成功すれば株主は配当金をもらう。失敗すれば返済不要ということである。冒険貸借制度と異なるのは、貿易1回ごとの契約ではなく、永続的に資金提供がされているところである。そして株主も1人ではなく株式として多くの人に分担して資金提供をする制度としたことで巨額な資金を会社に投入できるようになり、資本主義経済が発展してきた。このように株式会社制度が損害保険制度に通じるところも経済の発展として面白さがある。

第 **2** 章

言葉の定義と国際標準規格の概要

グローバルな企業経営を考えるには、リスクマネジメントの国際標準規格を学ぶことが有効。言葉の定義や概念も国際標準で理解する

- ➪リスクやリスクマネジメントの概念は国や地域、業界などで諸説ある
- ➪経済のグローバル化を考えると、国際標準規格を学ぶことが有効
- ➪言葉の定義も諸説あるため、基本や違いを理解する

リスクマネジメントを構築していくためには、言葉の定義をきちんとしておくことが必要である。経済のグローバル化に伴い文化や価値観の異なる海外に拠点を持つ企業も増えている。リスクマネジメントの成功のためにはこれらの企業の内外の多くの関係者が同じ考え方で行動できることが大切である。一方リスクマネジメントの概念は新しく、用語の使用法も各国、各業界で様々なものがあるため関係者内での用語の統一が必要になる。また世界的にリスクマネジメントの関心が高まっていることから国際標準規格が制定されている。これらの手本となる考え方を学ぶのが有効である。

2-1 リスクとは

国際標準規格のリスクの定義は、目的に対する不確かさの影響であり、必ずしもマイナスの概念だけではない。企業経営を対象にすると妥当である

- リスクの定義は、目的に対する不確かさの影響である
- 未来に軸足を置き、確定していないものはすべてリスクとなる
- 影響のプラスとマイナスの結果は不可分のものとして、戦略リスクや金融工学の考え方も取り入れている

1 国際標準規格ISO31000のリスクの定義

一般にリスクというと、地震、水害、火災、交通事故、労働災害、病気などマイナスのイメージがある。実際、リスクマネジメントが発展してきた背景には、労働災害や医療事故の軽減活動や、損害保険などの発展があるように、悪影響をいかに軽減するかが対象であった。そのためこれらの分野ではリスクの定義として永らく「危害の発生確率と危害の重大さの組み合わせ」(ISO/IECGUIDE51；1999) という定義が用いられていた。一方、株式売買や為替取引、投資活動で利益を生み出す金融分野では、価格が上下し変動することが利益の源泉になり、株価の下落が必ずしも悪影響を及ぼすものでもない。金融分野で発展した金融工学の定義では、リスクとは価格や値動きの変動幅のことでありプラスの値しかとらない。損得はリターンという別の言葉を用いる。ハイリスク・ハイリターンというよく聞く言葉が金融工学の考え方をよく表している。実際為替の売買で利益を出すには、売買手数料以上の変動幅での値動きが必要になるため、その意味である程度の大きさのリス

クが必要となる。金融工学にとってリスクは必ずしも悪いものではないのである。

プラスとマイナスが不可分であるというのは、一般企業の事業戦略の決定でも同様であり、新商品が当たれば利益となるが、不発に終われば損失となる。これらも経営のリスクとして管理することが求められている。

国際標準規格の策定にあたっては、これらの異なった多様な分野の言葉を一番広く包摂する用語を定めることとし、その結果、リスクの本質は未来に向かって考えたときに100%確定していないという不確かさ（uncertainty）であるとした。そして目的を定めてはじめてリスクが確定し、結果としてプラスやマイナスが生じるのは不確かさの影響であると考えた。

国際標準規格 ISO31000:2018 のリスクの定義には補足があるのでここで紹介しておく。

- 注記１：影響とは、期待されていることから乖離することをいう。影響には、好ましいもの好ましくないもの、またはその両方の場合があり得る。影響は機会又は脅威を示したり、創り出したり、もたらしたりすることがありえる
- 注記２：目的は、様々な側面および分野を持つことがある。また、様々なレベルで適用されることがある。
- 注記３：一般に、リスクは、リスク源、起こり得る事象、およびそれらの結果ならびに起こりやすさとして表される

注記１は、金融工学の考え方を取り入れており、期待されている値からの乖離がリスクであり、プラスとマイナスの両方向への乖離があるという考え方を示したものである。次に、内部統制の考え方ではプラスとマイナスは不可分としながらもプラスを機会、マイナスを脅威と呼び分けているが、それを示している。

注記２は目的を定めることでリスクが決まることを指し、砂漠の真ん中で地震が起きても企業活動には影響がないように、目的に対する影響がリスクを考えることの中心になることを示す。

注記3はリスクの把握や概念整理の内容を示すもので、原因であったり、起こった現象であったり、人間の把握のしやすさで、その都度名前がつけられていることを示している。また、リスクは発生頻度や起こりやすさの軸と、結果である重大さや被害の大きさなどの2つの軸、つまり二次元で示され、あとで延べるリスクマップを考えることができる根拠となっている。

2 会社法のリスクの定義

日本の企業はすべて会社法の法律の下で活動している。会社法では362条で「損失の危険の管理」を求めていて、努力義務ではあるがすべての企業はリスクマネジメントを行うことが定められている。このように企業は存続が求められることからリスクに伴うマイナスの影響に着目している。この法文の根拠となるリスクの考え方は、会社法のもととなった内部統制の定義（金融庁企業会計審議会2007年2月公表）により、「組織目標の達成を阻害する要因」をリスクとしている。企業の経営戦略として新規事業や新商品開発など利益と損失を生じる不可分の取り組みを行っていくが、これが起きると単年度目標や中長期目標を達成できない、というものがリスクとして認識すべきものとしている。国際標準規格の定義より会社法のリスクの定義のほうがわかりやすいという経営者も多いであろう。いずれにしろ企業の中でリスクマネジメントを行ううえではどちらの言葉でもよいのであらかじめ定義をしておくことが重要である。

3 そのほかのリスクの定義

このほかにも様々な分野でリスクの定義がされている。損害保険の分野では、A：損害（損失）の発生の可能性、B：ある事態が実際に発生する不確実性、C：期待した結果からの現実の乖離、と3つの説が唱えられてきており、量的に0%から100%のいずれかの値を取るものとされている。また確率が計算できるものをリスクとし、できないものを不確実性と呼び分ける説もある。

労働安全分野や機械事故研究分野では、事故などの不安全事象の発生確率とその損害の大きさの積としている。また環境分野では、物質またはその状況が一定の条件の下で害を生じ得る可能性として定義され、次の2つの要素の組み合わせである。①よくない出来事が起きる可能性、②そのよくない出来事の重大さをリスクとし、この場合のよくない出来事をエンドポイント（影響判定点）という。

アメリカのリスクマネジメントの教科書では、リスクは5つの概念で定義されている。①損失の可能性、②損失の確率、③不確かさ、④期待値からの乖離度、⑤期待から異なった結果をもたらす確率。

このように多くの分野で学問の発展に伴ったリスクの用語定義があるため、異なった分野の人と情報交換をする場合には、相手側の用語の定義を確認し、また尊重して対応することが必要である。

コラム⑤ ハザード、ペリル、リスク

損失などの結果が発生するまでには、原因からの因果関係がある。これらを厳密に定義すると、ハザード（hazard）、ペリル（peril）、リスク（risk）となる。これらの用語は主に損害保険業界で用いられている概念である。

ハザード：事故発生の原因および事象発生を増加させる状態や状況

損失が発生する環境的なものがハザードである。地震の被害を引き起こす活断層や損害を大きくする軟弱地盤、水害を引き起こす河川の近くの低湿地などがハザードになる。

ペリル：損失の原因や損害をもたらす事象

実際に損失など悪影響を引き起こす直接的な事象を指す。例えば、スーパーマーケットの床がぬれていた（これがハザード）、その床で滑って転んだ（これがペリル）、その結果骨折し入院した（これがリスク）となる。一般にこのペリルを認識してリスクと呼んでいることが多い。

リスク：ペリルの結果としての具体的な損失

具体的な損失として経済的損失や機会損失などがある。損害保険では保険金として金額計算できるものをリスクとし、その原因となるペリルまたはハザードをリスク源として名前をつけて対処するものとしている。

2-2

リスクマネジメントの定義

国際標準規格のリスクマネジメントの定義は、リスクについて組織を指揮統制するための調整された活動である。企業内で用いる場合は、日常時と事態発生後の対応の双方を含む定義を考える

- 国際標準規格のリスクマネジメントの定義は、リスクについて組織を指揮統制するための調整された活動
- リスクマネジメントの広義の定義では、日常時の取り組みと危機管理に代表される事態発生後の取り組みの双方を含む定義が実践的
- 古典的なリスクマネジメントの定義にはコストの考慮という現実的な課題が認識されている

リスクマネジメントは防災、防犯、事故防止、損害保険、金融など様々な分野で発展してきたため、定義も様々である。国際標準規格ではこれらを包括して、「リスクについて組織を指揮統制するための調整された活動」と定義した。特徴は組織活動を前提としたことである。リスクマネジメントは個人単独でも実施できるし実施すべきものであるが、国際標準規格では企業などを念頭に置いた組織活動の一環とした。この定義の後半の組織を指揮し統制するための調整された活動という部分はマネジメントの定義であり、その意味で国際標準規格のリスクマネジメントの定義には特徴が少ない。

ここでは古典的ないくつかの定義を紹介する。

1）A.Williams and R.M.Heins（1964）Risk Management and Insurance：リスクの確認測定コントロールを通じて最少の費用でリスクの不利益な影響を最小化すること

2）M.R.Greene and O.N.Serbein（1978）Risk Management：Text and Cases：偶発的な損失の財務的な影響を最小化することにより、企業な

いし個人の稼働力および資産を保護するプロセスである

3) 森宮康（『リスク・マネジメント論』(1985)）：経営体の諸活動に及ぼすリスクの悪影響から、最少のコストで、資産、活動、稼働力を保護するため、必要な機能ならびに技法を計画、組織、スタッフ、指揮・統制するプロセス

4) 東京海上日動火災保険：現在または将来における、企業の資産の保全や業務の継続を危うくするリスクを、経済的に最適なコストで制度的にかつ継続的に最小化（コントロール）するための経営管理手法

このように、多くの先行する定義ではコストを最少化するあるいは最適化することの中で様々なリスクへの対応投資を考えることがテーマとなっていることがわかる。実際に個人でも企業あるいは国や地方公共団体でも対応するための予算は限られており、現実的な経営の観点から導き出されている。国際標準規格の定義でも後半のマネジメントの概念には、当然ながらコスト対効果が含まれているとみなすことができる。

2-3

リスクマネジメントと危機管理

日常時と事件事故発生時および復旧のすべてを含む広義のリスクマネジメントの概念を整理する。国際標準規格 ISO31000 は日常時のみが対象である

- 広義のリスクマネジメントでは、日常時の取り組み、事件事故発生後の危機管理に代表される事態対応および復旧の時系列すべての期間が対象となる
- リスク顕在化時点の対応では、事前に想定されていた範囲内のものへの対応である事態管理と想定以上や想定外の危機管理の２つがある

リスクマネジメントの定義での考慮点がもう１つある。それは日常時の活動のみを対象とするのか、事件や事故などを含むリスクが顕在化した場合の対応も含めるのかといったカバー範囲の問題である。国際標準規格のISO31000では事件事故発生後の危機管理に代表される事態対応は対象外としている。しかし、食中毒や製品回収、地震対策など当然発生が予想されるリスクについて、そのリスクが顕在化したときの対応を事前に構築しておく備えの整備は対象となる。そのため日本で開発された「JISQ2001: リスクマネジメントシステム構築のための指針」(ISO31000が策定されたため廃止)では日常時の取り組みと事件事故発生時の事後対応および復旧の３つの時間軸すべてを含む広義のリスクマネジメントとして定義した。企業の実務においては使いやすい言葉遣いを定めればよい。本書では、広義のリスクマネジメントの定義を用いて解説する。

図表２−①は「JISQ2001: リスクマネジメントシステム構築のための指針」の検討段階で作成された概念図に著者が追記したものである。縦軸が企業の活動レベルであり、横軸が時間軸で、左から右に時間が経過する。企業は日

図表2−① リスクマネジメントと危機管理

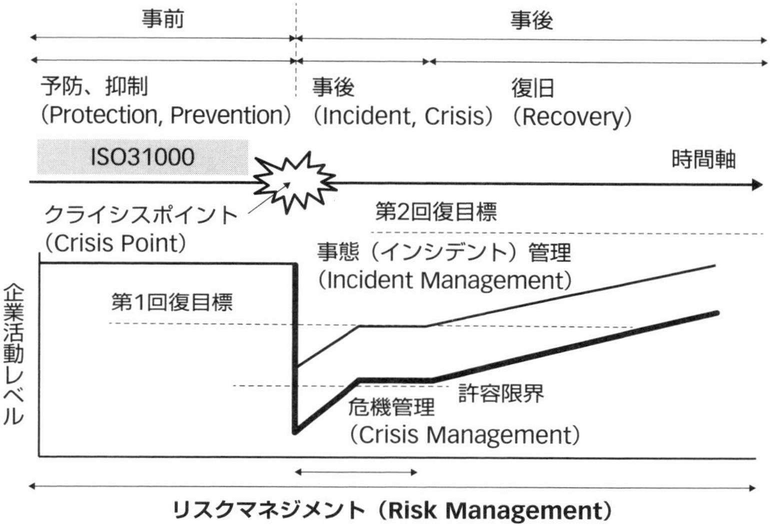

出所：「JISTRQ0001:危機管理システム」（日本規格協会）より筆者修正。

常に様々なリスクマネジメント活動を行い、事件や事故などのリスクの発生を予防し抑止する活動を行っている。この日常時の対応が国際標準規格ISO31000の対象である狭義のリスクマネジメントである。

予防活動を適切に実施していても何らかのリスクが顕在化する。それがクライシスポイントと書かれている時点で発生する。リスクが顕在化すると企業活動レベルは下がる。売り上げの低下、信用失墜、顧客離れなど様々な影響が生じる。このリスクが顕在化した事後の活動には2種類ある。リスクの発生が事前に予測されており、実際に影響度が許容範囲内にある場合の対応が事態対応つまり事態管理（Incident Management）である。もう1つが想定外の事象の発生や想定されていたものの影響が許容範囲を超えたような状況での対応で、これがいわゆる危機管理（Crisis Management）である。この2つを合わせて事後対応と呼ぶ。そしてこれらの事後対応を踏まえて元通りの活動に戻る復旧期間がある。この日常業務（事前）、事後対応（事態管理、危機管理）、復旧の3つの期間すべてを包括するのが広義のリスクマネジメントとなる。

企業の実際の取り組みにおいては、リスクの顕在化を防止する日常のリスクマネジメント活動をどれだけ実施するかによって、実際の事件事故発生というリスク顕在化時点の対応が変わるように、それぞれ連動しているので、広義のリスクマネジメントの用語を用いるのが文書管理上もすすめやすいと考える。

2-4

日本における危機管理の3つの概念の混乱

日本語「危機管理」には、事態（Incident）管理、危機（Crisis）管理、セキュリティ（Security）の３つの概念が混同して用いられている

- 日本語の「危機管理」には事態管理、危機管理、セキュリティの３つの概念が混同して使用されている
- 特に、リスクが顕在化した場合を想定して事前に準備する事前準備（Incident Preparedness）の概念が明確化されていない弱点がある
- 東日本大震災で明確になった想定外と想定内の概念も包括して概念整理を行う

本章**2-3**で事後対応に事態管理と危機管理の2つが存在すると説明したが、実は日本ではこの区別があまりされていない。実際、日本語の「危機管理」はこの２つに加えてさらにまったく別の概念であるセキュリティの概念も含んでいる。

1　想定外と想定内、事態管理と危機管理

東日本大震災当時では、未曾有の災害への遭遇に対して、「想定外」という言葉が、ある意味対応していないことの言い訳として使われた。従来のリスクマネジメントの進め方では想定外への対応がリスクマネジメントの対象外になっていた。図表2−②は東日本大震災の後で作成した想定内と想定外の構造図である。

縦軸は業務内容で、国も自治体も企業などすべての組織は人命安全活動の土台の上に業務活動があることを表現している。横軸は何らかのリスクが発生した場合の組織に与える影響の大きさであり、ゼロから組織が崩壊する無限大までの大きさを示す。リスクは地震でも食中毒でもコンプライアンス違

図表2－② 想定内と想定外およびその対応の概念図

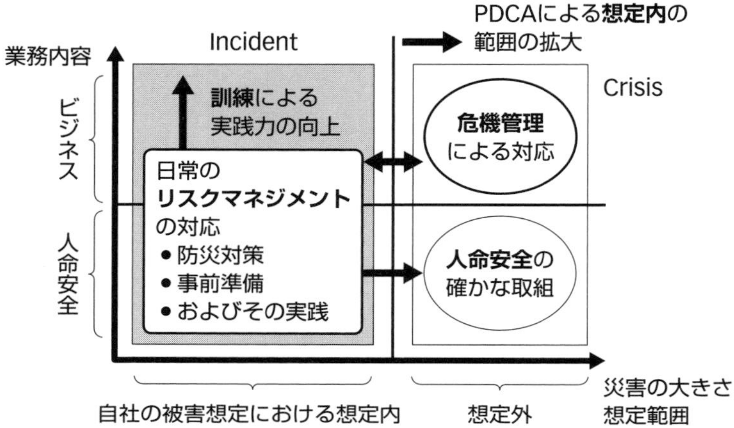

出所：東京海上日動リスクコンサルティング株式会社『リスクマネジメントがよ～くわかる本（第2版）』（2012年、秀和システム）より著者修正。

反でも何でもよい。縦に１本線があるが、これが被害想定である。この被害想定により領域が左と右に分かれる。リスクマネジメントではコスト対効果を判断しながら日常時の対応対策をどこまで実施するかの意思決定を行うので、被害想定は重要である。この想定される被害をできるだけ発生させないように、また発生した場合でも想定被害より小さく済ませるように日常の様々な対応策を実施する。人命安全を基盤に業務の影響をできるだけ小さくするように日常のリスクマネジメントを実施していく。そしてPDCAを繰り返し、企業の発展とともに対処できる想定被害を大きくしていく。そのため旧来のリスクマネジメントでは実際のリスクが顕在化した場合の被害の大きさは被害想定以下のものが範疇であり、それを超えるいわゆる想定外や想定以上のものを無視してきたきらいがある。

一方、東日本大震災では想定以上の被害を被ることがあることを明確にした。この場合は全力を挙げて人命安全の取り組みを行う。そして業務つまりビジネスは残った経営資源を活用して経営者がその場で判断する。この想定範囲内の事後対応が事態管理（Incident Management）であり、想定外への対応が危機管理（Crisis Management）である。そして危機管理は企業組織活動のすべてを救うことができず、場合によっては一部の対応をあきらめることもあるため、まさに経営者、トップの判断が求められる。その意味で、東日本大震災の際に想定外なので対応ができないと語った経営者は経営者失格なのである。

英語では2つの事後対応である事態管理と危機管理は明確に概念が区分けされている。

2 セキュリティとの混同

事後対応である事態管理と危機管理の区分がされていないだけであればよいが、日本語の危機管理にはさらにセキュリティの概念が加わっている。2015年4月22日に首相官邸の屋上にドローンが落下しているのが見つかったことに対して、政府の公式見解として危機管理を万全にすると答弁している。この危機管理を英語に訳した場合、これは事態管理や危機管理ではなく警備や安全保障の概念であるセキュリティ（Security）と訳さなければ通じない。この例のほか、全国の自治体では危機管理課があるが、対象として地震水害などの自然災害のほかに、小学校の凶悪事件対応、国民保護など、市民の安全が中心となっていることが多い。これらを考えるとセキュリティの概念が中心に入っていることが明らかである。そして、セキュリティはリスクの中の1つであるため、事後対応だけではなく日常の取り組みも範疇に入ってくる。そのため狭義のリスクマネジメントの対象である日常時の取り組みと事後対応の区分けも不明確となり、これらが混同して使われている状況が発生している。

このように、危機管理に日常時の取り組みであるセキュリティと事後対応である事態管理、危機管理の3つが混同されて使われている。英語ではそれぞれSecurity, Incident, Crisisと明確に概念がわかれている。概念整理がうまくいっていないことも日本のリスクマネジメントや危機管理が弱点といわれる原因の1つと考えられる。マスコミで「危機管理がなっていない」といわれる場合は、当然事前に想定されている事態であり、あらかじめ備えられているべきものへの対応の失敗を意味し、この3つでは事態管理の不備が指摘されていることになる。企業内では、これらの言葉を整理し定義を明確にして活用することが重要である。マスコミなどで「危機管理」という用語が使われている場合は、この3つのどれを指しているかを推し量って理解することが大切である。

日本では1995年が危機管理元年といわれるが、この年は1月に阪神・淡路大震災が、3月に地下鉄サリン事件が発生した。当時近畿地方では地震がないと誤解されており、どちらもまさに想定外の事態であり、また多くの犠牲者が発生した。さらにテロ事件はセキュリティの問題でもあったため、これらの3つの区分が合わさった概念として危機管理という用語が日本で広まったと考えられる。

2-5

リスクマネジメント国際標準規格ISO31000の概要

リスクマネジメントの国際標準規格 ISO31000 が定められている。世界中で企業価値の創出と保護のためにリスクマネジメントが求められている

- リスクマネジメントの国際標準規格は理念を示す原則と組織運営の方法である枠組み、そしてリスクマネジメントプロセスの 3 つからなる
- ISO31000 は企業および企業グループ全体の ERM への適応を念頭に開発された
- 地震や製品安全、開発プロジェクトなど企業内の様々な個別リスクに対しても適応できる

企業経済のグローバル化が進む中で、企業価値の創出や保護のためにリスクマネジメントが必要であるとの認識が世界中で高まってきた。そこで、国際標準化機構 ISO ではリスクマネジメント規格をすでに制定している各国の規格を持ち寄り標準規格を構築することとした。イギリス、アメリカ、カナダ、オーストラリア、ニュージーランドそして日本の規格を参考に規格の開発が進められた。

標準化が求められてきた背景には、労働安全、製品安全、環境安全、医療安全、損害保険、金融工学など様々な分野でリスクマネジメントが勧められてきており、その用語やプロセスの考え方の標準化を図りたいという要望があった。また、企業活動の高度化に伴い、企業経営を合理化し災害や事件事故から企業価値を守る目的で ERM（Enterprise Risk Management）の標準化を推進するべきという投資家や経営者団体の要望があった。これらを踏まえて ISO31000 は 2009 年に開発され、2018 年に改訂版が発行された。

ISO31000 は原則と枠組みとリスクマネジメントプロセスの 3 つからなる。

図表2－③　ISO31000の概念図

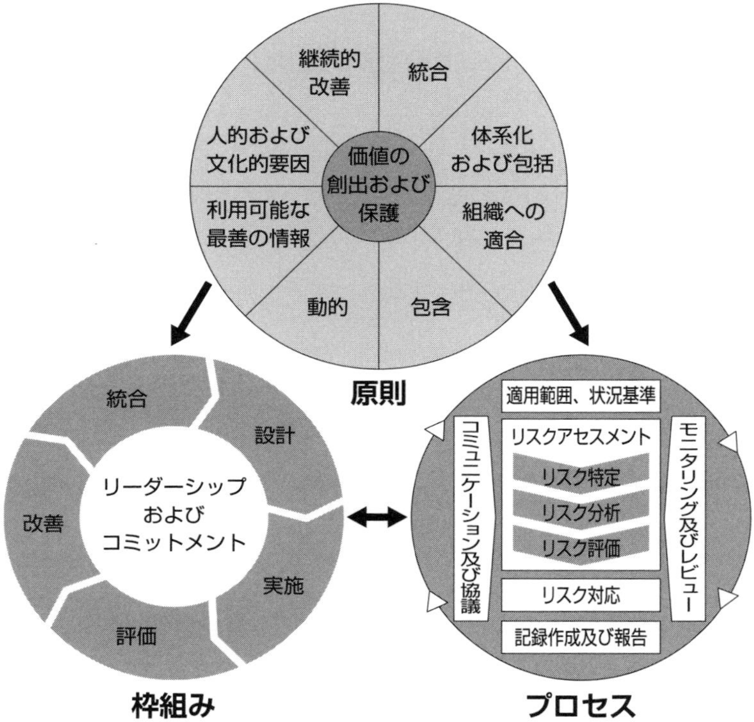

出所：「JISQ31000:2019（ISO31000:2018）リスクマネジメント―指針」図1（2019年、日本規格協会）。

1　原則

リスクマネジメントの目的は企業価値の創出と保護にあることを明確にした。

原則はリスクマネジメントを進めるための重要な概念を整理したものである。価値創造と保護という企業経営に不可分のものであることを強調している。さらにリスクマネジメントを進めるために、企業が持つ文化を考慮し、統合され、体系化され、様々な活動を包括し適合した組織活動を行うこと、利用可能な最新情報を用いて継続的改善活動を行うことなどの必要性を明確にしている。

2 枠組み：フレームワーク

組織の具体的な運営方法は日本で先進的に発展した継続的改善活動に基づいており、P（計画：Plan）、D（実施：Do）、C（評価：Check）、A（改善：Act）を取り入れている。ただし、認証制度との結び付きが比較的強いマネジメントシステムとしないよう各国から要望があり、内容自体はほぼ同じであるが、要求事項が少ない枠組み（フレームワーク）を新たに開発した。マネジメントシステムとの相違は、運用管理、文書管理、内部監査の項目がなく、また教育について記述はあるが小項目とはなっていない点などがある。ISO31000は企業および企業グループ全体を対象としたERMとしても適用できるが、事業所単位や火災、交通事故、製品安全など個別のリスクマネジメントにも適用できる点に特徴がある。またプロジェクトなど一過性の対応にも適応できる。そのため組織が継続することを前提としたマネジメントシステムではなく、個別対応も想定した最低限の枠組みにした。

枠組みでは、経営者や責任者のリーダーシップとコミットメントを中核にし、組織活動と統合したうえで、PDCAの継続的改善の要求事項を整理している。

3 リスクマネジメントプロセス

標準化で最も実施したかった、様々な分野のリスクマネジメント固有のステップをまとめた。このプロセスは他の既存の標準規格にも取り入れられており、品質マネジメント（ISO9001:2015/JISQ9001:2015: 品質マネジメントシステム—要求事項）や、環境マネジメント（ISO14001:2015/JISQ14001:2015: 環境マネジメントシステム；要求事項及び利用の手引）、情報セキュリティマネジメント（ISO/IEC27001:2013/JISQ27001:2014: 情報技術—セキュリティ技術—情報セキュリティマネジメントシステム—要求事項）、事業継続マネジメント（ISO22301:2019/JISQ22301:2020: セキュリティ及びレジリエンス—事業継続マネジメント—要求事項）など主要なマネジメントシステム規格では、それぞれのリスク分析のステップにISO31000のプロセスを適用するように定められている。

このプロセスもいくつかのステップを循環させるもので、適応範囲を定め、状況を把握し基準を設定したうえで、リスクアセスメント（リスク特定、リスク算定、リスク評価）、リスク対応、モニタリング＆レビューを実施する。これらのすべてのステップを円滑に実施するためにコミュニケーションと協議を行い、記録作成および報告を行う。実際の活動では、枠組みのPDCAの継続的改善活動とリスクマネジメントプロセスの循環とが相互に関係しながら、進められていく。

コラム⑥ マネジメントシステムの特徴と欠点

ISO31000は組織がリスクマネジメント活動を継続して改善していく継続的改善の考え方を取り入れているが、品質マネジメントや環境マネジメントで取り入れられているマネジメントシステムが採用されず、別途フレームワーク（枠組み）を開発し採用された。

1つは、リスクマネジメントは企業全体のマネジメントであるERMにも適用できるし、また交通安全などの個別のリスクマネジメントにも適用するなど、実際の企業活動の中では階層構造を持って運営されているという事実があり、企業全体の経営として適用することを想定しているマネジメントシステムの考え方とは異なることがある。

もう1つのマネジメントシステムが敬遠された理由は、マネジメントシステムが認証制度と親和性が高いため、企業全体のリスクマネジメントであるERMへ適用し、新たな認証制度が開発されることを各国の経済界が好まなかったことによる。認証制度は経済活動がグローバル化し、世界中の企業で取引が進んだ際に、一定の企業活動を営んでいることを各国の認証機関が認証すると、それが世界中に通用することで、個別の認証の手間を削減できるという考え方で、品質マネジメントISO9001や環境マネジメントISO14001などが世界的に普及した。一方で、この第三者認証を維持するために手間やコストがかかるという点も指摘され、これ以上認証制度を増やすことを好まない状況が発生したため、敬遠されるに至った。マネジメントシステムのメリットは、経営者が関与する、取組内容は企業の身の丈に合わせて自分で決定できる、定期的に外部の専門家の意見をもらえるなどがある。デメリットとしては形骸化しやすい、文書量が多くなり改訂がしにくい、絶対的な対応状況が外部からではわかりにくい、そして規定通りの対応を行う手間がかかり、認証費用が発生することである。

現在では、認証は各企業が個別判断ですればよいという考えが広まり、一時より認証に関する嫌悪感は改善され、リスクマネジメントより後に開発された事業継続計画の規格であるISO22301は認証規格となっている。

2022年現在、ISO31000をERMを対象としたマネジメントシステムに組み換え新たな認証規格としていこうという動きがある。その場合、企業全体を対象とする一番上位のERMとしてISO31000が適用され、その重要なリスクとして品質マネジメントISO9001などの活動があり、さらにこのISO9001のリスクの特定などのプロセスにISO31000のリスクマネジメントプロセスが取り入れられるという階層構造になっていく。このようなわかりにくさがあるため、ERMに関するマネジメントシステム規格はISO31000ではなく別の規格とする案も浮上してきている。

第 Ⅱ 部

リスクマネジメントの取り組み

ここでは、企業全体で行う ERM を念頭に置いたリスクマネジメントの取り組みを解説する。広義のリスクマネジメントは日常時の取り組みである狭義のリスクマネジメント、事件や事故発生時のリスクが顕在化したときの取り組みである事態管理や危機管理の事後対応、そして現状に戻る復旧の３つの期間のすべてを指すが、第３章では日常時のリスクマネジメントの全体像として、リスクマネジメントの日常業務の実施に向けた組織の取り組みの仕方につき解説する。第４章では日常時のリスクマネジメント構築のための具体的な手順を解説する。合わせて日常時のリスクマネジメントの継続的改善を行うための PDCA の各要素を解説する。

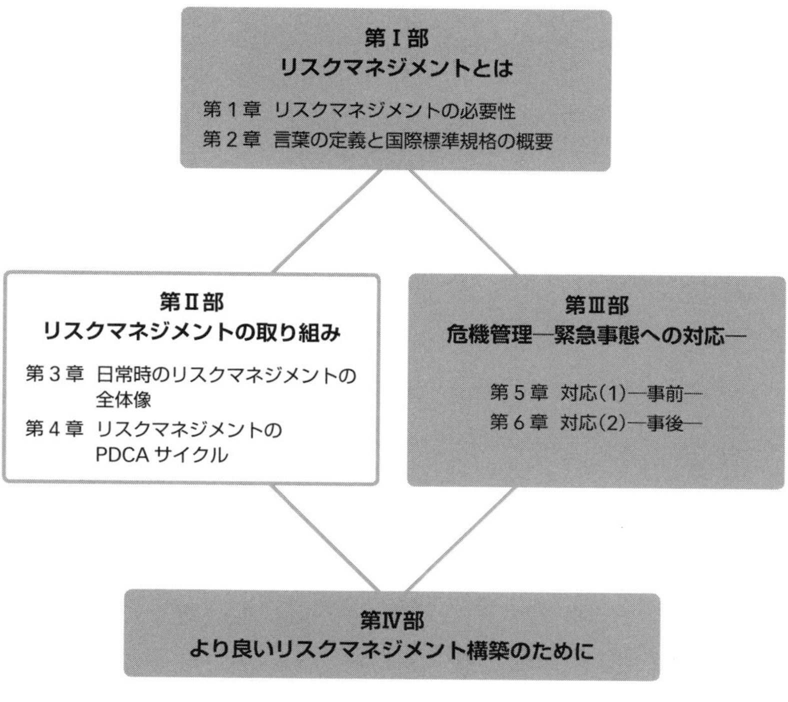
第Ⅰ部
リスクマネジメントとは
第１章　リスクマネジメントの必要性
第２章　言葉の定義と国際標準規格の概要
第Ⅱ部
リスクマネジメントの取り組み
第３章　日常時のリスクマネジメントの全体像
第４章　リスクマネジメントのPDCAサイクル
第Ⅲ部
危機管理―緊急事態への対応―
第５章　対応(1)―事前―
第６章　対応(2)―事後―
第Ⅳ部
より良いリスクマネジメント構築のために

第 3 章

日常時のリスクマネジメントの全体像

日常時のリスクマネジメントを実施するために、組織を調えリスクに対する PDCA を回す体制を構築し運用することが重要である

➪担当役員、担当部署を決めリスクマネジメント委員会を設置する
➪通常の業務と同様に計画を立て運用し振り返る PDCA を行う
➪リスクマネジメントはわざわざ実施する特別な仕事ではなく、営業活動や生産活動などの日常業務の一環として取り組む

日常時のリスクマネジメントの対象範囲は事件や事故などが発生しないように、また発生したとしても影響を対処できる範囲内にとどめられるように事前準備を行うところとなり、ISO31000 が定めている。具体的なリスクマネジメントプロセスを構築し、組織として継続的改善、計画（P：Plan)、実施（D：Do)、評価（C：Check)、見直し（A：Act）のPDCAを繰り返す。リスクマネジメント業務として計画された業務は、企業の営業活動や生産・製造・販売活動などの収益活動の様々な業務と同様に、日常業務の一環として実施される。決してリスクマネジメント業務、いわゆる事故災害予防対応業務が余計な仕事として認識されるようなことではいけない。

会社の収益活動と同様に、経営の承認を受け、調整された活動を行うことが必要であり、そのためには活動するための組織を構築し、役割を定め、規定などのルールを策定し、その定めに従って業務を行っていく。そしてその業務が適切であったかどうかを評価し、至らぬところがあれば是正し、環境変化に合わせて改善を行い次期の活動を行っていく。これらの活動は収益活動と同様の企業活動そのものである。本章にてリスクマネジメントの日常業務の実施に向けた組織の取り組みの仕方を順次解説する。

3-1

リスクマネジメントの組織の構築：PLAN

企業全体でリスクマネジメントを構築するために果たす経営者の役割は大きい。方針を定め責任を明らかにし、リスクマネジメント委員会を設置し、周知徹底する

- リスクマネジメントは経営者の責務であることを方針を定めて明らかにする
- 経営者の中からリスクマネジメントに責任を持つ役員 CRO を選任する
- リスクマネジメントを推進するための組織と役割と責任を明らかにする
- リスクマネジメントを推進するための機関としてリスクマネジメント委員会を設置する

企業は経営目標を定めて様々な企業活動を行っていくが、順風満帆で進むことはまずない。目的の達成を阻害する様々なリスクが現れ、対処次第では最悪倒産してしまう。その様々なリスクを予測して事前に対処することは経営者の本来業務である。リスクマネジメントの開始にあたっては、経営者の責任を明らかにし、リスクマネジメントを企業の日常業務として実践するための組織を構築し、各人に役割と責任を与えて実際に活動していく必要がある。

そのためにはじめに行うことは、経営者がリスクマネジメントは自分の責務であると認識することである。それを企業の関係者が認識できるように方針を定め周知することが必要である。常設の委員会などの機関を設置し、事務局となる部門を明確に定めることが必要である。経営者は企業の最高意思決定機関であり、リスクの判断や対処方針の決定、事前対応のための予算などの資源配分、実際にリスクが顕在化したときの責任ある判断などリスクマネジメントの根幹を握っている。リスクマネジメントのPDCAを回すためには、まずリスクマネジメントは経営者の責務であることを認識することか

らはじめる必要がある。実際のリスクマネジメントの開始にあたっては、経営者の方針の設定、執行役員の中にリスクマネジメントの全体に責任を持つCROを任命する、そしてリスクマネジメント委員会を常設機関として設置し、日々のリスクマネジメントを推進する必要がある。最後に取締役、執行役員、部門長、リスクマネジメント推進部局、管理職、担当者のすべてのリスクマネジメントの役割と責任を定める。これにより、企業の全体でリスクマネジメントに取り組むことができるようになる。

3-2

リーダーシップとコミットメント

リスクマネジメントの個々の業務は従業員が実施する。経営者はリスクマネジメントの推進にあたって自らリーダーシップを発揮し従業員の取り組みが円滑にいくように支援することを約束しなければならない

- リスクマネジメントの責任は経営者にある
- リスクマネジメントの具体の取り組みはまかされた従業員が実施するが、経営者はそれぞれの業務がうまくいくように支援しなければならない
- リスクマネジメントは余計な仕事ではなく、組織のすべての活動に統合されていなければならない

会社全体のリスクマネジメントの責任はすべて経営者にある。新規事業の失敗、不良品の販売、災害での被災、コンプライアンス違反、など企業目的の達成を阻害する様々なリスクに遭遇し業績に悪影響を及ぼした場合、その最終責任は担当者ではなく、すべて経営者にある。それぞれのリスクをどれだけ注視していたか、どれだけ予防措置の予算を充当したか、従業員に警告していたかなどすべては経営者の経営判断に依存している。経営者はリスクマネジメントの失敗の責任を逃れることはできない。

リスクマネジメントは決して余計な仕事ではなく、経営本来の業務であり、従業員がそれぞれ役割分担を担う本来業務の中に統合されて、日常業務の一環として実施されなければならない。これらのリスクマネジメント活動を円滑に進めるためには、経営者自らが従業員に対してリスクマネジメントの重要性を説いていく必要がある。そのために方針を定め、推進組織を作り、経営資源を割り当て、従業員全員の役割を明確にさせ、その業務遂行責任を割り当てる必要がある。また、うまくいっているかの評価や検証などの

モニタリングを行い、都度情報を共有する仕組みを構築していく必要がある。

リスクマネジメントを推進するためには、経営者の中にリスクマネジメントの統括責任を担う執行役員を定める必要がある。また推進するための組織を設けるか、推進する役割を担う人材を選任する必要がある。部門長や役職者などのリスクマネジメントに関する役割分担と責任も明確にする。このように通常の企業経営と同様に体制を構築していくことも企業全体のリスクマネジメントの推進には必要である。

3-3

経営者の役割

経営者はリスクマネジメントの方針を明示し、リスクを把握し、日々の稟議判断を行い、監査を真摯に受け止め、リスクマネジメント計画の策定と見直しを行う

- 経営者は日常時のリスクマネジメントの方針を明示する
- 日々の稟議の採否はリスクテイクそのものである
- 経営者は取ることのできるリスクとできないリスクの種類と大きさを確定させる
- リスクを把握し、計画の策定、監査結果の受け止め、見直しのPDCAを行う

企業全体のリスクマネジメントは経営者の責任で執り行う。実際の様々な業務は役割を与えられた組織や従業員が実施する。そのため多くの関係者が同じ方向を向いて取り組むために、経営者とりわけ社長がリスクマネジメント方針を明示し、進むべき道を示す必要がある。このように経営者が果たさなければならないリスクマネジメントの業務は以下のものがある。

- リスクマネジメント方針を明示する
- リスクの現状を把握する
- 監査の指摘を真摯に受け止める
- リスクマネジメント計画の策定と見直しを実施する
- リスクマネジメントに必要な経営資源（予算、人材など）を投入する

リスクマネジメント方針を明示し具体的なリスクマネジメントに取り組む場合、最初に実施することは自社のリスクの現状を認識することである。また監査などで指摘された問題点や脆弱性も現状認識に重要である。監査の指

摘点は多くの場合、経営の至らなさを指摘することも多いが、経営者は真摯に受け止める必要がある。現状把握を行い、リスクマネジメントの計画を策定し、定期的に見直しを実施する。最後にその計画を具体的に実現させるためにリスクごとに責任部署を割り振り、活動が円滑にできるように予算や要員を確保する。現場をまかされた各部署は精いっぱい対応を行っていくが、うまくいかない場合の多くは経営資源が十分でないことに起因することとなる。その意味でも経営者の役割は大きい。

ここで、リスクマネジメントで重要なことは“リスクゼロ”はあり得ないことを認識することである。コスト対効果なども踏まえながらどのようなリスクであればリスクテイクしてよいのか、つまりどこまでのリスクは許容するかを経営者が決めることである。新製品の開発などのリスクは積極的に取りに行くべきものであるが、それでも会社が傾くほどの投資をするか否かの判断が経営者に求められる。一方では災害対応への備えを怠ることや、コンプライアンス違反のリスクは取ってはいけないリスクの代表例である。

また、これらのリスクを取るか否かの判断は日常の稟議の決済そのものであることを理解する。様々な経営方針に従った稟議決裁が各部門から稟議書として挙がってくる。それらを経営会議や取締役会で決済するが、その1つひとつが具体的なリスクマネジメントであり経営者の役割でもある。リスクマネジメントは特別な余計な仕事ではなく、経営そのものなのである。

3-4

取締役の役割：監督機関の役割

リスクマネジメントの枠組みの中で、企業の取締役会は執行役員の監督機関の位置付けとして明確に定められている

- 国際標準規格では監督と執行と明確に役割分担することが求められている
- 執行部門の暴走を監視する役割が監督機関の役割である
- 経営者がリスクマネジメントを適切に実施していることを株主をはじめとするステークホルダーに示すには監査が必要

1 執行機関と監督機関の分離

日本においては経営者とは取締役と執行役員の両方を含む広い概念となっている。昔は執行役員の概念が明確でなく、取締役会が今でいう執行機関であり監査役会が監視する役割の統治構図であったが、監査役会の機能不全などが時折みられること、経済のグローバル化により欧米諸国の統治構造を求める企業も出現してきたことから、議論を重ね、いわゆるアメリカ型という執行役員と取締役の分離、取締役会の中に報酬委員会、指名委員会、監査委員会など委員会を設置することなどが認められるようになってきた。このアメリカ型の統治構造は業務執行がオフィサーといわれる執行役員が行い、取締役会が執行役員の監督機関の位置付けとなっている。執行と監督を明確に分離させ監督力を発揮することが求められている。

2 日本型経営の問題点

日本型経営の問題の本質は、取締役会、監査役会の形式よりは、社長が取締役や監査役の人事権を持っており、社長に指名された取締役が社長の暴走

を食い止められないことである。実際に多くの不祥事も引き起こしてきた。

現在の日本の多くの企業、特に上場企業では執行役員は社長の部下であり、社長を取り締まるのが取締役で、その取締役に社長の部下ではない独立取締役や社外取締役を拡充する方向となっている。昔の日本企業によくあった、"ヒラ取"という言葉は、本来は社長を取り締まる立場の取締役なのであり卑下するものではない。しかし営業成績不振のため常務取締役からヒラ取に降格などという用語が平気で使われてきたが、これはおかしなことなのである。取締役総務部長という役職も、社長を取り締まる役目を持つ人が総務という業務では社長の部下であり、これでは本来の社長を取り締まる役目が発揮できない。総務担当などの役職は執行役員であれば社長の部下と位置付けられ適切であり、取締役と執行役員の分離はようやく日本でも定着してきたころと思われる。

監督と執行の分離は上場企業でこのように進められているが、大学や病院、NPO、社団法人、などの組織においては理事長が理事を選任するなどの体制が続いており、理事長の暴走を理事が止められないなどの問題組織もまだみられる。リスクマネジメントは組織経営同様トップの責務が大きいため、経営陣がコンプライアンス違反を犯すと従業員や担当レベルでは防ぐことができない。大規模な粉飾決算や継続的に行われてきた各種の品質不正・検査不正、パワハラによる不適切営業の強要など経営陣の暴走による不祥事の防止は、取締役会や監査役会が本来の機能を果たせるか否かのガバナンスに依存している。

コーポレートガバナンス改革が喧しくいわれているが、経営の効率化とともに不祥事防止の観点からも重要な点であり、今後もガイドラインは世界標準に合わせて改定が続いていくと思われ、それへのすばやいキャッチアップが必要である。

3 監督機関のリスクマネジメント監査

戦略リスクへの対応は経営者そのものの判断が求められる。また財務リスクやハザードリスク、オペレーショナルリスクなどのリスクの軽減対応の妥当性も求められる（リスクの種類については4-4参照）。これらが適切であったのかを株主や取引先、投資家、消費者、市民、官公庁などをはじめとするステークホルダーに示すためには、取締役会の監査委員会や監査役などの監査が必要である。

監査のポイントは、①経営者の認識しているリスクは適切か、②リスクマネジメント計画は適切か、③リスクマネジメント計画は計画通り実施されているか、④リスクマネジメントに対する経営資源は十分提供されているか、⑤監査の指摘事項に対して真摯に対応しているか、などがある。取るべきリスクや取ってはならないリスクの適切性、各組織への指示や留意事項および注意事項の適格性、リスクに関する情報の収集度合い、外部からの新たなリスク情報の収集度合い、ステークホルダーとのリスク情報の共有の程度なども監査のポイントに挙げられる。また、著しい成績不振や事件や事故などのリスクの顕在化の際には、経営者の陣頭指揮の状況、付帯的な対応の内容、事態の収束の状況なども監査の対象となる。特に再発防止策の妥当性の監査は今後の企業経営を左右するため重要である。

3-5

リスクマネジメント方針

経営者はリスクマネジメント方針を企業経営と連動して検討し、基本目的と行動指針を定め経営の責任を明らかにする

- リスクマネジメント方針を定め開示することで経営の責任を明確にする
- リスクマネジメント方針は何を守るべきかの基本目的と、企業がとるべき行動指針を定める

日本が確立させ、世界の経営の中でも認められている継続的改善は国際標準規格の中でもマネジメントシステムとして定着している。マネジメントシステムを開始するときには最初に経営者、特に社長が方針を定めるところからはじまる。企業には企業本来の生業をすすめるための経営理念や社是があるが、それらを踏まえてリスクマネジメントの方針を定める。企業活動の成就を阻む様々な要因を排除し企業が健全に発展することを目指していく。

方針文書は何を守るのかを定める基本目的と、そのための具体的な行動を定めた行動指針とからなる。

【事例1】

①当社の経営方針の実現を阻害するすべての要因を可能な限り排除する

②万一の事態発生に際しては、株主をはじめとする関係者への影響を極力小さくするよう最大限の努力を行う

③経営として事態を反省し、再発防止策を適切に構築し関係者の信頼回復に努める

この例では、①がリスクの定義、②が基本目的にあたり、この例では株主をはじめとする関係者を守ることとなる、②および③が具体的な行動である行動指針となる。

【事例2】

経営環境の変化に伴い、企業を取り巻くリスクが多様化あるいは増大しており、対処次第では、事業計画の達成が著しく困難になり、企業存続そのものが危うくなります。当社は、リスクを正しく認識し、その発生の可能性を低下させ、発生した場合の損失を軽減させる対策を事前に定め、実施することが重要であると考え、リスクマネジメントシステムを整備し、以下の基本目的と行動指針のもと継続的に実践します。

《リスクマネジメントの基本目的》

- 永続的な事業の継続 、ステークホルダーの信頼性確保、利益確保
- 社員およびその家族の安全確保
- 会社資産の保全、企業価値の向上

《リスクマネジメント行動指針》

- 継続的なリスクマネジメント活動を通じて、リスク対応能力の向上を図る
- リスク感性の醸成とリスク情報の共有化を行う
- ステークホルダーの安全・健康および利益を損なわないように活動する
- 経営危機発生による被害を最小限に留め早期回復への責任ある行動をとる
- リスクに関連する社会的要請をリスクマネジメントに反映する

事例２も基本目的として守るべきものを明確に示し、また具体的に取り組む活動を示している。

このように方針文書を明示することにより、ステークホルダーに対してリスクマネジメントに取り組む意向を示し信頼を得るとともに、責任が経営者にあることを明らかにすることが重要である。

3-6

リスクマネジメント担当役員CRO

企業は経営者の執行役員あるいは執行を担う取締役の中から1名リスクマネジメントに責任を持つ役員を任命しなければならない

- 経営者の中から１名リスクマネジメントに責任を持つ CRO を定める
- 中小企業などであれば社長が CRO を担ってもよい
- CRO はリスクマネジメントに関する全責任を負う。ただし役員の分掌業務に定めているリスクについてはその役員が一義的に責任を負う
- CRO は役割が定められていない新たなリスクへの対処責任および実際にリスクが顕在化したときの対応への責任を負う

全社的なリスクマネジメントを行うために、企業としてリスクマネジメントに関する執行機関が必要である。リスクマネジメントは企業経営の一環として行うのであり、リスクマネジメントの巧拙の責任は経営者にある。このため、経営者・執行役員の中からリスクマネジメントに責任を持つ CRO（Chief Risk Management Officer）を１名選任する必要がある。中堅中小企業であれば社長が担う重みのある役割である。社長でなければ副社長をはじめ執行役員の中から選任する。いずれにしろ経営者の中から企業全体のリスクマネジメントの責任を持つ執行役員を任命する。なお、執行役員や取締役で分掌業務が定められている場合は、その任務分担に関するリスクマネジメントの責任はそれぞれの取締役や執行役員が引き続き担っている状況であることは抑えておく必要がある。CRO は全体の PDCA の責任、リスクマネジメントにおいて複数の部門間が関与し調整が必要な案件の運営責任、および分掌が定まらない案件への対処責任を持つこととなる。

また、リスクが顕在化し、その影響が企業経営に大きな影響を与えるような大きさになった場合あるいはなりそうな場合は、その対応に責任を持って

対処することとなる。例えば品質管理、生産、情報システム等の各リスクは一般に分掌業務で定められた担当役員が対処するが、全社に影響が及び、手に負えない状況などの場合は、担当の執行役員に代わってCROが対応を行う責任者ともなる。詳しくは危機管理を解説している第Ⅲ部で述べる。CROは総務担当役員が担うことが日本では多いが、経営企画担当役員など、社長を補佐する部門の役員が担うことも増えてきている。欧米では副社長格の実質No.2が担うことも多い。

3-7

リスクマネジメント委員会

経営者と各部門の間でリスクマネジメントに関するすべての情報を共有する機関としてリスクマネジメント委員会を設置する

- リスクマネジメント委員会は常設の委員会として機関決定して設置する
- リスクマネジメント委員会は最低限CROと各部門長が全員参加しなければならない
- 社長をはじめとする全執行役員もリスクマネジメント委員会に参加することが望ましい

企業全体のリスクマネジメントが成功するためには、経営者の意思決定が全部門に徹底されること、および全部門の抱えているリスクや部門間などで発生する、および発生しているリスクを経営者が把握し、また各部門が必要に応じて共有する必要がある。そのため経営者と各部門をつなぐためのリスクマネジメント委員会を常設する必要がある。委員会の設置については取締役会承認の委員会として設置する企業もあれば、任意の委員会として設置する場合もある。

リスクマネジメント委員会は日常時であれば定期的に開催する。最低限年に1回の開催が不可欠である。頻繁に実施しているところでは毎月1回の開催のところもある。3か月に1回という四半期ごとの開催とし、そのほかの月は分科会として開催している企業もある。リスクマネジメント委員会は原則全執行役員と全社の各部門長が参画する必要がある。ただし、経営側は最低限CROが参画すればよい。部門長は全員参加が求められる。

リスクマネジメント委員会の議題は各企業で様々であるが、一般に以下の議題となる。

- リスクマネジメント方針の共有
- リスクマネジメント年間計画の論議および承認
- 前回委員会以後の世の中のリスクの確認
- 前回委員会以後の自社で発生した事件事故の確認・情報共有
- 次回委員会までの実施事項
- 前回委員会で決定した実施事項の状況確認

委員会では経営で定めたリスクマネジメントに関する方向性の各部門長への周知徹底という上からの流れと、現場で実施されているリスクマネジメントの業務の進捗状況などの報告や、現場で発生しているリスクの実情、取引先をはじめとするリスクに関わる環境変化の情報共有という下から上への流れ、そして社内の各部門での実態の横への情報共有がされる極めて重要なものである。

図表3－①　リスクマネジメント委員会の事例

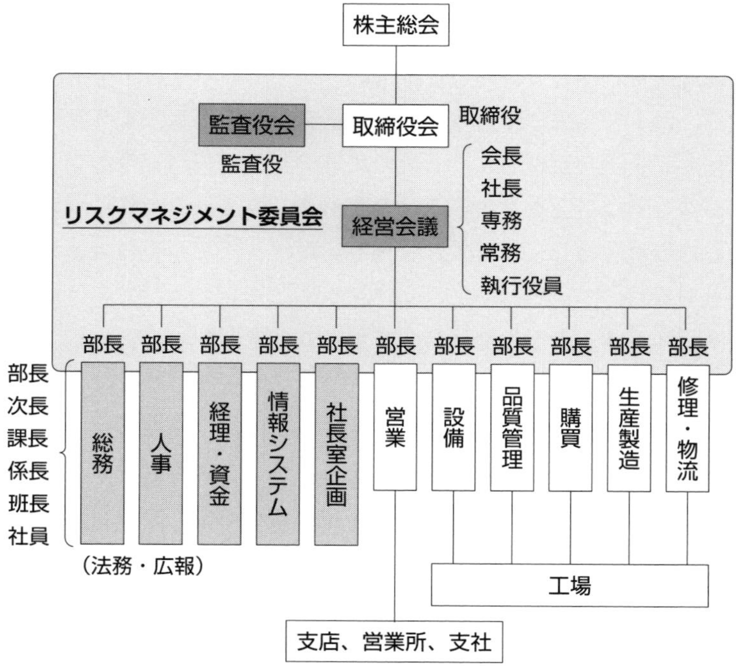

この委員会を、実質論議ができて情報共有が有効となるように事務局となる部門が運営を努力する必要がある。このような常設会議が形骸化し、出席者がいつも代理となっている場合は、企業体質がとても危険な状況になっているといわざるを得ない。最低限CROが参加すればよいと述べたが、重要性の認識は社長の意識によるところが大きく、全役員が出席することが望ましいことはいうまでもない。

また、各部門長が参加することから、全構成員への各部門の中のリスクマネジメントに関する経営者の方針の周知徹底や、部門内のリスクに関する情報の収集は部門長の責任で実施する。これらが各部門で行われることで結果的に全部門の全メンバーがリスクとリスクマネジメントに関わる情報を共有することとなる。

3-8

リスクマネジメント推進組織：経営資源の配付

経営者はリスクマネジメントの推進のために推進組織を構築し、予算や要員などの経営資源を割り当てる

- リスクマネジメントを推進し経営者を補佐する組織を構築する
- 推進組織はリスクが顕在化した場合の危機管理も担う
- 予算や要員を割り当てる。リスクマネジメントを実行するためには一定の能力がある要員が必要

1 推進組織の構築

従業員の多い大企業などでは、リスクマネジメントを推進する組織として室や課を設けることも多い。新製品開発や投資戦略、海外進出、拠点展開などの戦略リスクを含めて対象とする場合には社長室や経営企画部の中に推進組織を設ける事例が多い。コンプライアンス違反や地震、水害、製品事故などが中心で戦略リスクを取り扱わないとした場合には総務部門に設置する事例が多い。

このリスクマネジメントの推進部門は、日常時のリスクマネジメントの推進の事務局として経営者をサポートする業務のほか、リスクが顕在化した場合にも危機管理として経営者の補佐をする役目も担うことも業務として含むことが望ましい。そのためリスクマネジメント要員は最低限管理職クラス３名以上が必要である。３名の管理職であれば危機管理において休日夜間３交代での対応を可能にし、また１名の休暇や出張などへの対応も可能となる。

リスクマネジメント事務局の人材は様々なリスクに対応するため社内の幅広い部門から集めることも有効である。ある製造業では６名体制で、人事、

広報、法務、製造、保守、営業から集めている事例もある。

2 経営資源の配付

リスクマネジメント対応ではリスクに応じて必要な経営資源である予算や要員の割り当てを行う。このうち「要員」とは国際標準規格の考え方では、あらかじめ技能、経験、力量を定め、その要件を満たす人材を採用することを求めている。特に各々の組織の長はその役割に対する力量がある人が就任することが前提である。一方、日本の組織長の人事ではメンバーシップ型採用が多いこともあり、定期人事異動の中で昇格や人事異動がなされることが多い。そのため、場合によっては経験不足の組織長を部下が支えることが前提の仕組みとなる。欧米の考えが日本とは異なっていることに注意する。力量を満たしているか否かは特に事件事故が発生した後の危機管理のときに問題視される。

そのポストの力量があるか否かの判断は一般には資格（民間資格、国家資格、あるいは社内の昇進試験など）と経験で判断する。

大企業では専任の事務局を持つことが多いが、中小企業などで人員に余裕がない場合は、リスクマネジメントの責務を兼任として割り振ることとなる。なお、予算や要員などの経営資源の制限が一般には存在するが、この資源配付がリスクマネジメントの巧拙を左右する要因となることも多く、まさに経営者の経営判断の一番大きな項目である。

3-9

責任の割り当て・説明責任と任務遂行責任

リスクマネジメントの実施は責任による管理で行う。リスクオーナーの選任、説明責任、任務遂行責任を理解する。組織の全員が何らかの責任を持つ

- 特定された個々のリスクの対応責任者をリスクオーナーとして任命し、個人の責任を明確にする
- 説明責任・アカウンタビリティは、組織の長が自らの権限において組織が実施したことに対して、関係者から責務を問われるために必要最低限の情報提供を行うこと
- 任務遂行責任は与えられた任務をやり遂げる責任であり、全員が持っている

1 リスクオーナー

国際標準規格のマネジメントシステムの組織運営の方法の基本は、責任によるマネジメントである。リスクマネジメントにおいては、経営者の中で1名CROを任命し、リスクマネジメント全体の推進の責任および割り当てがされていないリスクが顕在化した場合の対応責任、危機管理となった場合の対応責任を持つ。他の執行役員も役員の分掌業務に定められた範囲のリスクについての責任を持つ。このように企業全体で対応するとされたリスクについては、各々のリスクについて必ず執行役員、部門長、部長、課長など役職者に対して責任が割り振られる。そのリスクに関する執行役員または部門長がリスクオーナーとして任命され、実務において当該リスクのリスクマネジメントの全責任を負う。このとき、リスクオーナーが定められていないリスクについてはすべてCROが担うこととなり、社内でだれも自分の責任ではないなどとして対応が遅れることがないような仕組みとなっている。

2 説明責任・アカウンタビリティ

国際標準規格では責任による管理を行うが、特に重要な2つの責任がある。それが説明責任・アカウンタビリティ（Accountability）と任務遂行責任・レスポンシビリティ（Responsibility）である。

アカウンタビリティは説明責任と日本語訳されていることが多いが、説明責任という訳語から、問われていることに対して何でもよいから回答すればよいという態度が見受けられる。しかし、これは誤りである。アカウンタビリティは組織の長などが自分の権限において裁量権で行った行為に対して、（部下の実施したことについても含む）ステークホルダーに対して説明し、その説明に対して責任を持つことである。その実施したことに対しての良し悪しの判断はステークホルダーが行うことである。つまりステークホルダーが良し悪しの判断を行うために必要な情報が提供されていれば説明責任を果たしたことになる。自分勝手な論理で説明しただけであったり、ステークホルダーが判断に必要な知りたい情報が提供されていなければ説明責任を果たしたことにはならない。当然組織を守るための取り組みは必要であるため、すべての情報を開示する必要はない。当然ながら不必要な防御姿勢は隠蔽体質と非難される。

会社内でいえば、課の中で部下の業務を含めて課長には一定の裁量権が与えられている。この裁量権の範囲内で実施したことについて、関係者（この場合は部長や他の課長）への説明が課長の説明責任となる。そして部長は部長職としての裁量権の範囲内の出来事や自分の判断について関係者である執行役員などに説明する。執行役員は常務執行役員や社長そして取締役に説明することになる。企業を代表して社長およびリスクオーナーである執行役員が記者会見などを開催し、企業のステークホルダーである株主、投資家、取引先、消費者、市民、官公庁などに説明責任を果たすことになる。このように説明責任は連鎖をしていく。

なお、ここでは裁量権が与えられている組織の長が説明責任を負うとしているが、専門職など組織長ではなくとも一定の裁量権を持つ人材の場合はその範囲で個人でも説明責任が求められる場合がある。

3 任務遂行責任

説明責任・アカウンタビリティは基本的に裁量権のある組織の長が、自らの裁量権の範囲で行ったことについて関係者に説明する責任があることを示した。一方、もう１つの責任は任務遂行責任・レスポンシビリティで、こちらは企業の経営者や従業員すべてが持つ責任である。各自に与えられた任務をやり遂げる責任のことで、新入社員であってもこの責任は持っている。会社業務の遂行はもとより情報漏洩や遅刻などをしないよう就業規則を守る責任なども含まれる。

3 - 10

コミュニケーションと協議

リスクマネジメントを適切に実施するためには、情報の共有と有識者からのアドバイスが必要である。情報共有の仕組みには周知徹底と報告の仕組みが重要となる

- リスクマネジメントの PDCA のすべてのステップで情報共有できる仕組みが必要かつ重要となる
- 協議とはコンサルテーションのことで、有識者からアドバイスをもらうことである
- 情報の共有には、経営者からの方針など周知徹底の上からの流れと、組織末端から経営者へそして株主へ挙げていくボトムアップの流れの双方が重要

1 情報共有

リスクマネジメントのみならず経営を適切に行うためには、その過程のすべてにおいて実情に応じた情報が適切に共有されている必要がある。誤った情報や古い情報あるいは必要な情報が欠けた状況で意思決定をすると、場合によっては大きな失敗となる。そのためリスクマネジメントにおいても情報共有の仕組みを構築することが必要である。情報は経営者の意思決定した内容が組織のすべての末端までの従業員にすばやく伝わり理解される必要がある。もう1つは、末端までの組織すべてにおいて、周りの環境がどう変化したのか、何が発生しているのかの情報を適時適切に経営にまで伝えて共有する必要がある。このような動脈と静脈の双方および必要に応じて横方向への共有の仕組みを整える。

リスクに関する情報の共有はリスクコミュニケーションとして定められている。もともとのリスクコミュニケーションには情報の共有と情報の伝達の

2つの意味がある。リスクコミュニケーションはアメリカで爆発危険のある化学工場の誘致に関する取り組みから研究が開始された。化学工場は爆発や危険物の漏洩および大気汚染などの住民にとってはマイナスの影響がある一方で、地域雇用の確保、税収増加による自治体の住民サービスの向上などのプラスの要素もある。これらにつき賛成派、反対派、中立のそれぞれの立場で科学的な情報を共有し、納得がいくまで情報を共有した後、最終的に住民の多数決で誘致の可否を決める取り組みが整備された。この研究の過程で開発された概念がリスクコミュニケーションに集約されたものである。

リスクコミュニケーションでは、ステークホルダーとの情報共有によりステークホルダーの期待を反映し適時に行うことが必要である。また、適切に情報が収集、照合、統合、共有され、フィードバックが行われたのち、その結果対応の改善が期待される。

経営のグローバル化や働き方改革、顧客や取引先、従業員などダイバーシティなど様々な観点から、いままで日本企業が得意としていた暗黙知の重視やいわなくてもわかる、という時代ではもはやない。様々な背景を持つ様々な人々に対応して丁寧なコミュニケーションが求められている。

2 協議:コンサルテーション

リスクマネジメントを円滑に行うためには、様々な知識や経験を持った多くの人の知識を結集することが必要である。そのため社内外の有識者から知識や情報をいただくコンサルテーションが必要となる。日本語訳では協議となっている。ここのコンサルの意味は、必ずしもコンサル会社を意味するのではなく、大学や研究者の意見の収集をはじめ、社内のベテラン社員などの意見集約も重要となる。

3 報告:コーポレートガバナンス

リスクコミュニケーションの仕組みの一部である報告では、様々な部署や役職の相互において必要に応じた情報報告がされることとなる。企業とステークホルダー、とりわけ株主との間の情報共有については、別途各国のコーポレートガバナンス・コードで様々な要求事項が定められる。有価証券報告書の提示や株主総会がそれであり、また業績の四半期開示、CSR 報告などの非財務情報開示などもこの報告にあたる。株主やアナリストとの対話なども適宜実施されている。最近は SDGs の対応の情報開示や気候変動の影響や対策方針の開示なども株主や投資家、あるいは市民や取引先などの様々なステークホルダーから要望されている。これらの対応もリスクマネジメントとして重要となってくる。

3 - 11

組織の外部・内部状況の確定：SWOT分析

リスクマネジメントのPDCAサイクルを回しはじめるときには必ず自社の置かれた状況分析を行い、強み弱みおよびステークホルダーの意向や経営資源の制約を確定する

- リスクマネジメントのPDCAサイクルを回しはじめるときには、必ず自社の置かれた状況を確認する
- ステークホルダーなどの外部からの要請や、ライバル動向、世の中のトレンドなどの外部状況を確認する
- 自社の経営における強みを確認する一方、予算、要員、時間などの経営資源の制約などの弱点を確認する
- 弱点はそれが顕在化すれば企業経営にマイナスの影響を与えるとともに、強みが崩れることもマイナスとなる

企業は経営も含めて自由に取り組むことはできず、株主の意向や好景気か否か、自然災害の有無、ライバル企業や許認可の動向などの外部の環境により、追い風となるか逆風となるかの影響を受ける。また、内部留保が十分あり好況で強気に打って出ることができるのか、人材が予定通り採用できているか、事件事故が発生し立て直しの時期かなど様々な内部の制約にも依存する。企業が経営計画を立てるのと同様、リスクマネジメントのPDCAのサイクルを回しはじめるときには、必ず外部状況と内部状況を確認する。企業でリスクマネジメントを実施するのは企業全体のレベル、部門レベル、課や現場レベルなどの階層ごと、新商品開発、新規出店、地震、火災、製品事故などのリスクごとの取り組みなど様々な取り組みがなされるが、いずれもPDCAの開始にあたってはそれぞれのリスクマネジメントを担う責任主体で外部状況と内部状況を分析し、現状把握を行う。

分析手法は一般的に、SWOT分析を用いる。SWOT分析とは、内部の強み（S：Strengths）、内部の弱み（W：Weaknesses）、外部の機会（O：Opportunities）、外部の脅威（T：Threats）のそれぞれを明確にすることである。

内部の検討要素は、組織統治、組織体制、役割、アカウンタビリティ、方針、目的、戦略、資源、知識として把握される能力（例；資本、時間、人員、プロセスなど）、データ、情報システム、情報の流れ、組織の文化、契約関係およびコミットメント、相互依存関係などを分析する。例えば強みとして特許や競争力のある生産技術、弱みとして従業員の高齢化、デジタルリテラシーの弱さなどがある。

外部の検討要素は、株主や投資家などのステークホルダーとの関係やステークホルダーの自社の認知状況や価値観、国内外地域を問わず、社会、文化、政治、法律、規制、金融、経済、技術、自然環境、競争などの環境、主要な原動力（キードライバー）や傾向、他社との依存関係などを分析する。

図表3－②　強み弱み分析事例

	外部状況	内部状況
強み	・製品のシェアが高い ・協力会社が近いので部品輸送コストが低い ・高成長の分野に進出している	・熟練技術者の製造技術により品質安定 ・本社で情報を一元管理：情報共有、統制ができている ・シェアと売り上げが安定して大きいので資金力がある
弱み	・主力製品は伸び悩み ・自然災害のときに協力会社ともども被災する ・少子高齢化により人件費が高くなる ・主力製品が陳腐化すると一気に収入を失う ・電気炉を使うので電力料金に依存してしまう	・若手育成ができていない ・大量生産がむずかしい。需要増に対応できない ・主力製品に頼っている ・一工場生産のため、生産停止問題に対応しにくい ・従業員の高齢化 ・情報システムが本社一元化、バックアップがない ・組織体制が弱い（すべてが並列） ・組織縦割りで連携がしにくい ・長期間雇用で育てるモデルが転職が多くなると厳しい

例えば、機会として為替レートが有利、規制緩和の波に乗れる、脅威として他業種からの参入、海外展開力が無いなどがある。

これらの状況は毎年毎年変化するため、意思決定に合わせて必ず見直しを行うことが求められる。

コラム⑦ 内部統制とリスクマネジメント

日本では21世紀に入り企業のリスクマネジメントを促進させるいくつかの法整備がなされた。その1つが金融商品取引法と会社法である。この2つの法律制定を支えた考え方の1つに内部統制の思想がある。内部統制とはInternal Controlの訳語である。インターナルコントロールとは、組織を適切にコントロールおよびマネジメントするために、組織内に用意する自律的な仕組みのことを指す。「適切なコントロールおよびマネジメント」とは、組織がコンプライアンス違反や、大きなミスを犯すことなく、健全な企業や組織として、有効かつ効率的に運営されるために行う「経営」の一環である。

ここでコントロールを「統制」と翻訳したのは正しいがやや強い締め付け感があるのが気にかかる。コントロールは音量調整や野球のピッチャーのコントロールのように、目指すところに持っていくつまり「制御」という語感である。

日本の内部統制はコンプライアンス違反の防止や金融商品取引法では粉飾決算の防止に焦点があたっていて、健全な企業の発展である有効かつ効率的な運営により利益を上げる活動を支持する点があまり認識されていない。利益を上げる積極的な活動を秩序だって行うことも立派な内部統制である。

日本の内部統制はその思想の展開にあたって、図のような3軸が用いられている。

上面は4つの目的を表す。①業務の効率化、適切な収益活動の実施、②財務報告、有価証券報告書が正しいことの保証、③法令順守、コンプライアンスの実施、④資産保全：経営資源の適正な活用の4つである。奥行はすべての部門で実施されることを示すが、グループ会社経営を想定し、傘下のすべての会社が対象となることを表す。特に有価証券報告書では連結決算の対象のすべてを表す。最後に前面であるが、これが内部統制のリスクマネジメントのステップを表す。具体的な活用では金融商品取引法における粉飾決算防止に向けた経理などの不正防止のリスクマネジメントに活用されているが、具体的なステップは本書で紹介するリスクマネジメントの進め方と同様である。①統制環境：経営者の方針や推進組織の策定、外部内部状況の把握、②リスク評価と対応：粉飾決算が起きやすいリスクの発生場所や業務を特定し、様々な防止策を構築

[内部統制とリスクマネジメント]

日本の内部統制の概念図

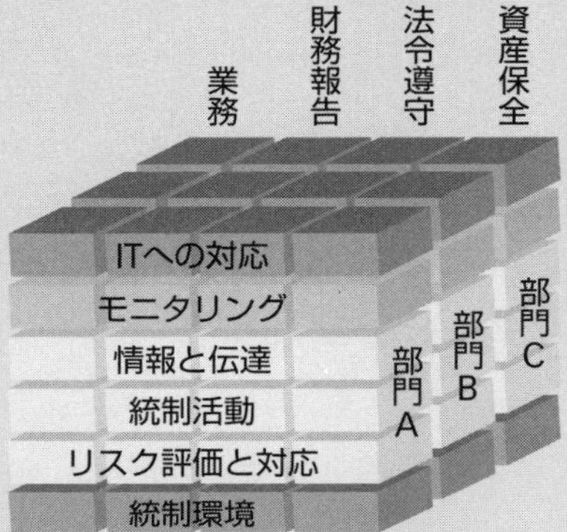

内部統制とは、基本的に**4つの目的が達成**されているとの合理的な保証を得るために、業務に組み込まれ、組織内のすべての者によって遂行されるプロセスをいい、**6つの基本的要素**から構成されている。

注）会社法では、部門A～Cの部分が、グループ会社経営と考えられている。

出所：「財務報告に係る内部統制の評価及び監督の基準案」（金融庁企業会計審議会内部統制部会2005年12月18日公表）。

する、③統制活動：従業員へのマニュアルの提供や教育、具体的な粉飾防止対策の実施、④情報と伝達：経営からの指示の周知徹底と現場の実際の状況の報告、⑤モニタリング：対策がうまくいっているか不備があるかを自己点検や監査で発見し是正する。ここまでは欧米でも実施されている内部統制と同じである。最後の IT への対応だけが日本独自のものとなっており、IT を活用することの推進が指摘されている。

金融庁がすすめている内部統制は、株主保護を目的とした粉飾決算の防止を 4 つの目的から特に定めて展開をしているが、全社的なリスクマネジメントからみると、企業を取り巻く多くのリスクの中の粉飾決算リスクへの対応にあたっていると考えることができる。

なお、このような内部統制の仕組みは、思想として経営が管理職を含む従業員が不正を働かないように規則を設け、また相互牽制をする仕組みを構築することである。ところが経営者自らが粉飾決算の不正を仕掛け、また経理部門などの一部の従業員がそれに加担してしまうと、内部統制の仕組みは崩壊してしまう。欧米や日本の最近の粉飾決算の事例をみても経営者の犯罪に対して内部統制の仕組みはそれだけでは不十分であり、経営者の不正をしばるガバナンスが別途必要であること指摘しておく。

第 4 章

リスクマネジメントのPDCAサイクル

リスクマネジメントの実践には固有の手順を学ぶことが必要である。リスクマネジメントの発展のためには経営の継続的改善手法であるPDCA サイクルが適用できる

➪日常時のリスクマネジメントに関する業務の取り組み方法は一般の業務の進め方と同じである
➪日本発祥の継続的改善手法である PDCA サイクルが適用できる
➪リスクマネジメントの実践にはリスクマネジメント固有の手順がある

日常時のリスクマネジメントに関する業務の取り組み方法は、一般の業務の進め方と同じである。日本発祥のすぐれた経営の取り組み方である継続的改善の手法が、リスクマネジメントにも適用できる。継続的改善は、P（Plan）計画、D（Do）実行、C（Check）評価、A（Act）改善を繰り返し、1つのサイクルを回すたびによりよい会社にする経営手法である。全社的なリスクマネジメントもまさにこの継続的改善サイクルを回すことで取り組んでいく。

一方、企業を取り巻く様々なリスクに体系立てて対応するためには、リスクマネジメント固有の手順があり、リスクマネジメントに成功するためには経営者は具体的な手順を学ぶ必要がある。以下継続的改善手法の PDCA サイクルに沿ってリスクマネジメント固有の手順について 1 つひとつの要素を解説する。

リスクマネジメントの計画：PLAN

リスクマネジメントの取り組みの開始は経営者が方針を打ち出しリスクマネジメントの巧拙の責任が経営者にあることを明確にし、また従業員がリスクマネジメントに取り組むことを支援することを約束するコミットメントをすることが大切である。CROを任命し、リスクマネジメント委員会を立ち上げ、推進組織を構築し、企業の置かれた状況を認識したら、いよいよ具体のリスクマネジメント計画を策定する。リスクマネジメントの一番重要な取り組み手順をステップに沿って解説する。

リスクマネジメントの計画は、

- リスクの発見
- リスクの特定
- リスクの算定
- リスクの評価
- リスクマネジメント目標の設定
- リスク対策の策定
- リスクマネジメントプログラムの策定

のステップで実施する。

4-1

適用範囲とリスク基準および状況の設定

リスクマネジメントは全社的に実施する場合と、商品開発、地震対策、基幹システム開発プロジェクトなど個別に実施する場合があるが、いずれの場合もまず適用範囲とリスク基準と状況の設定を行う。問題解決に向けた条件設定にあたる

- リスクマネジメントは企業の中では階層構造を持ち、全社レベル、個々のリスクレベル、プロジェクト等個別レベルなどで並行的に実施される
- それぞれのリスクマネジメントを実施するにあたっては、計画の適用範囲、リスク基準、目的や予算などの実施にあたっての状況設定を行う
- コスト対効果などが求められる企業において、限られた経営資源などの制約を認識しその中で最善を求めていく

1 適用範囲の設定

リスクの定義は、目的に対する不確かさの影響である。このようにリスクは目的を定めてはじめて明らかになるものである。企業活動においては、全社的な事業目的を達成することを阻害するものをリスクとし経営レベルで実施する全社的リスクマネジメント、ERM（Enterprise Risk Management）が最上位の活動にあたる。そのもとで、個々の事業部や拠点単位のリスクマネジメントや商品開発、地震対策などの個別のリスクへのリスクマネジメント、あるいは新規基幹システム開発などのプロジェクトもののリスクマネジメントなど様々な階層で実施するリスクマネジメントがある。ここでは全社的リスクマネジメントを対象に説明をするが、いずれのリスクマネジメント活動においても、はじめにその活動の対象とする適用範囲を定める。すなわち全社が対象なのか、拠点である工場のリスクマネジメントが対象なのかな

どである。

リスクマネジメントの適用範囲を定めると、次にリスクマネジメントを実施するための条件設定を行う。具体的には目指す方向の決定や対応するための制約条件を確定させる。企業全体のリスクマネジメントではSWOT分析を行ったが、下の階層で実施するリスクマネジメント活動では、上位組織から示された目的や実施期間、そしてその活動に認められた予算や要員、手法などの制約がある。これらの活動条件を確認する。

2 リスク基準の設定

それぞれの活動において委譲された権限の範囲で各種判断を行っていくが、その判断根拠となるリスク基準を設定する。企業の存在意義（パーパス）やリスクマネジメント目的に照らして、取ってよいリスクと取ってはならないリスクを定める。日本では1990年頃にバブル崩壊があったが、多くの企業が生業を軽んじて内部留保を株や為替に投資する財テクを行い大失敗した。輸出入を行う場合に先物の為替レート予約をすることは認められるが、先物為替で利益を上げることは取ってはならないリスクとして定めるなども重要である。また、損失許容金額や許容される発生頻度などを今期の活動をはじめる前に設定し確認を行う。日本の企業では様々なリスクマネジメント活動、特に火災、労働災害、交通安全など法定で取り組むことが求められているリスクマネジメント活動が長期間行われていることが多いが、これらの適用範囲や活動状況の条件の確認およびリスク基準などが明確にされないまま活動だけが継続している場合があるので改善していくことが望ましい。

また、活動に合わせて、責任の明確化や役割の整理、他の企業や組織の活動との関係、他のリスクマネジメント活動との関係を整理し、活動記録の残し方なども合わせて定めておく。

4-2

リスクの発見

リスクマネジメント計画の最初のステップである。各種手法を用いてリスクの目録を策定する

- リスクの発見のステップのゴールはリスクの目録の作成である
- 目録を作成することで一度発見したリスクを忘れることを防ぐ
- 100%完璧にすべてのリスクを発見することは困難であり、神経質にならないことが大切。あとで抜けを発見したら追加すればよい

1 リスク発見のゴールはリスクの目録の作成

リスクマネジメント活動の対象を定めたら、その対象に影響を与えるリスクを目録化する。全社的リスクマネジメントにおいては、経営に影響を与える様々な要因をリスクとして書き出す。特定のリスクが対象となる場合には、細分化した内容を書き出していく。例えば、情報セキュリティを対象とするリスクマネジメントであれば、ハッキングやコンピュータウイルス、機械故障、ソフトウェアのバグなどを明示していく。

目録化することにより、今回は優先順位を下げて対象としなかった取り組みを、PDCAを回して次のサイクルで俎上に上げるときに役立つ。またせっかくノミネートした着眼点を忘れてしまい失うことが避けられる。リスクの発見は様々な手法が用いられるが、担当する役員や個人の力量や時間の制限などにもより100%完璧なものを作るのは困難であると認識することが重要である。抜け漏れがないことにこだわりすぎて時期を逸することは避けなければならない。事件や事故が発生して抜けが判明したりすることもあろうが、ある程度の割り切りも必要である。

2 リスク発見の一般的手法

全社的リスクマネジメントにおいて、企業のリスクをノミネートする一般的な手法は、役員・従業員にアンケート調査を行うことである。アンケート調査を行うことで、回答者のリスクに対する感性を向上させる効果もある。このほか、各部門から何人かを選抜させてブレーンストーミングを行う、目安箱を設置し全従業員から気になることを吸い上げるなどもある。事務局においては新聞などの経済面社会面から直近の事件や事故などの情報収集、あるいは経営環境の変化に関わる情報の収集などを行うことも有効である。同業他社からの意見のヒアリングやお客様情報センターに寄せられたお客様のご意見を伺うこと、また学識経験者や公認会計士、弁護士などの専門家の意見をアドバイザリーボードとして取り入れる、社外取締役の意見をもらうなども上場企業などでは行われている。

系統だったリスクの詳細な目録化に適した手法としては、契約書のチェックや業務フロー分析なども有効である。著作権処理の問題や、納期遅れや品質不良が発生した場合の賠償責任が発生するか否か、複数の企業の共同事業の場合の責任分界点、など契約書に潜むリスクは案外大きいものがある。また粉飾決算防止のために奨励された手法がフローチャート法である。業務の手順のすべてをフローチャートに書き出し、各々のステップでどのような犯罪行為や事務ミスあるいは機械故障などが発生するかをすべて書き出すことを行っている。

ブレーンストーミングで有効な手法としてはオーストラリア・ニュージーランド共同規格（AS/NZ4360）のキーワードを用いて連想する手法である。用いるキーワードは以下のものである。

❶ リスクの発生源

- 法律、経済、組織、人、政治
- 自然環境（地震、風水害、立地）
- 技術、マネジメント活動、個人の活動

❷ リスクの影響範囲

- 資産、収入、権利、コスト
- 人、能力
- 地域、環境
- タイミング、スケジュール
- 評判

例えば、リスク発生源の政治でみると地政学リスクがあり、どこかの国の貿易摩擦が発生した場合に損失が出る可能性を考える。また、資産が減少する出来事は何か、新規製品のキャンペーンのタイミングを逸することになる出来事は何かなどと考えていく手法が有効である。

いずれにしろすべてのリスクを記録して目録化することが重要である。企業によっては千を超す事例が書き出されることもある。この目録を関係者が共通の財産としていく。なお、ある機会を追及しないこと、つまり不作為もリスクとなるがここを見逃さないことが重要である。

4-3

リスクの特定

リスクの特定ではリスク目録で書き出されたリスクの詳細から、責任者の権限で詳細な分析を行うリスクを選抜して絞り込む

- 目録化されたリスクは企業全体のリスクマネジメントにおいては千を超すこともある。企業全体のERMではコスト対効果を考慮しCROの権限で対象を選抜して絞り込む
- CROは事務局の意見などを参考に自らの責任において詳細分析を実施するリスクを絞り込む
- 特定されたリスクは次のリスク算定のステップに進む。すべてのリスクについてPDCAを回し振り返るときの手がかりとして、特定した理由、あるいは特定しなかった理由を記録として残す

企業全体のリスクマネジメントの場合では、経営者および従業員からアンケート調査で収集したリスクの数は類似のものでも詳細が異なるなどにより千を超すことも多い。当然すべてのリスクを詳細分析することはコスト対効果からも困難である。そのため次のリスク算定以下のステップに進めるリスクを絞り込むことが必要である。絞り込む場合はCROが事務局からの提言などを参考に自らの権限で特定してよい。重要なリスクが漏れていることが後で判明した場合は、その時点で追加してよい。

また、アンケート調査で上がってきたリスクには似たような表現のリスクがある場合もある。これらは事務局で統合したり、あるいは逆に分割したりしてよい。経営者が対応を検討する場合にわかりやすい分類で整理することを目指す。

4-4

リスクの種類

多くの企業を取り巻くリスクは共通したものがある。戦略リスク、財務リスク、ハザードリスク、オペレーショナルリスクの４分類が一般的である

- 一般に多くの企業を取り巻くリスクは共通したものがある
- 企業のリスク分類は、戦略リスク、財務リスク、ハザードリスク、オペレーショナルリスクの４分類となる
- 企業の中で収集するリスクはとても重要であるが、リスクの特定の簡易手法として一般的なリスク分類されたリスク表現を用いてもよい

1 企業を取り巻くリスクの4分類

企業を取り巻くリスクには共通したものがある。リスクの種類は分類方法にもよるが小項目でおおよそ100種類とされる。これらのリスクはその性質から大きく分けて４種類に分類される。戦略リスク、財務リスク、ハザードリスク、オペレーショナルリスクの４つである。

①戦略リスク：企業活動の戦略に基づく企業価値の増減。経営者の意思決定に依存し企業活動において避けることができないリスク

【例】事業分野の決定、価格戦略、新商品戦略、企業提携など

②財務リスク：企業財務に関わるリスクであり、金額の上下により場合によっては利益を生むこともある

【例】為替、株価、金利、などの変動によるリスク

③ハザードリスク：古典的な主に外来の原因に起因する事故や災害のこと

【例】地震、水害、火災、機械故障、感染症など

④オペレーショナルリスク：経営者や従業員の企業の活動によって引き起こされる主に内在のリスク
【例】不良品など製品安全、法律違反、事務ミスなど

これらのリスク区分とそれぞれのリスクの分類は次の図表4-①リスクの概要を参照のこと。これらの小分類の単語レベルでリスクをノミネートすることも実務的である。

2 その他のリスクの分類方法

(1) テイクするリスク、コントロールするリスク

経営者が企業を発展させるために意思決定をすることは避けられない。この意思決定が成功するか失敗するかそのものがリスクである。この場合どの程度リスクを取ってよいか、つまり投資をしてよいかは別途定める必要がある。4分類の戦略リスクがこれにあたる。コントロールするリスクは、企業経営者としては発生することが好ましくないリスクであり、組織を構築して発生させないように、また発生しても企業に与える影響が小さいようコントロールしていくリスクである。4分類では財務リスク、ハザードリスク、オペレーショナルリスクが対象になる。なお、機関投資家などでは為替や株などの売買や投資により利益を上げる業種があり、その場合には財務リスクは戦略リスクになる。このようにこの分類も業種や業態で異なることも有り絶対的なものではない。

(2) 経営リスク、事故災害リスク、政治経済社会リスク

上述した4分類のうちハザードリスクを外来のものとして事故災害リスクとする。戦略リスクのうち政治経済社会リスクを、1つの企業では対応できないものとしてまとめる。それ以外のすべてのリスクは経営者が責任を追って対応すべき経営リスクとする分類方法である。

(3) 静的リスク、動的リスク

人間の要素がそのリスクの発生や影響にからまないものを静的リスク、人間の要素が大きく関係するものを動的リスクとする分類方法。小分類で100程度あるリスクはほとんどが動的リスクであり、人間がからまないものは少ないことがわかる。例えば火災も古典的分類では外来のものとして静的リスクとされていたが、火災原因の第1位が放火、第2位が煙草の不始末であることを考えるとこれも動的リスクとなる。

(4) 投機的リスク、純粋リスク

結果的にプラスとなることがあるリスクを投機的リスク、マイナスだけのものを純粋リスクとする。戦略リスク、財務リスクが投機的リスクとなり、ハザードリスク、オペレーショナルリスクは純粋リスクとなる。

図表4－① リスクの概要

戦略リスク	ビジネス戦略	・企業がその主たる製品・サービスの事業分野を決定する、企業経営の根本的なリスク ・いかに社会に受け入れられて儲けていくか	新規事業、設備投資、研究開発、企業買収、合併、海外生産拠点の崩壊、生産技術革新
	市場マーケティング	製品販売を実施するためには、購買層の購買意欲や潜在ニーズを把握する必要がある	市場ニーズの変化、製品のヒット・あるいは不発、価格戦略、宣伝広告、競合・顧客のグローバル化、情報技術の革新（インターネットweb）
	人事制度	社員のモラルを高めたり、転職をどう考えるか、国際化などによる会社経営を見据えた人事制度（給与、ボーナス、年功序列など）	集団離職・海外従業員の雇用調整；レイオフ、派遣切り・従業員の高齢化
	政治	ひとつの企業ではその発生を防ぐことができない政治経済社会リスクのひとつ。様々な制度改革、構造改革により企業にとって有利不利が発生する。	法律の制定、制度改革、税制改革、国際社会の圧力、貿易問題、通商問題、戦争・内乱、政変、革命、テロ、暴動
	経済	政治経済社会リスクのひとつである。資本主義社会の特徴である景気循環が大きく左右する	経済危機、景気変動、原料・資材の高騰

戦略リスク	社会	政治経済社会リスクの一つである。広く捉えればその国や地域の政治状況を反映しているものであるが、主体が市民であることが特徴	不買運動・消費者運動、風評被害、地域住民とのトラブル、誘拐・人質、反社会勢力による恐喝・脅迫
	メディア	新聞、テレビ、ラジオ、インターネットなどによる公的情報発信機能をもつマスコミにより掲載される記事の内容によっては企業の売り上げに大きく影響する。	誹謗中傷（インターネットの炎上）、マスコミによる誹謗中傷、メディア対策の失敗
	資本・負債	企業活動には一定の資本が不可欠であり、それをどのように調達するかは企業の戦略のひとつである。活動資金の入手にはリスクを伴う	格付けの低下、金融支援の停止、資本計画の失敗（不必要に借り過ぎるリスク）
財務リスク	資産運用	企業支配のために保有している株、および債権の価格の上下による損得。金融機関は株などへの投資が本業	デリバティブ運用……サブプライムローン、不良債権・貸し倒れ、株価変動・地価、不動産価格の変動
	決済	企業の日常業務において現金などにより決済が円滑に行われる必要があり、準備する資金の量と金利などの変動幅による	取引先倒産、金利変動、為替変動
	流動性	企業活動が円滑であっても支払に際して現金が必要である。この現金が不足するリスク。資金繰りが付かない場合は倒産する。現金確保のために融資を受けると金利出費がかさむ	黒字倒産
ハザード	自然災害	発生確率は立地環境に依存する。発生そのものは人力では止められない。影響の軽減はできる。企業は立地の選択によるリスク回避や被害軽減・抑制の対策をとる	竜巻・風害、水害、雪害、落雷、地震、津波、噴火、天候不良、異常気象、冷夏猛暑、疫病
	事故・故障	産業革命以来、産業活動に起因する事件や事故が企業活動に大きな影響を与えてきた。損害保険が発達しており財務面では影響を軽減できる可能性がある	火災爆発、設備故障、交通事故、航空機事故、列車事故、船舶事故、労災事故、停電断水、運送中の事故、海賊盗難、放射能汚染、放射能漏れ、有害微生物漏洩、バイオハザード

	情報システム	企業でＩＴ、情報システムを用いていないところはない。この情報システムが機械の故障、オペレーションミスなどで停止したり誤動作、情報漏洩をするリスク	情報システムの誤作動、設備故障、コンピュータウイルス、不正アクセス、サイバーテロ
オペレーショナル	製品・サービス	製品やサービスを提供し収入を得るが、この製品サービスに関する事件事故は企業活動の本質であり、対応を失敗すると影響が大きい	製品の瑕疵、事務ミス、製造物責任、リコール、欠陥商品、製品回収、個人情報の漏洩、プライバシー侵害、機密情報漏洩、情報管理の不備
	法務・倫理	コンプライアンス違反のリスク。法令を守ることに加えて、社内規則違反も対象。法律を護っていても社会常識に反する事は実施してはいけない。（企業倫理）	知的財産権・著作権違反、特許紛争、環境規制違反、役員従業員の不正・不法行為、商法違反、不当な利益供与、不正取引、インサイダー取引、社内不正、横領・贈収賄、独占禁止法違反、公正取引法違反、企業倫理違反、問題情報の隠蔽、外国人不法就労、役員賠償責任
	環境	地球温暖化や公害対応など企業の取組が地球の自浄能力を超えてしまったために発生した問題。企業や社会は持続的な発展が求められている	環境規制強化、環境賠償責任；公害、環境汚染、油濁事故、土壌汚染、廃棄物処理、リサイクル
	労務人事	従業員の就労リスク。人事政策の設計そのものは戦略リスク。ここは定められたルールを逸脱することによる人的なリスクをいう	従業員の特許訴訟、差別（性差別、国籍、出身、宗教など）、過労死、安全衛生不良、残業代不払い、偽装請負、セクシャルハラスメント、パワーハラスメント、労働争議ストライキ、伝染病、職場暴力、海外駐在員の安全対策
	経営者	経営者の意思決定そのものが企業の発展や衰退に大きな影響を与える。この経営者自身が抱えるリスクである	経営者の死亡、経営者の執務不能、乱脈経営、粉飾決算、役員のスキャンダル

4-5

リスクの算定

リスクの算定では特定したリスクにつきリスクの発生頻度および確からしさと影響の大きさの2つの軸で数値を算出する

- ISO31000のリスクの定義の注記3では、リスクは結果と起こりやすさで表現されると定められている。このようにリスクは頻度軸と影響度軸の2軸を持つ
- 2つの軸のそれぞれで定性的および定量的な数値を算出する
- 一般にリスクの絶対的な確率の算出は困難であり、定性的なランク法が採用されている

1 リスクの定性的算出

ISO31000のリスクの定義の注記3（第2章**2-1**参照）には、リスクは結果と起こりやすさの2つの軸で表現されるとあり、頻度軸と影響度軸の2つでリスクを算出することができる。また戦略リスクや財務リスクではリスクの結果として、場合によっては利益つまりプラスとなることもあるが、企業経営において事業の継続に大きな影響を与えるものはマイナスの値である。このためここでは結果についてはマイナスの影響度や損失を算出することとなる。

リスク算定では様々な手法を用いて、その企業におけるリスクの数値を算出する。発生頻度または発生の確からしさと企業に与える影響度を数値化する。数値化には定性的分析と定量的分析があるが、一般に企業においてサイコロの確率のように正確な統計が求まる場合は少ない。日本の公式統計では火災は建物が登記されているためそれを分母とし火災発生数を分子とすることができる。交通事故も車が登記されているため警察による事故統計ができ

る。生命表も戸籍があるため出生と死亡がわかる。しかしそれ以外のものは分母分子が把握できないことが多い。今話題のサイバーセキュリティも分母を企業数にするのかパソコン数にするのか、またハッキングの報告は企業が公表しないことも多いため不明である。労働災害事故など企業内で収集したり経験した数値を用いることも可能であるが限定的である。そのためこの企業に与えるリスクの発生頻度や発生の確からしさおよび企業に与える影響の大きさの算定は、企業の経営者や従業員の感性による評価を用いる場合が多い。場合によってはコンサルタントなどその業界の企業横断で情報収集を行っている専門家などのアドバイスを活用する。地震や水害などでは政府や自治体などがハザードマップや被害想定を公表している場合があるので、それを有効に活用する。

2 リスク算定の手法

リスクの算定では経営者および従業員にアンケート調査を実施し、その値を集計する方法がよく用いられている。算定は5段階のランク法が一般的であるが、企業や組織においては3段階法が用いられることもある。

算定にあたっては、あらかじめ算定軸を設定し、そのランクをアンケートで回答してもらう。事務局でアンケートを収集し企業として各々のリスクの頻度と影響度の値を定める。

【頻度軸：確からしさ（例）】

1　50年に1回は発生しないがいつか発生する
2　10年から50年以内に1回は発生する
3　5年から10年以内に1回は発生する
4　1年から5年以内に1回は発生する
5　1年に1回以上発生する

【影響度軸（例）】

1　ほとんど影響しない
2　1年から3年以内業績に悪影響がある
3　3年以上の悪影響がある

図表4－② リスク算定シートの事例

リスク	発生頻度	影響度
【戦】従業員の高齢化		
【戦】紙の使用抑制運動		
【戦】原材料資材の高騰		
【戦】生産技術の革新に乗り遅れ		
【戦】大手企業の垂直統合で吸収		
【財】取引先依存（取引先倒産）		
【ハ】情報システムダウン		
【ハ】地震（自然災害）		
【ハ】設備故障		
【オ】経営者のスキャンダル（死亡）		

頻度
0 発生しない
1 50年に1回以下
2 50年に1回
3 10年に1回
4 5年に1回
5 1年に1回

影響度
0 影響なし
1 1年以内の軽微な影響
2 3年程度の影響
3 長期的な影響
4 部門廃止等多大な影響
5 倒産・解散

4 部門売却など大きな影響が発生する
5 企業倒産や組織の解散に至る

この1から5までの区分は必ずしも等間隔ではない。わかりやすく算定のしやすさを重視した事例である。企業によっては100万、1000万、1億など金額で区分をしている事例もある。この事例で補足をすると、5年と10年の区分は多くの日本企業における平均的な人事異動期間とした。銀行や官庁では2年というところもあるが、10年ひと昔の感覚にも合わせている。また50年はぴったり50年を意味してはいない。おおよそ新入社員が入社し定年退職するまでの期間と考えてよい。影響度の3年という区分は中期計画の策定期間が3年のところが多いため、中期計画に影響が及ぶか否かを判断基準としている。

また、集計にあたっては全役員および全従業員の平均値でよいかという問題もある。営業や製造などの人数の偏りや経営者の1票と新入社員の1票が同じ重みでよいかなどの問題もある。最終的にはCROと事務局でその企業にふさわしい決め方を選択する。

4-6

リスクマップ

各リスクを頻度と影響度の算定値に基づき１つの図に表現したものをリスクマップという。リスクの相対的な位置付けの認識を関係者が共有できることがメリットである

- リスクマップでは企業のリスクのそれぞれを相対的に比較できる
- リスクマップにより多くの企業の関係者がリスクに関する情報を共有できる
- リスクの算定値は多少のばらつきは許容する。概括の判断ができることが重要

リスクは頻度と影響度の２軸を持っている。企業内で各々のリスクの頻度と影響度の算定を行った後、それぞれの値を用いてリスクを一枚の図に表現したものをリスクマップと呼ぶ。リスクマップにより企業の関係者が企業のリスクの状況の共通認識を持つことができる。また、それぞれのリスクが相対的に他のリスクより頻度が多いのか、影響が大きいのかを認識することができる。

リスクマップはあくまでも経営者の判断の参考として用いるために作成するのであって、リスクマップを精緻に突き詰めることが目的ではないことに留意する必要がある。

この事例（図表４−③）は商社の事例であるが、戦略リスク、財務リスク、ハザードリスク、オペレーショナルリスクの区分もつけて表現している。相対的な把握の例として例えばシステム障害のリスクと製造物責任を比べる。発生頻度はほぼ同じでも企業経営に与える影響度は取り扱っている商品の製造物責任のほうが大きいことがわかる。また貿易制限や通商問題といった商社らしいリスクはシステム障害と同程度の影響であるが、発生頻度ははるかに高いことがわかる。また本来は100弱のリスク数があるが、ここでは重要な20のリスクのみを書き出し、発生頻度も影響度も小さい領域にその他の

図表4－③　リスクマップの事例（業種；商社）

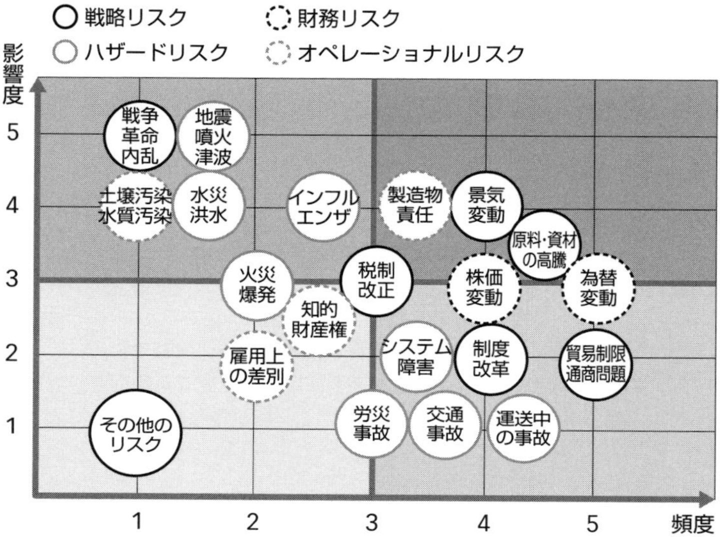

リスクをまとめて表現している。このようにリスクマップは企業ごとにそれぞれの業種や業務の特性によって個性のあるものになる。

なお、リスクの算定やリスクマップの解釈の留意点であるが、現状、多くの企業では様々なリスク対策を実施している。そのためここに表現されているリスクマップは対策を行った結果としての現在のリスクマップである。したがって今後対策を進めていくことおよび社会環境や経営環境の変化によってリスクマップは変化していく。また内部統制などの分野の考え方では、対策を取っていない場合の元のリスクの数値を用いたリスクマップと対策を取った場合の残存リスクのリスクマップとを作成する方法も示されている。この場合対策を取らない場合のリスク算定が、例えばコンピュータウイルス対策ソフトを入れなかった場合のウイルス感染の発生頻度などを測定することが現実的には困難であり、難しい。また、リスク算定においてアンケート回答のばらつきを円の大きさで表現するなどの手法も提示されている。目的に合った表現を採用すればよい。

4-7

被害想定シナリオと5つの評価軸

特定したリスクの詳細分析は被害想定シナリオを作成し、人的被害、財物損害、利益損失、賠償責任、信用失墜の5つに細分化して分析する

- 特定したリスクの詳細分析を行うために5W1Hなどを定めた具体的な被害想定を実施する
- 詳細分析の手法は一般的に被害想定シナリオを作成して行う
- 被害の程度は、人的被害、財物損害、利益損失、賠償責任、信用失墜の5つに細分化して分析する。リスクマップの影響度はこれらの総合評価となっている
- シナリオの検討の結果、頻度や影響度が複数の異なる内容に大きく分かれる場合は特定したリスクを分割する

1 被害想定シナリオ

特定したリスクの対策を立てていくために当該リスクの詳細分析を行っていく。リスク分析手法は例えば国際標準規格の「IEC/ISO31010:2009/JISQ31010:2012: リスクマネジメント—リスクアセスメント技法」に詳しい(コラム⑧参照)。多くのリスクに共通して使用できるわかりやすい手法として、被害想定シナリオを作成して分析を進める方法がある。被害想定は過去の様々な統計や事故事例などを参考にどのような状況で自社に損害を与える事象が起き得るのかを明らかにする。専門家の協力を得て進めることも多いが、中堅中小企業では事務局が社内の有識者の意見を踏まえて作成することでよい。

情報セキュリティの事例ではたとえば以下のようなものとなる。

【ランサムウェアの感染により社内データのすべての閲覧が不可】

従業員の１人が送信されてきた標的型メールの添付ファイルを開いたことにより、社内のパソコンにマルウェアが感染し、週明けの月曜日の朝会社のすべてのファイルが暗号化され業務が停止した。

工場火災の事例では以下のようなものとなる。

【機械設備の過熱により工場の全焼火災】

３交代制で稼働中の工場の射出成型機が摩擦による加熱で発火し、夜間のため自衛消防隊が機能せず初期消火に失敗し工場一棟が全焼した。

シナリオは5W1H、いつ、どこで、何が、どうして、どうなる、などを記述し、見出しは新聞見出しのように一行で全体が簡潔にわかるようにする。このように経営者にリスクの実態がわかるように記述することでリスクに関する情報が関係者で共有できる。分析にあたっては原因のみならず現状実施している対処策の有効性も考慮する。また備考では、このリスクの分析にあたっての専門家の意見の相違があればその記述や根拠資料の提示なども行う。時間的に変動する場合、ある条件で大きく想定が変化する場合、何かのトリガーがある場合、先入観と異なる分析結果となる場合、分析手法の限界や担当者の想定でやむを得ず記述した場合など、後日ほかの人がみたときにその根拠がわかる情報も合わせて記述し保存する。

2　被害の分析軸は人、物、利益、賠償、信用の5軸

被害想定シナリオによりリスクの発生状況を把握したら、そのリスクの企業に与える影響を人、物、利益、賠償、信用の５つの軸で細分化して分析する。

リスクマップの作成やリスク算定で影響度を１つの軸で算出したが、その影響度はこれらの５つの軸の総合評価となっている。

(1) 人的被害

人間に与える損害を分析する。死亡、疾病、障害、傷害などで、後遺障害や精神的ストレス、メンタルヘルスなども含む。人命は基本的には金額換算には馴染まないため別軸で分析する。

(2) 財物損害

物の損害である。工場の建屋、機械、機材、什器、部品、在庫商品、等の損害を分析する。基本的に金額で表す。簿価か再調達価格とするかは事前に決めておく。

(3) 利益損失

リスクが顕在化したことで商品が売れなくなるなどの逸失利益や余計にかかった費用損失を計算する。為替差損や土地の評価損などもここで計上する。基本的に金額で表す。

(4) 賠償責任

他者に迷惑をかけた場合の損害賠償金額を計上する。他者のものを破損した弁償金や、人を傷つけた治療費や慰謝料、他社が仕事ができずに失った逸失利益などを分析する。基本的に金額で表す。

(5) 信用失墜

リスクが顕在化したことにより顧客からの信用を失い、そのため長期にわたって顧客を失う度合いを計上する。シェアの損失幅や顧客人数の喪失数などを分析する。財物損失、利益損失、賠償責任は基本的には単年度評価であるが、信用失墜は長期にわたる損失となる点が異なる。なお、信用失墜はブランド価値の損失、株価の下落、格付けの低下、なども合わせて分析することもある。

また、欧州などではこのほかに生物多様性や気候変動への影響など環境の軸を加えることもある。

【工場火災の例】

①人的被害：逃げ遅れた派遣社員1名死亡、②財物損害：工場全焼により簿価50億円、機械設備簿価30億円、③利益損失：工場再建に5か月を要するがBCPの代替生産により1か月後に70%回復するため利益損失が2.5か月分の5億円の損失、④賠償責任：火災事故により周辺に化学物質が漏洩し損害賠償が1億円、納期遅延による違約金が1億円、合計2億円。⑤信用失墜：顧客の15%が他社に移り戻ってこない。

ここで、この分析でリスクとしては同じ1つの単語で表現できるものの、多発するが小規模の被害の事象と、めったに発生しないが発生すると極端に大きな事象とでシナリオを分けたほうがよい場合は、2つに分割する。また、財物損害は取得価格、逸失利益は売上高などの上限があるが、賠償責任は想定のしようによっては金額が無限大になってしまうおそれがある。また大規模工場などでは全部の工場がすべて全焼するなど想定しにくい場合もある。その場合に用いられるのがPML（Probable Maximum Loss）の概念で、専門家などが過去の類似の災害事例や統計などから推定最大値を求める方法である。実際の被害がこの最大値を超えることもあることに注意するが、コスト対効果の検証などを行う際にはこのPMLの値を用いて対応を行うことには一定の合理性がある。

なお、被害想定においては波及効果や累積効果も考慮に入れる。また関係者への影響も抜け漏れのないように記述することが求められる。原因についても組織のコントロール下にないものや原因が不明なものも考慮する。

図表4-④はリスクの洗い出し記入シートの例である。特定したリスクごとに1枚のシートを作っていく。この例では火災を取り上げている。見出しや分類コード、タイトル等を事務局が記載し、具体的な5つの軸に沿ったリスクの大きさを算定し、リスクシナリオの内容を記載する。これらを文章化することにより関係者で対処すべきリスクのイメージを共有することができる。

このシートはさらに必要な対策も併せて記述しておき、企業のリスク情報のライブラリとして機能していくこととなる。

図表4－④　部内リスクの洗い出し記入シート

<table>
<tr><td rowspan="3">事務局記入欄</td><td>大分類</td><td colspan="2">事故災害</td><td>中分類</td><td colspan="2">事故</td><td>小分類</td><td colspan="2">火災</td><td colspan="2">組織コード</td><td>2300</td></tr>
<tr><td>タイトル</td><td colspan="11">機械設備の過熱による工場の全焼火災事故</td></tr>
<tr><td>人的被害</td><td>大</td><td>財物損害</td><td>中</td><td>利益損失</td><td>中</td><td>賠償責任</td><td>小</td><td>信用失墜</td><td>中</td><td>順位</td><td></td></tr>
<tr><td>順位</td><td>3</td><td colspan="2">リスク名</td><td colspan="3">機械設備の過熱による
工場の全焼</td><td>組織名</td><td colspan="2">南工場総務</td><td>記入者</td><td colspan="2">山本</td></tr>
<tr><td>シナリオ内容</td><td colspan="12">いつ・どこで・何が・どうして（原因）・どうなる
3交替の勤務中夜間に工場内の機械が過熱し，派遣社員が中心のため、自衛消防隊が機能せず、初期消火に失敗し工場が全焼した。</td></tr>
<tr><td rowspan="2">損害の程度</td><td>人的被害</td><td>小</td><td>財物損害</td><td>大</td><td>利益損失</td><td>中</td><td>賠償責任</td><td>小</td><td>信用失墜</td><td>小</td><td colspan="2">←いづれかに○</td></tr>
<tr><td colspan="12">逃げ遅れた派遣社員について死亡者が発生する可能性がある。
工場は全焼し、簿価50億円の損失。また機械設備の全焼により合計80億円の損失が発生する。
工場の再建には5ヵ月かかるが北工場に1週間でラインを新設し、1ヵ月後には70%の稼働が可能である。そのため利益損失は1ヵ月分および30%減の4ヵ月分で2.5ヵ月分を失う。
波及損害として化学物質が火災の際に流失し土壌汚染が発生する可能性がある。この場合土壌汚染除去の費用が派生する。場外に流出した場合は損害賠償が発生する可能性がある。</td></tr>
<tr><td>必要な対策</td><td colspan="12">現状消防法の法律はクリアしているが火災の延焼防止のためスプリンクラーの設置の検討を行う。
3交替の夜勤の場合は自衛消防隊が不在のため、別途夜勤の派遣会社に対して避難訓練の実施の申し入れを行う。
ラインを移設するにあたり必要な図面などのバックアップ対策を見直す。</td></tr>
<tr><td>備考</td><td colspan="12"></td></tr>
</table>

出所：東京海上日動リスクコンサルティング株式会社『リスクマネジメントがよ～くわかる本（第2版）』（2012年、秀和システム）より筆者修正。

コラム⑧ IEC/ISO31010 リスクマネジメントの分析手法

リスクマネジメントの国際標準規格ISO31000の関連規格に「IEC/ISO31010(JISQ31010):リスクアセスメント技法」がある。リスク分析に用いられる様々な手法が表のように31掲載されている。リスクの発見で用いられた手法が1.ブレーンストーミングである。また被害想定で推奨しているものが10.シナリオ分析である。食品衛生管理で用いられるものは7、HACCPであり、想定される被害額などの統計分布を仮想してコンピュータでシミュレーションする手法が25.モンテカルロシミュレーションとして紹介されている。リスクの発見やリスク分析あるいはリスク対策など様々な場面でいろいろな手法が活用できるので本規格を研究するとよい。

[IEC/ISO31010 リスクマネジメントの分析手法]

1. ブレーンストーミング
2. 構造化又は半構造化インタビュー
3. デルファイ法
4. チェックリスト
5. 予備的ハザード分析（PHA）
6. HAZOPスタディーズ
7. ハザード分析及び必須管理点（HACCP）
8. 環境リスクアセスメント
9. 構造化"WHATIF"技法（SWIFT）
10. シナリオ分析
11. 事業影響度分析（BIA）
12. 根本原因分析（RCA）
13. 故障モード・影響解析（FMEA）
14. 故障の木解析（FTA）
15. 事象の木解析（ETA）
16. 原因・結果解析
17. 原因影響分析
18. 防護層解析（LOPA）
19. 決定木解析
20. 人間信頼性分析（HRA）
21. 蝶ネクタイ分析
22. 信頼性重視保全（RCM）
23. スニーク回路解析（SCA）
24. マルコフ解析
25. モンテカルロシミュレーション
26. ベイズ統計およびベイズネット
27. FN曲線
28. リスク指標
29. リスクマトリックス
30. 費用・便益分析（CBA）
31. 多基準意思決定分析（MCDA）

[ツール適用性の例]

ツール及び技法事例	特定	結果	発生確率	レベル	評価
ブレーンストーミング	◎	×	×	×	×
HAZOPスタディーズ	◎	◎	○	○	○
構造化WHATIF技法（SWIFT）	◎	◎	◎	◎	◎
事業影響度分析（BIA）	○	◎	○	○	○
故障の木分析（FTA）	○	×	◎	○	○
事象の木分析（ETA）	○	◎	○	○	×
モンテカルロシミュレーション	×	×	×	×	◎
リスクマトリックス	◎	◎	◎	◎	○
費用・便益分析（CBA）	○	◎	○	○	○

コラム⑨ プロスペクト理論とフレーミング

リスク算定では社内の経営者、ベテラン社員、管理職などを中心としてアンケート調査を行う手法を紹介した。被害想定シナリオも事務局が作成することも多い。この場合それぞれの実施者のリスク感性に依存して算定値が定められる。このとき人間の持つ主観的リスク認知にはバイアスがあることに注意する。リスクをよく熟知する専門家と一般市民や一般社員とでリスクに対する認識が異なることが多い。そういうことがあることを十分認識しておくことが重要である。つまり真のリスク値と算定値がずれる。これは社内で評価を行う場合にも重要であるが、特にBtoCの企業で消費者や一般市民と企業内のリスク評価が異なる大きな要因となる。

1 プロスペクト理論

人間の主観的リスクのバイアスの研究で古典的に有名なものが1986年のスロヴィックの研究である。一般人のリスクについてのイメージを18の因子を用いて調査し、結果として一般人のリスク認知は恐ろしさ因子と未知性因子の2つで表現できるとした。つまりは、恐ろしさがあり得体のしれないものに特にリスクを感じるということである。その後全世界で様々な研究が行われ、現在では制御不能因子と観察不能因子の2つに整理された。

①制御不能因子：結果が致命的、受動的、災害規模の大きなものである。この因子は損失の大きさに左右され頻度にはあまり影響を受けない。結果が致命的なものとして航空機事故や原子力事故がある。結果が制御できないものは大きく見積もられ、反対に自分が制御できるものは小さく見積もられる。自動車事故は自分が制御できるものとして小さく見積もられる。受動的なものは大きく見積もられ、自らが主導的に選択したものは小さく見積もられる。喫煙は小さく見積もられる代表事例である。

②観察不能因子：新しいものである。新規性はなじみがないものほどリスクが大きく認識される。BSE牛海綿脳症などは実際より大きく認識された。科学的に不明なものも大きく評価され、環境ホルモンや廃棄物から放出されるダイオキシンなどが大きな値として認知された。

このように科学統計的な客観的リスクと主観的リスクには差があり、

これをパーセプションギャップという。主観的リスク認知が実際のリスクより大きく認知されると、不必要な不安が増幅される。一方主観的リスクが実際のリスクより小さい場合は本来実施すべき対策がなされず事故などが発生する可能性が生じる。

2　フレーミング

主観的リスク認知のもう1つの問題はフレーミング問題である。これは同じ客観的な状況を説明する文章の書き方がネガティブに焦点を置いて記述するかポジティブに焦点を置いて記述するかで結果が変わってしまう問題である。

古典的な事例で、新規の伝染病である地域で600人死亡する予想が出ているときに次の2つの対策のどちらを選択するかという設問でのフレーミングである。

実験①：対策Aを取ると200人が確実に救われる。対策Bを取ると3分の1の確率で600人全員が救われるが、3分の2の確率で全員が死亡する。

実験②：対策Aを取ると400人が確実に死亡する、対策Bを取ると3分の2の確率で全員が死亡するが3分の1の確率で600人が救われる。

この実験①で期待値はどちらも200人が救われる点で同じであるが72%が対策Aを選択した。実験②では期待値は400人が死亡する（つまり200人が救われる）点で同じであるが、78%が対策Bを選択した。このように実験①と実験②は結果は同じものなのに表現の違い、つまり明示されているものが生存者か死亡者かによって選択が変化してしまう。これがフレーミング問題である。

このようなことにならないためにはアンケート調査をはじめ被害想定シナリオも同じ表現を用いるなど注意が必要である。

3　正常性バイアス

人間にはもう1つバイアスがある。特に災害発生時の避難など緊急時に明確になるのが正常性バイアス（正常化の偏見）である。これは自分だけは大丈夫と思うもので、風水害などが発生すると逃げ遅れる人が必ずといって発生するが、そのうちのいくつかがこの正常性のバイアスによる。有名な事例は2003年2月18日に韓国の地下鉄で発生した火災事故で198人が死亡したが、防犯カメラなどの映像では煙が充満してきているのに逃げようとしない乗客が多く映し出されている。人間は予期せぬ出来事に遭遇すると外界の些細な変化にいちいち反応していると疲れてしまうので遊びをもつようつまりしばらく様子見をするようエネルギーロスを抑える心の動きをしてしまうことによる。

被害にあってはじめて対応策の必要性を認識することも多い。例えばサイバーリスクがこれだけ指摘されていても、自社だけはマルウェア感染はしないから大丈夫と思う経営者の正常性バイアスも指摘されている。

4　リスクの認知の差を認識する

リスク算定などを行ったり、実際に事件事故を起こした後の対応説明などの際に、これらのパーセプションギャップがあることに留意することが必要である。自分で制御するものはリスクを小さく認識する。喫煙者は煙草の発がん性を小さく見積もる。また航空機事故より自動車事故のリスクを小さく見積もってしまう。実際はこの逆である。また一般市民のリスク認知はマスコミやインターネットなどで触れる情報によっても左右される。1979年のクームズとスロヴィックの研究により、新聞の報道頻度と一般人のリスク認知頻度と相関関係があることが示されている。企業はそれらも踏まえたうえで市民との情報の共有、リスクコミュニケーションを行う必要がある。

出所：「フレーミング：リスク」：Baruch Fischhoff, John Kadvany著、中谷内一也訳『Risk: A Very Short Introduction, First Edition』(2015年)。「正常性バイアス」：広瀬弘忠『人はなぜ逃げ遅れるのか―災害の心理学―』(2004年)。「プロスペクト理論」：岡本浩一『リスク心理学―ヒューマン・エラーとリスク・イメージ―』(1992年)。

4-8

リスク評価

リスクの評価では各々のリスクについて、リスク基準と照らしてどのように対処するかを決める。また資源制約の関係から対応する優先順位を決定する

- リスクの算定結果やリスクマップ、被害想定を用いて各々のリスクにつきどのような対処をするかをリスク基準と照らして決定する
- 取り組むべきリスクにつき資源制約の関係から優先順位をつける
- 重点的対応を取らないリスクは判断理由を示し、そのリスクの監視方法を定める

リスク評価のステップでは、各々のリスクにつきリスク算定結果やリスクマップおよび被害想定を踏まえて、どのような対処をするのかを決定する。図表4−⑤では頻度・可能性の軸と影響度の軸のそれぞれで5段階算定を行った場合に、4段階の対処方針を定めたオーストラリア・ニュージーランド規格の事例を紹介する。

H：ハイリスク（最高）：経営者は自らの責任において詳細な調査を行い管理計画を作成して対処する。

S：シビアリスク（高）：経営者は部門長の中から管理責任者を任命し、常に管理責任者から報告をもらいリスクの動向に注意を払う。

M：ミドルリスク（中）：経営者は部門長の中から管理責任者を任命する。通常のリスクへの対処活動は担当を任命された部門長が実施する。

L：ロウリスク（低）：経営者は担当部門を定め、部門長の管理下において担当者が日常業務として定められた手順で管理する。

図表4－⑤　リスク評価と対処方針

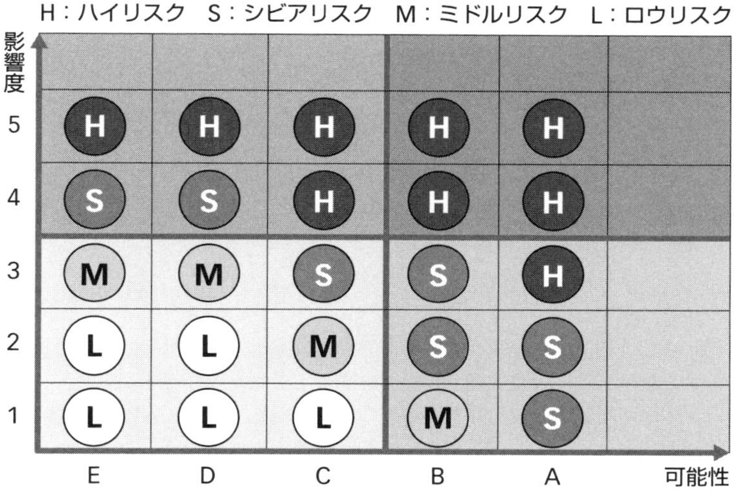

このようにH, S, M, Lの４段階に管理方法をリスク基準としてあらかじめ定め、その対応を行う。頻度と影響度のどちらを重視するかというと、影響度を重視し影響度５はすべて最高のハイリスクと評価する。影響度５は企業が倒産するおそれのあるリスクであるため、頻度の多少によらずすべて最高ランクとする。

また予算や要員などの様々な制約があることから、特に重点的に実施するリスクの優先順位を決定する。優先順位の高いリスクから経営の判断でどこまで対応を行うリスクとするかを決定する。リスクマップはあくまで優先順位付けのためのツールであることに留意する。

4-9

優先順位の高いリスク

優先順位の高いリスクは戦略リスクが多いが、コントロールするリスクでは、製品の瑕疵、製品サービスの供給停止、企業倫理・コンプライアンス違反、役員・従業員の安全が多い

- 戦略リスクを全社的リスクマネジメントの対象とするか否かは企業で決めてよい。ただし取締役会や経営会議ではすべてのリスクが対象となる
- コントロールすべきリスクでは製品の瑕疵、製品・サービスの供給停止、企業倫理・コンプライアンス違反、役員・従業員の安全の4つが多い
- 取り上げるリスクの範囲やその数は企業ごとに個性があってよい
- 部門別にブレークダウンした場合の各組織のリスク対応では、部門で取り組むリスクを追加してよい

1 優先順位の高いリスクの例

企業によって取り組むべきリスクの優先順位は異なる。有価証券報告書で企業の事業等のリスクの開示がなされている。先進的な企業で比較的開示の多いリスクは製品開発や他社との競合、価格戦略、海外進出などの戦略リスクである。一方、コントロールすべきリスクで比較的多いものには次のものがある。

(1) 製品の瑕疵(品質不良、製造物責任、リコール、苦情対応)

自らの生業そのもののトラブルは、場合によっては企業存続の致命傷になりかねない。大規模な食中毒事件などが記憶に新しい。

(2) 製品・サービスの供給停止(自然災害、火災爆発、設備故障)

自らの収入源となる製品やサービスを提供できず収入が途絶える。収入減少のみならず供給責任を果たせなくなることから顧客を失う信用失墜を引き起こす可能性も高くなる。

(3) 企業倫理・コンプライアンス違反(各種法律違反)

有価証券報告書ではあまり記述されない。あってはならないことと認識されていると考えられるが、品質偽装、検査偽装、産地偽装、贈収賄、談合など後を絶たない。

(4) 役員・従業員の安全(海外駐在員の安全、労働安全、犯罪対応)

企業の経営資源の根本は人材である。人材を守ることは企業経営の一番大きな役目である。工場などの労働安全はもとより海外駐在員の安全確保も求められる。最近ではメンタルヘルスや健康経営・ワークライフバランスなども関心が高くなってきている。

また、近年世界各国で求められるようになった個人情報保護や気候変動・地球温暖化関係のリスクも多く挙げられる。このほかに情報セキュリティ、情報漏洩、特許紛争、生物多様性などの環境問題、為替などもある。

2 優先順位の高いリスクの企業事例

以下にいくつか先進企業の具体的な優先順位の高いリスク事例を紹介する

【A社(大手食品製造業)】

製品製造の欠陥、海外拠点の喪失、信用失墜(コンプライアンス違反)、企業への犯罪、社員役員への犯罪、自然災害、システムダウン、機密漏洩、原材料調達不能、訴訟提起

【B社(大手製造業)】

機密漏洩、自然災害、製造物責任、システムダウン、カントリーリスク、社員役員への犯罪

【C社（金融機関）】

法務リスク、事故災害犯罪リスク、風評リスク、資産運用リスク、流動性リスク、事務リスク、システムリスク、グループ会社経営リスク

【D社（中小食品関係）】

製品品質、法令順守、環境、地震

このようにリスクは企業によって様々であり、取り上げるリスクの数も個性があり、リスクマネジメントは経営そのものであるといえる。なお、組織を作って全社的に対応を進める全社的リスクマネジメントの対象に戦略リスクを入れるか否かは企業それぞれの考え方によって異なる。戦略リスクは経営判断そのものであるため役員およびそれを補佐する執行部で対応するものとして、全社的リスクマネジメントの対象としない企業もある。いずれにしろ取締役会と経営会議では戦略リスクもその他のリスクもすべてを取り扱う。

3 部門別の優先順位

全社で取り組むリスクに優先順位をつけるが、一方では各部門ではそれぞれ重要リスクが異なることがある。例えば全社的リスクマネジメントでの優先順位が①コンプライアンス、②品質管理、③環境対策、④地震対策だったとする。このとき工場では①コンプライアンス、②品質管理、③労働安全、④環境対策、④防火管理、⑥地震対策、と労働安全や防火管理が追加されることもある。研究所では、①コンプライアンス、②特許管理、③機密管理、④環境対策、⑤品質管理、⑥地震対策と特許や機密管理が上位に追加される。営業部門では①コンプライアンス、②個人情報、③品質管理、④環境対策、⑤地震対策、⑥交通安全と個人情報管理や交通事故対策が追加される。このように部門ごとに対応するリスクの優先順位の変更や追加のリスクを定めてもかまわない。

4 リスク分野と株価下落要因

ジェームス・ラムが戦略リスク、財務リスク、ハザードリスク、オペレーショナルリスクの4つのリスク分野について、分野別に上場企業の株価下落の要因の割合の分析をした結果、戦略リスクが原因で株価が下落した割合が60%、ハザードリスクとオペレーショナルリスクによるものが30%、財務リスクによるものが10%であった。企業経営からみると取締役や執行役員の経営判断による戦略リスクの発現が過半を占めるが、一方ではコントロールするリスク分野が40%もあり、全社的リスクマネジメント体制を構築する必要性が示されているといえる。

4 - 10

リスクマネジメント目標の設定

対応すると決めたリスクについて、頻度と影響度をどこまで下げるか、あるいは維持するかについて目標を設定する

- 具体的にリスク対策を検討する前に、頻度と影響度のそれぞれについて、どこまで下げるのか、あるいは現状を維持するのか目標を設定する
- 目標を設定しコスト対効果を勘案し資源制約を踏まえて具体の対策を進める
- 現実の企業では必ずしも目標が明確でないまま対策がなされている場合が多い。目標を具体的な数値として定めることにより、PDCA の評価の対象とする

優先順位が高いリスクから順次具体的な対策を検討していくが、リスクごとに頻度と影響度とをどこまで下げるのか、あるいは現状下がっている状況であればどう維持するのかなどの目標を定める。多くの企業では様々な対策が行われてれているが、必ずしも目標が明確に定まっていない場合もある。特に消防法や労働安全基準法など法律で対応が義務付けられているものに多くみられる。目標値はリスク基準も参考に具体的な数値として定める。

発生頻度が高いリスクでは事故件数などを目標値にすることがわかりやすい。発生頻度が低い場合は発生ゼロを目標に掲げることが多いが、それに加えて万が一の発生時の影響度や損失額を一定金額にとどめるという設定方法が多く用いられている。以下にいくつかの例を示す。

労災事故：死亡・後遺症等重大事故発生ゼロ、あるいは無事故記録 100 日

労災事故：昨年度より 10％減

交通事故：年間交通事故発生件数 50 件以内

火災事故：代替生産開始 3 日以内

地震災害：震度 6 弱以上でも従業員に被害ゼロ

地震災害：地震被害総額10億円以内

目標の設定にあたっては、守るべき対象を明確にする、関係者に悪影響を与えるリスクも対象にする、社会通念を逸脱しない、法的要求事項がある場合は順守する、関係者との契約や約束がある場合は順守する、実効可能であることなどの留意点がある。

4-11

リスク対策

リスク対策には、回避、低減、移転、保有の4つがあり、これらを組み合わせて行う。リスクの頻度と影響度により主に検討する対策を選択する

- 古典的なリスク対策の種類は、回避、低減、移転、保有の4種類がある
- リスクの頻度と影響度に応じてまず検討する対策の種類を選択する
- 具体の対策はこれら4種類の対策を組み合わせて実施する
- ISO31000では7種類のリスク対応となるが古典的対策とほぼ同じ
- リスクを取る増加させる対策が主に戦略リスクで取られる対策として追加されている
- リスク対策があらたなリスクを生むことがある

1 回避、低減、移転、保有、4つの古典的対策

リスクマネジメントの対策には古典的には回避、低減、移転、保有の4つの種類がある。またリスク算定の結果に基づく頻度と影響度の大きさによりおおまかに4象限にわけると、その領域でまず検討すべき対策の種類が明確になる。

(1) 回避

リスクを伴う活動の開始を実施しないあるいは活動の継続をしないことでリスクを回避する。発生頻度と影響度や損失が大きい右上の領域で主に検討する。対策を講じることで頻度を下げたり影響度を下げたりして右上の領域から逃れられなければその行動を中止したり撤退する。つまり回避とは止めることである。この場合はこの事業を実施する場合に得られる利益や機会、メリットも失うこととなる。

図表4－⑥　古典的な対策とISO31000の対策との対比

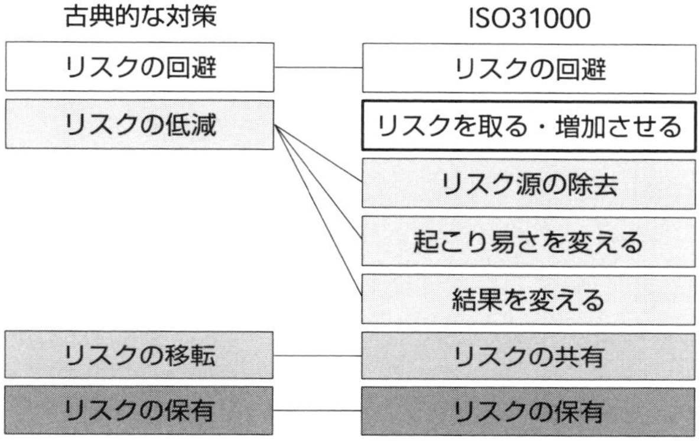

図表4－⑦　頻度と影響度による主に考慮する対策との関係

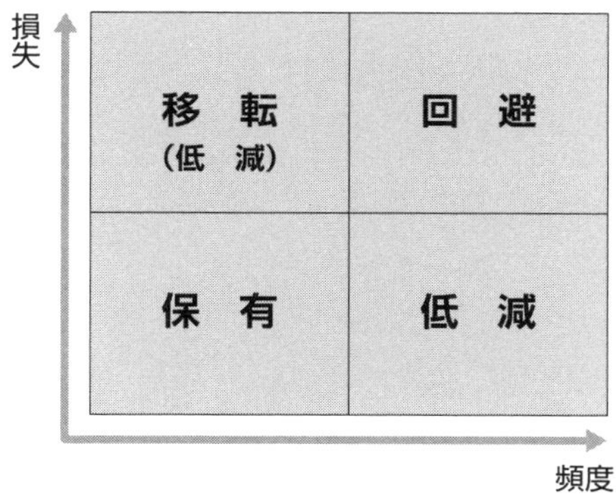

出所：東京海上日動リスクコンサルティング株式会社『リスクマネジメントがよ～くわかる本（第2版）』（2012年、秀和システム）より筆者修正。

例）製造物責任を回避するために売れ筋商品を売り止めにする。カントリーリスクの大きな国から撤退する。地震リスクのある地域の工場新設を実施しない

（2）低減

頻度を下げるあるいは影響度を下げる対応を行う。一般にリスク対策とはこの低減活動を指す。発生頻度が多く１つひとつの影響度が比較的小さな右

下の領域で特に検討される。低減策は発生頻度を下げたり、発生そのものを防ぐ抑止策と発生した場合の影響度や損失を減らす軽減策がある。また、軽減策の１つに分離分散策がある。

例）抑止策：リスクを発生させないようにする対策である。真空パックを用いることにより腐敗しないようにする、耐震構造を採用することにより地震で壊れないようにする、燃料タンクの取り付け位置を変更し交通事故でも火災が発生しないようにする。

例）軽減策：リスクが発生しても被害程度や範囲を局所的に限定する対策である。スプリンクラー消火設備により火災が発生しても小火と水濡れ損害にとどめる。機械の緊急停止装置を設けることにより腕などの巻き込みが発生した場合でも労働災害にならず、機械の部品の損傷程度にとどめる。

例）分離分散策：リスクが発生しても影響が全体に及ばないようにする。工場を地震など同時被災しない２か所に新設する、情報システムセンターを２か所に置く、部品発注先を２社にする、工場のフロアに防火壁を設置し、製造ラインを２室に分離する。

(3) 移転

発生した損害の経済的部分を他者に移すこと。発生頻度が小さく損失が大きな左上の領域で検討する。移転策には主に２つの対策がある。

❶ 損害保険

損害保険にあらかじめ加入することによってリスクが発生した場合の損害を金銭に変換し保険金を受け取ることで企業の損失額を減少させる。損害保険金を企業が受け取ることによって、企業の損害を損害保険会社に移転させたことになる。損害保険はリスクファイナンスの１つである（**4-14** 参照）。

❷ 契約による義務の移転

会社間の契約により損失や対策実施の義務を他者に移転する。例えば、部品メーカーの不良品により完成品をリコールして無償回収修理を行う場合に、リコール費用を完成品メーカーが持つ契約とすることが移転にあたる。

(4) 保有

リスクがあることは認識しているが有効な対策がない、対策がコスト対効果に合わない、経営資源、予算に余裕がないなどで対応を実施しないことを保有という。発生頻度と影響度や損失が小さい左下の領域で実施する。この場合、万が一リスクが顕在化した場合には対処と損失負担はすべて企業の自己負担となる。一般にリスク評価で優先順位が低いリスクの大半は保有していることとなる。

2 移転の補足事項

古典的なリスクマネジメントの教科書では頻度が小さく影響度が大きな領域は損害保険を用いる移転策のみの解説で終わっていたが、現在では低減策も併せて実施することが一般的である。被害想定で人、物、利益、賠償、信用失墜の5つの軸で想定することを紹介した。これらの多くには損害保険が開発されているため、移転策として損害保険手当てが可能なこともあるが、信用失墜として将来的に多くの顧客が失われることに対する保険はない。またコンプライアンス違反も公序良俗の観点から損害保険の適用は限定的である。このため移転の領域でも様々な低減策を実施する。

国際標準規格のISO31000と古典的対策の対応をみると、移転策が共有と名称変更となっている。なぜ名称が変更になったかについては2つの理由がある。1つは、企業の損害を損害保険会社に移転しても社会からみると損害額の合計は変わっていない。このため企業と損害保険会社とでリスクを共有したと考える。もう1つは株式会社制度がリスクの共有の仕組みそのものであることである。株式会社とは、資本を多くの株主で分担する制度である。企業経営が順調にいけば配当金として利益を株主で共有する。一方事業に失敗し倒産した場合は、その資本金の損失を株主で分担する。このように株式会社制度はリスクを共有する制度である。これら2つのことから移転よりは広い意味で捉えられる共有という概念に変更した。

3 リスク基準や目標と対策の考え方

ここで保有をさらに受容と狭義の保有とに分けて考える。現状、とあるリスク量がリスク基準より小さく、そのまま何も対策を取らずにおくことが許容されるものを受容という。現状のリスク量がリスク基準を超えているが対策を取らないこと、あるいは対策を取ってもリスク基準よりもリスク量が大きいまま残っている状態を保有という。優先順位が低い多くのリスクは受容の状態にあることが多い。

リスク対策を行う場合、まずリスク量の目標値を設定する。目標値は保有すると意思決定したものを除き、リスク基準よりも小さな値に設定する。このようにして定めたリスクマネジメント目標のリスク量と現状のリスク量を比較して対策を検討する。低減活動はリスク量が目標値を下回るように対策を立てていく。また損害保険などでリスクを他者に移転する場合は、自己負担分を目標値よりも小さく設定する。この場合の自己負担分も保有という。

4 反復的プロセス

実際のリスク対策においては時間軸を考慮する場合がある。年間計画を策定しPDCAを繰り返す中でリスクマネジメント目標をクリアしていくことが求められる場合と、すみやかに対処しなければならない場合がある。早急

図表4－⑧　リスクマネジメント目標と対策の考え方

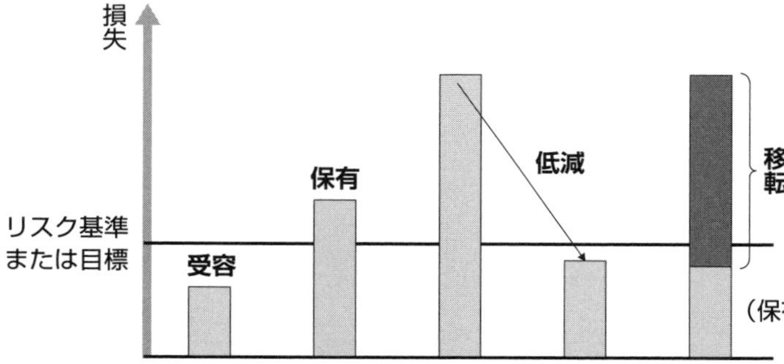

出所：東京海上日動リスクコンサルティング株式会社『リスクマネジメントがよ～くわかる本（第2版）』（2012年、秀和システム）。

に対処する場合は、リスク対応の選択肢の策定および選定、計画および実施、対応の有効性の評価、残留リスクが許容可能かの判断、許容できない場合のさらなるリスク対応の実施、というすばやい小さな反復的プロセスを実施する場合がある。

5 リスク対策を検討する場合のキーワード

実際の企業では100にものぼるリスクへそれぞれの企業の特徴に合わせて対策を検討する。実際のリスク対策においては、詳細な原因分析を必要とする場合も多く、その際にはリスクシナリオ分析のほかにIEC/ISO31010等各種のリスク分析手法を用いる。重要なリスクへの体系だった対策は火災や情報セキュリティなどがある（コラム⑩、⑪参照）。これらのリスク対策はそれぞれ参考書や専門書があるのでそれらを参考にしていただく。一方、新たに発生したリスクやその企業固有のリスクに対しても対策を検討する必要がある。

ここでは検討のためのキーワードを紹介する。

【頻度を低減するキーワード】

監査、研究開発、技術開発、検査、試験、ポートフォリオ、品質保証、規格適用、設計仕様、監督、投資、技術管理、契約条件の変更、系統的訓練、プロセス管理、組織、予防保守

【影響度を低減するキーワード】

緊急計画、ポートフォリオ計画、設計機能、活動拠点の再配置、広報、リスク源の極小化、契約条件の変更、資源の再配置、エンジニアリングや構造上の防御、詐欺防止計画、契約手配、価格決定方針と管理、BCP（事業継続計画）、報奨金

実際の工場火災の対応策の事例を先述した図表4−⑦に沿いつつ紹介する。火災は一般的には頻度が少なくいったん発生すると被害が甚大な左上の領域であり損害保険などを用いる移転の領域であるが、ここに記述したような多数の対策が組み合わされて実施されている。

- （回避）爆発危険のある主力製品の販売中止、（低減）建物の不燃化、防火区画の設置、警備員の常駐、喫煙所の指定、消火用水槽の設置、スプリンクラーの設置、自衛消防隊の訓練、（移転）火災保険の手配、利益保険の手配

コラム⑩ 火災防災体系

古くからある重要なリスクではすでに対策が標準化され体系立てて整理されているものがある。ここでは東京海上日動火災で推奨しているMCOPEの概念を紹介する。

火災防災に資する項目をMCOPEの5つに分けて整理する。

M：Management（防火管理）：経営者の防火に対する姿勢、防火に関する安全管理組織の体制や組織および要員、従業員の教育や訓練の実態を評価する

C：Construction（建物構造）：鉄筋か木造かで大きく耐火性能が異なる。このほか防火区画の設置状況や建物のレイアウト、増築などの状況などを評価する

［火災防災体系］

火災・爆発リスク低減の着眼点（MCOPE）

Management（防災管理）　安全管理組織・規程、教育・訓練

Construction（建物構造）　レイアウト、耐火性能、防火区画

Occupancy（用途・工程）　危険物、可燃物、工程管理

Protection（消防火設備）　私設消防、公設消防

Exposure（類焼危険・自然災害）　近隣からの影響、自然災害

M：Management
C：Construction
O：Occupancy
P：Protection
E：Exposure

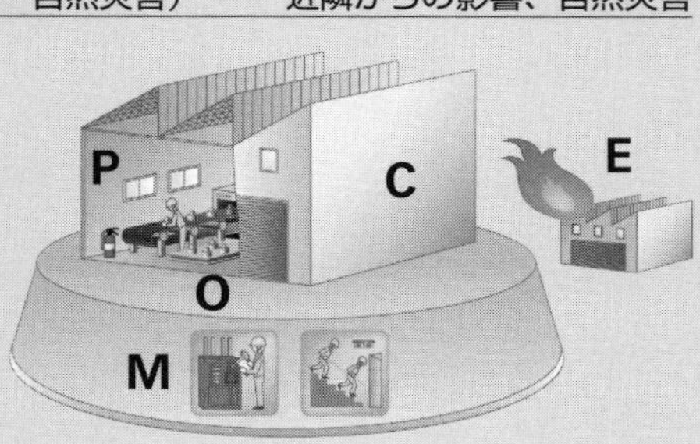

O：Occupancy（用途・工程）：危険物や可燃物の取り扱いの有無や取り扱い状況、作業工程管理の状況を評価する。事務室は比較的危険は少ないが、整理整頓がされていないなども問題となる。

P：Protection（消防火設備）：消火に関する設備を評価する。スプリンクラーは消火能力が高い。その他自衛消防隊、消火栓などの施設内の能力や公設消防までの距離や能力なども評価する。

E：Exposure（類焼危険、自然災害）：エクスポージャーとは危険にさらされている資産の量を表すが、ここでは地震や水害などの自然災害の被害想定や近隣からの類焼危険を評価する。工場団地で隣接した他社の工場火災が倉庫に燃え移った事例などもある。

損害保険ではこれらのMCOPEの各項目に詳細なチェックポイントを持っており、それらの評点で工場などの火災リスク量を想定する。当然ながら評点がよければ損害保険料は下がり悪ければ保険料は高額となる。リスク対策を実施するモチベーションが損害保険料とつながっているところも留意点の1つになる。

コラム⑪ 情報セキュリティ体系

個人情報保護法が施行され、個人情報の漏洩や不適切な利用に対する社会的な制裁が厳しくなり、企業のリスク対策でも情報セキュリティが順位を上げてきている。情報セキュリティに対してはすでに国際標準規格ISO27001情報セキュリティマネジメントシステムISMSが制定されており、概略をまとめた図により体系を説明する。ISMSではまず最低限の対策を網羅的に取ることがよいとされており、それに加えて企業の状況や業種、扱っている情報によって対策を強化していくこととしている。対応も取らないことも可能であるがその場合は万が一何かが起こったときでも抗弁できる合理的な理由が説明されなければならない。

体系は大項目として4つ、中項目として10項目があり、実際の個別の対応策は120あまりとなる。

①組織的安全管理措置：企業の組織として対応を行う。中項目としては経営者による情報セキュリティ方針の策定、情報セキュリティを推進する組織の常設、守るべき情報資産の特定と優先順位付けとなる資産評価、情報システムが停止した場合のバックアップを備える

［情報セキュリティ体系］

事業継続、最後が監査の5項目である。

②人的安全管理措置：人材に関する取組であり、セキュリティ教育のほかに規定、マニュアルなどの整備、入社退社における就労契約や就業規則などでの情報セキュリティの規定、守秘義務などの定めも対象範囲となる。もう1つが開発・保守ミスの防止であるが最近のアウトソースが主流の時代においては、委託先選定責任が重視される。委託先の情報セキュリティが一定以上であることなどが求められる

③物理的安全管理措置：入退館や入退室管理、防犯カメラなど犯罪防止のほか、防火、地震、水害などへの対策などがある

④技術的安全管理措置：コンピュータウイルス（マルウェアなど）への対応とハッカーなどからの防御対策からなる。

ランサムウェアにより全世界で工場生産が停止したり、ハッカーによって様々な情報が流出したり犯罪リスクも多いが、一方ではメールの誤送信やUSBの置き忘れなど人的ミスも多い。個人情報に関する罰則が世界的に厳格になってきておりこれらの対応策に経営資源を割く必要性が増加している。

4-12

リスクファイナンス

損害保険以外にも金銭で損失を補填する手法がリスクファイナンスとして整備されてきている。入金が事前か事後か、返済の要否など特徴がある

- 損失を金銭で補填する代表的な仕組みは損害保険がある
- あらかじめ銀行に万が一の際の融資を受ける契約を取り付けることも融資枠として多く用いられている
- 災害デリバティブや災害債券という手法なども開発されてきている

1 災害時に活用されるリスクファイナンスの例

企業の損失を金銭で補填する手法は損害保険が一般的であるが、保険金の支払いを受けるまでには時間がかかることがある。また、すべてのリスクに対して損害保険商品が整備されているわけでもない。そのため損害保険以外の様々な財務手当を行う商品が利用されている。ここでは企業が現金を入手できる時期と返済の要否の2つを中心に各商品の紹介をする。

①損害保険：人、物、利益、賠償など保険種目がある。目的に沿った保険に加入する。地震や水害などの保険は建物の火災保険に特約という別途手当を必用とする場合がある。中小企業向けにはこれらを組み合わせた商品なども発売されている。保険金の入金は事後で、返済が不要である。保険金は被害の程度に応じて支払われるため損害調査が必要で保険金の受け取りまで時間がかかる場合がある。

②融資枠：金融機関に対して資金が必要になった場合には限度額まで資金手当ができるようあらかじめ手数料を支払う。資金が必要な場合に申請により融資が行われる。ただし地震や市場の混乱などの場合には融資が

図表4－⑨　リスクファイナンスの種類（例）

種類	概要	入金時期	返済	特徴
損害保険	人、建物、機器、利益、費用、損害賠償など保険種目がある。また、地震や水害など災害への対応では別途手当が必要となる場合がある	災害後	不要	被害の程度に応じた保険金が支払われる。損害調査が必要なため時間がかかる。
融資枠	事前に手続きをし、企業の申請により融資する。一般に地震や市場の混乱などの場合は対象外。	災害後	要	資金需要が発生した場合に速やかに資金が確保できる。
災害時融資枠	地震や水害など特定の条件に合致した場合に融資する。一般の融資枠の補完。	災害後	要	地震などの特定条件の資金需要が発生した場合に、速やかに資金が確保できる。
災害デリバティブ	地震や台風の上陸など、あらかじめ条件を定めた事象が発生した場合に、決済金が支払われる。	災害後	不要	条件に定めた災害が発生した場合に、あらかじめ定められた金額が支払われる。
災害債券	社債に災害時の支払免除を条件に付け加えて、その分の利率を高くした債券	事前	不要	条件に定めた災害が発生した場合に、元金と利息の返済が免除される。

注：2017年から、災害時返済免除特約付き事前融資を一部地方銀行が開始した。
　　2020年から、災害時一部支払い特約付き外貨建て定期預金を一部都市銀行が開始した。

されない。入金は災害後であり返済が必要となる。一般に申請後速やかに融資が行われるため、損害保険の保険金が支払われるまでのつなぎ資金確保の手段としても用いられることが多い。

③災害時融資枠：上記の融資枠では災害時が対象外となっているが、割増手数料を支払い地震などの災害時にも融資を申請できるようにする。入金は災害後で返済が必要。

④災害デリバティブ：損害保険では損害調査が必要なため資金の入手に時間がかかることから開発された商品。地震の発生や台風の上陸などあらかじめ条件を設定しておき手数料を支払う。その条件に達した場合に決済金が支払われる。入金は災害後で返済は不要。損害調査が不要であり迅速に支払われる。また条件に達した場合は企業に被害がなくても決済

金は支払われる。なお、最近は事前に定めた条件に基づいて自動的に支払うパラメトリック保険として商品化されてきている。水害時の降雨量や浸水深を企業ごとに定めていく。

⑤災害債券：企業が社債を発行することは一般的に行われている。この社債の発行時に特定の地震や水害などが発生した場合には元金も利息も返済免除、つまりデフォルトとする条件をつけ、その分利率を高い商品としたもの。社債なので入金は事前であり、また災害発生後は返済が不要となる。

このほか、近年様々な商品が開発されている。例えば金融機関で通常融資を行うがあらかじめ定めた地震などが発生した場合は支払い免除とする商品や、外貨建て定期預金であらかじめ定めた地震などが発生した場合は、満期日前でも預金の引き出しを可能とする商品などもある。

2 その他のリスクファイナンスの例

海外取引がある企業では為替の変動に備える必要がある。為替変動は長期的な目でみるとどの国にいつ進出するかの戦略リスクであるが、短期的な視点では為替差損のリスクとなる。決済される時点の為替の上下変動のリスクを避けるために用いられるのが為替の先物予約である。実際の為替変動と比較すれば差損や差益が生じているが、取引時点で為替レートを定めているため計画上は変動による差を回避している。

このほか、企業のキャッシュフローを何年かの期間で安定化させる方法であるファイナイト（Finite Insurance）がある。リボ払いなども類似の手法である。日本では税制の関係で一般化されていない。コンティンジェントキャピタル（Contingent Capital）は多額な緊急資金が発生した場合に資金を貸し付けることを約束する手法で、企業の株式購入を確約するエクイティプット（Equittive Put）と企業の社債の購入を約束するコンティンジェントノート（Contingent Note）といった商品がある。

4-13

国際会計基準の考え方による資本とリスク量の関係

国際会計基準の考え方では企業のリスクを資本が守る。企業は抱える最大のリスク量を超える資本を蓄積する必要がある

- 物言う株主が不必要な内部留保を配当に回すよう要求している
- 内部留保が減少するとリスクが顕在化した場合の損失により倒産する可能性が上昇する
- 株主を守るためにはリスク量を計算しそれ以上の資本を蓄積する必要がある

日本企業は資本金と永年の利益を蓄積した内部留保を合わせた貸借対照表の資本の部が分厚いといわれてきた。いわゆる物言う株主が内部留保を取り崩し配当にまわすべきとの主張が強くなっていた。一方、内部留保が減ると万が一様々なリスクが顕在化し損失が発生すると損失が資本量を上回り債務超過となる可能性が高くなり、最悪倒産する。国際会計基準の考え方では、株主を守り企業が永続的に活動できるためには、その企業の被る可能性のあるリスク量を定量化し、その最大のリスク量よりも多い資本、資本金と内部留保の合計を持つ必要があるとしている。ベンチャービジネスでは当初はリスク量が資本を上回る状態が続くが、その間は配当せずリスク量を上回るまで内部留保を蓄積することが望ましい。

図表4−⑩の貸借対照表・バランスシートで上記を説明する。貸借対照表は左側がある時点の企業の資産をすべて金額換算した合計である。社屋や機械、保有株式、現金および売掛金などである。右側は株主資本金と内部留保額の合計である資本の部と、銀行からの借り入れなどの融資や未払い給与や買掛金、マイレージなどのポイントなどのいずれ返済が必要な負債の部の合計である。これは企業資産がだれの取り分かを表している。

図表4－⑩　リスクは資本が救う

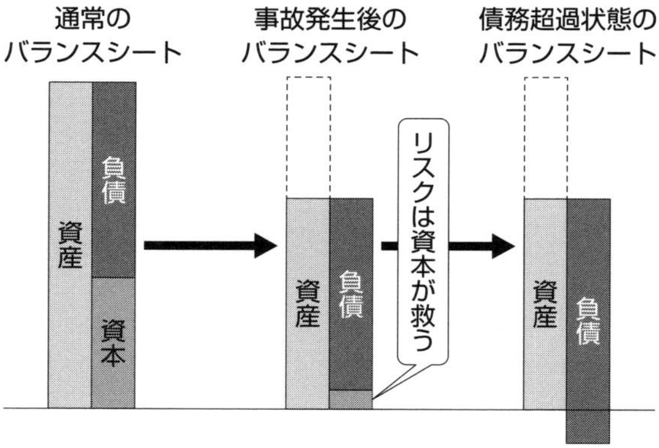

図は実際にリスクが顕在化して損失が発生したときのバランスシートである。工場火災などで社屋や機械が滅失し現金も流出したりし資産が減少する。バランスシートのため右側も同じように縮小するが、返済しなければならない負債は減らない。減るのは資本の部である。このとき資本がゼロを下回ると債務超過となり、最悪倒産となる。倒産にいたると投下した資本はゼロになり、債権者は融資した金額は全額は戻らない状況になる。倒産を防ぐためには発生するおそれのあるリスク量を上回る資本の蓄積が必要となる。このためリスクの定量化が求められてきている。

4 - 14

資本の考え方と損害保険の効用

リスク顕在化により減少した資本を回復する事前手当てが保険の活用である。保険金は財務諸表の資本の部に充当できる

- リスク顕在化により損失が発生した後の企業活動では、倒産を防ぎ流動性を確保するための現金需要が増加する
- 現金の確保には保険の適用と融資をうける２通りがある。保険金は資本に充当できるが、融資は返済が必要な負債に充当される
- 次のリスク顕在化に備え資本を復活させることが保険の効用である

実際の倒産は当座の支払いにあてる現金不足によるため、リスク顕在化のあとは、現金が必要になる。リスクが発生した後に現金を確保し損失を補填する方法には大きく損害保険による補填と借り入れの融資による補填の２つがある。その違いを図表４−⑪に示す。

図表4−⑪　保険と融資の補填の相違点

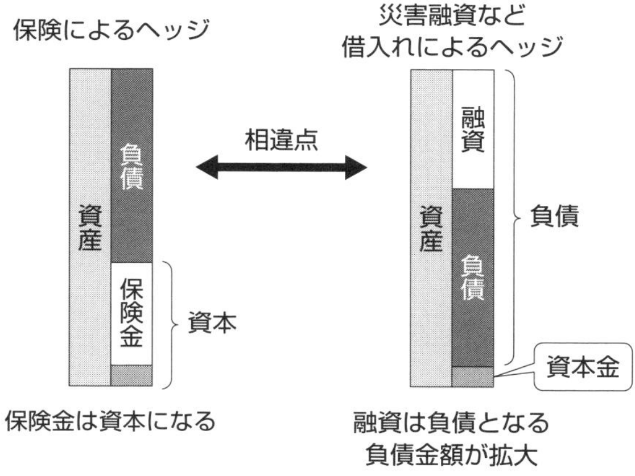

左図は、損害保険の保険金で現金が入った場合で、資産は現金の分上昇する。左図のうちの右側は、保険金は経営者が活用できる資本に充当される。資本が復活することにより次のリスクの発生にも十分備えることができる。

一方、融資の場合が右図である。自然災害などでは公的機関から３年間返済据え置きの無利子融資などが行われることがある。その融資を受けた場合は現金が入り資産が復活するのは保険金と同様である。また一方、融資は返済が必要な負債に入る。この場合はリスクの顕在化による損失によって減少した資本はそのままである。したがって次のリスクの発生の財務的備えが小さい中で企業経営を行っていく必要がある。財務諸表の安定性からいえば保険の活用が望ましい。しかしながら日常の経理の予算の中での保険料の確保が必要になってくる。

4-15

財務インパクト分析

工場火災などで製造が停止し収入が一時断たれた場合、一方では復旧に向けて支出が増加する。時系列を追って現金の推移を分析する財務インパクト分析が財務の安全性を確認する

- 地震や火災などで突然製造が停止し製品サービスの供給ができなくなると収入の道を絶たれる
- 一方、復旧に勤しむ従業員への給与支払いや工場再建には新たな支出が増加する
- 時系列を追って現金推移の変化を財務インパクト分析で明らかにし、保険や融資などの事前準備を行う

図表4−⑫は地震により工場や機械が損傷を受け、120日後に再建でき、操業を開始した場合の現金などの手元流動性資金残高の推移を分析した事例である。Xデイに地震が発生し工場と設備が損傷を受け、操業が停止したと想定する。当15日後には社員への救援物資の手配費用や二次被害防止などの緊急対応への費用の支出があり現金などが減少しはじめる。この間にも社屋の修復や機械設備の修復および新規購入などの手当を行い、すばやい復旧を目指して従業員も日々業務に励んでいる。30日後には従業員への給与支払いの1回目が行われ、また買掛金の取引先への支払いなどの決済が行われる。連鎖倒産を防ぐために東日本大震災の後でも資金決済を止めないように通達が出されている。2か月目に向けて給与支払いなどのほかにも残業代の支払いや臨時の復旧作業のうち支払期日の短いものへの支払い、大口の応急補修費用の支出が発生する。この間にも操業ができないために収入は基本的にはない状態が継続する。当初は売掛金の決済により多少の収入はあるが月を追ってそれも減少する。

図表4－⑫　財務インパクト分析

被災時の資金需要イメージ；財務インパクト分析事例

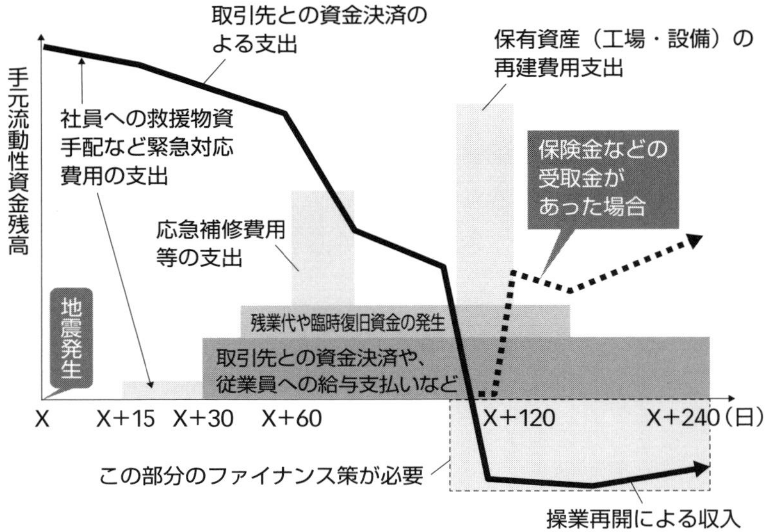

出所：東京海上日動リスクコンサルティング（株）編『実践事業継続マネジメント（第4版）』（2018年、同文舘出版）。

120日目に被災した保有資産である工場や設備の再建費用の大口支払いが発生する。この時点で何らかの収入がないと資金はマイナスとなる。その後操業を再開しても収入は売掛金であるとさらに1か月や数か月遅れとなり、この間の運転資金が必要になる。

一方、リスクファイナンスとして地震保険などの保険金受取があった場合は、この事例では資金ショートをせずに持ちこたえ、その後収入が入ることにより安定した資金繰りができるようになる。

このように財務インパクト分析により時系列で手元流動性資金残高、主に現金の残高の推移をあらかじめ分析しておくことで、損害保険に加入していても保険金の入金には時間がかかり、その間の資金繰りが気になる場合では並行して銀行などからのつなぎ融資を得る準備を行うなどを検討することができる。

4-16

損害保険と財務諸表の推移

損害保険は資本に充当され、次のリスクに備える役割を果たす。保険の役割を財務諸表のリスク顕在化後の変化で確認する

- 損害保険の保険金が入金されるとバランスシートの資本が復活する
- 火災による資産の滅失では資産の減少を現金の入金で補塡し、合わせて資本の部も補塡する
- 賠償責任では訴訟時に負債が増加し、保険金支払いにより負債が軽減される

1 火災保険金の充当の例

ある製造業の火災事故を事例で説明する（図表4−⑬）。会社資産として固定資産のうち設備40、建物60の合計100、流動資産として、売掛金40、株や債券など金融資産30、現金30の合計100の合わせて200があったとする。一方、資本では株主の投下した資本金50、利益などの内部留保による剰余金が50の合計100、負債として長期借入金50、短期借入金50の合計100としバランスシートの左右が同じ200となる状態であったとする。

ここで火災事故が発生し、設備と建物がそれぞれ50%ずつ滅失したとする。固定資産は設備20、建物30の合計50となる。また当座の出費により現金が20減少し10となり、売掛金と金融資産の増減はなしとすると流動資産が80になる。固定資産と流動資産を合計した会社資産は合わせて130となる。この場合、当然資本と負債の合計も130となるが、どこが70減少するかというと、リスクは資本が救うということにより内部留保の剰余金が50減少しゼロとなり、資本も帳簿上20減少し30になり資本が合計で30となる。負債は増減がなく100のままであり貸方合計は130となる。

図表4－⑬　火災事故後の貸借対照表の変化

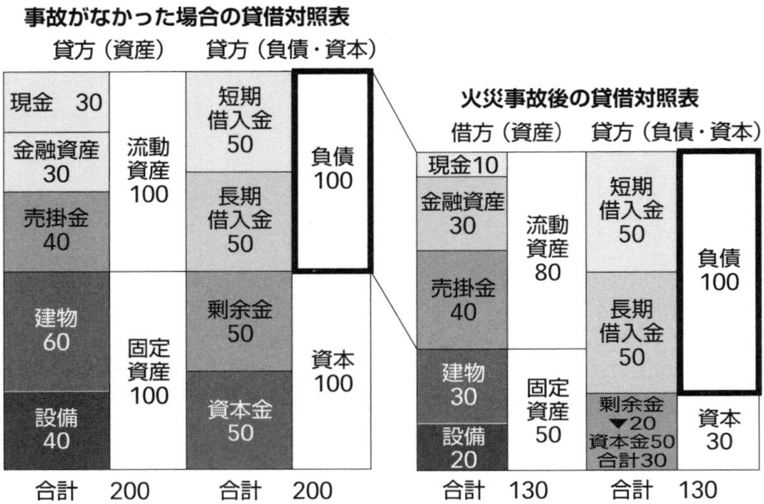

図表4－⑭　火災保険金充当後の貸借対照表の変化

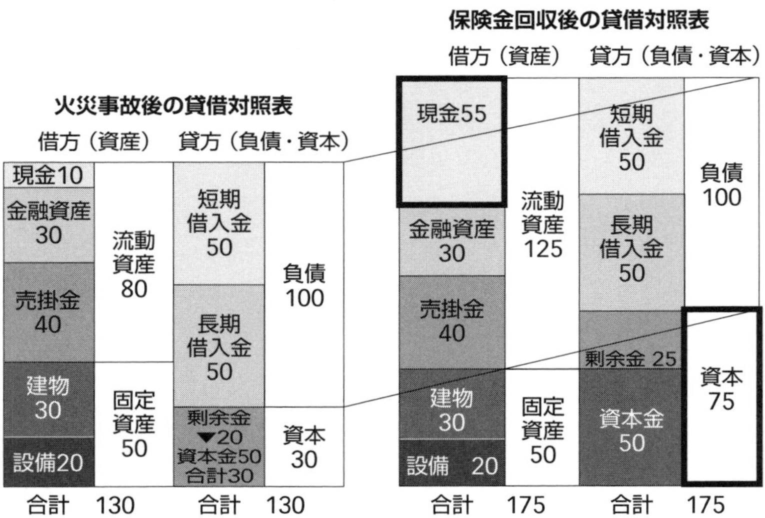

ここで火災保険に加入していたため火災保険金45が入金されたとする(図表4-⑭)。借方となる会社資産は現金が45増加し55になる。その他の固定資産や流動資産は増減なしで合計175となる。貸方では保険金は資本に充当されるため資本が30から45増加し75となる。内訳は株主資本が増加し50となり、剰余金内部留保も25増加し補填された。火災保険金はすべての損失をこの場合は賄うことはできなかったが、70の損失のうち45の補填を行うことで資産と資本の減少を25にとどめることとなった。

2 賠償保険金の充当の例

次に損害賠償を請求され、賠償保険金で補填した場合を解説する(図表4-⑮)。製造物責任などの訴訟が発生し損害賠償70を請求されたとする。この場合は会社資産200は変更がなく、損害賠償請求という負債が70増加する。負債と資本の合計は200で変わらないため、賠償という負債が70追加され負債合計が170となった分、資本が70減少する。剰余金内部留保がゼロになり資本が20減少し30となる。

次に支払いをする時点では現金70が必要になる。金融資産などを売却して対処しても現金30、金融資産30で10不足する。このため今回は一時的に銀行から借り入れて対応したとすると、賠償という負債がゼロになりかわりに長期負債が70増加し120となる。資本の部は株主資本30のまま変わらない。

そして賠償責任保険金が60支払われる。長期借入金をその分返済すると長期借入金は60減少し60となり、合わせて残りの10もこの際返済したとするとここではじめて現金10が減少し現金残高20となり会社資産が190となる。資本と負債のほうは負債がいままでのその他の負債だけとなり100に戻り、資本の部の剰余金が10減少し40に、株主資本は50そのままとなる。

このように保険による現金の受け取りは結果的に資本の減少を食い止めることができる。

図表4－⑮　損害賠償保険金充当後の貸借対照表の変化

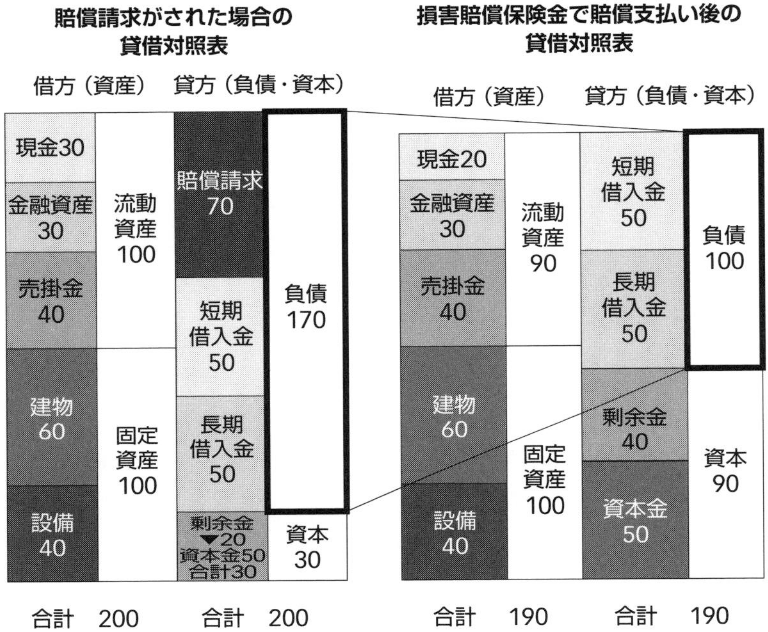

3　そのほかの保険の効用

頻度が低く、影響度が大きい領域は移転策として損害保険が昔から活用されてきたが、最近ではそれ以外のところでも保険を活用することが増加している。頻度が多く、1つひとつの影響度が小さい領域での保険の活用では、毎年一定額の損失が発生するが、保険を活用することによって毎年の損失額を平準化する使い方がある。また、自動車事故などの示談代行などのサービスを利用すること、あるいはサイバー保険や個人情報漏洩保険などでのマルウェア特定やファイルの復旧サービスの活用が主目的となっている保険活用の事例もある。

4 - 17

リスクの定量化の事例、バリューアットリスク

資本をどこまで備えればよいか、リスクの定量化の手法が高度化され、その１つがバリューアットリスク（Value at Risk）の考え方である

- 株主の投下する資本金は返済義務はない。その見返りに配当金が必要
- 企業としてどれだけ資本を持てばよいか、様々なリスクを統合してリスク量を計算する統合リスク管理がコンピュータシミュレーションで可能となった
- 一定の確率で求められるリスク量をバリューアットリスク（Value at Risk: VaR）と呼び、確保する資本金の算出に活用する

1 VaRの考え方

企業が被る損失を定量化し、それの最大値を上回る資本があれば債務超過を免れ倒産もしにくくなる。一方では資本を増強する、とりわけ株主資本金を増強すると配当金負担が増加する。経営者からみると資本金は返済不要であり会社経営に自由に活用できるが、一方では会社が一定規模となったら配当金を支払うことで株主に還元することが求められる。株主は株価値上がりによる売買益か配当収入を目的に資本金を投入する。国際会計基準では会社倒産を回避し株主と債権者を保護するためにはリスク量を超える資本が必要としている。資本を無限大に大きくすれば会社が倒産することはないが、配当金負担も無限大になる。また有効な資本活用を損なうため現実的な必要資本金の算出が求められる。そこで会社が保有しているリスクの定量化を進める統合リスク管理の手法が発達してきた。

会社が特定したすべてのリスクのうち火災事故や地震、あるいは製造物責任などの損失のみ発生するリスクでは、その損失額の分布曲線を数学的に作成する。利益と損失が発生する戦略リスクや株価変動為替変動などの財務リ

図表4－⑯　統合リスク管理

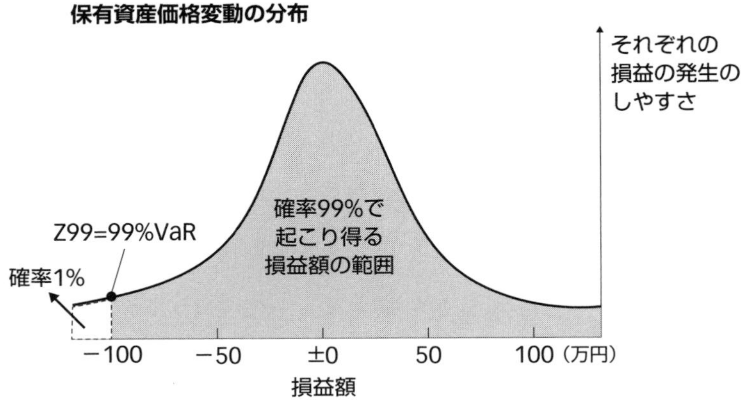

出所：野村証券「証券用語解説集」（http://www.nomura.co.jp/terms/english/v/var.html）。

スクでは利益と損失の双方を含む分布曲線を数学的に作成する。そしてそれらのすべてを合算しコンピュータシミュレーションで計算したものが図表4－⑯のようになる。

個々の数学的な分布曲線は過去のその企業の業績変動や為替や保有株式などではその変動統計など、地震や火災などもそれぞれ過去の統計などを活用し、企業が作成している各リスクの被害想定金額などを用いて１つひとつ分布曲線を当てはめていくこととなる。

最終的に企業損益の分布図はこの図表のように求めることができる。ここで実際のモンテカルロシミュレーション[注]では利益も損失もブレ幅がそこそこあることが多い。損失の最大値をリスク量としてカバーしようとすると必要な資本の金額が結構高くなる。そのため100回のうち99回は資本で救うとして求めた金額が99％VaR（バリューアットリスク：Value at Risk）である。この図表では99％VaRとして100万円を示しているが、これは同じような状況で99％は損失が100万円以内であるが、確率1％で損失が100万円を

注　モンテカルロシミュレーション
将来の状況が簡単に計算でシミュレーションできない場合にコンピュータの乱数を用いてどのくらいの確率でその状況が起こりやすいのかを求める手法

超えることを示している。会社で考えればこの値で資本を準備すると99%はリスクを吸収するが、1%の確率で債務超過になることを意味している。

無限大に資本を充実することが不可能であるため、合理的に関係者に説明できる資本の量としてこのVaRが用いられる。配当金などの利益と1%程度の倒産とのリスクを比較して実務的に運用できるものとして用いられている。なお、もともとこの統合リスク管理は株式や債券為替などで利益を上げる機関投資家向けに開発されたもので、保有する株式や債券などで計算する手法であった。これを国際会計基準の適用拡大に合わせて企業全体のERMに適用させるように発展させたものである。

2 テールリスクへの備え

一般の事業会社では100回に1度の想像以上の損失金額の飛出しはやむを得ないという考え方が資本家などでの間で一般化されているが、一方公共性が高い銀行や損害保険などの金融機関では100回に1度では消費者保護にならない。また地震や水害、大規模火災などは発生頻度が低いものの1回発生すると巨額な損失が発生するため、それらへの備えも求められる。このようにときたま巨額な損失が発生するものをテールリスク（Tail Risk）という。損害の発生頻度の分布図を作成すると大きな損失がいつまでも発生頻度がゼロにならず続くことがシッポに見えることから名づけられた。

実際には、図表4-⑰のように、これもモンテカルロシミュレーションを用いて計算する。いろいろな条件を設定しその損失金額を被害額の大きい順に並べたものである。1万回のシミュレーションのうち大半は被害額が極めて小さい。一方1万回のうち13回が被害額20を超えている。さらにワースト3は80以上、最大は100に達している。このような状況でどこまでの損失に備えるかを考える。ここでは10000回のうち10回、つまり1000分の1に備える場合はワースト10の値、この場合は30となるがこれが99.9%VaRとなる。99%VaRでは100番目の値となりほとんど1くらいの値なので、これでも30倍の備えが必要になる。さらにワースト10個の平均値を取る考え方があり、これが99.9%Tail-VaRという。この場合はおおよそ50くらいにな

図表4－⑰　テールリスクの事例

被害額大きい順　1万回のシミュレーション

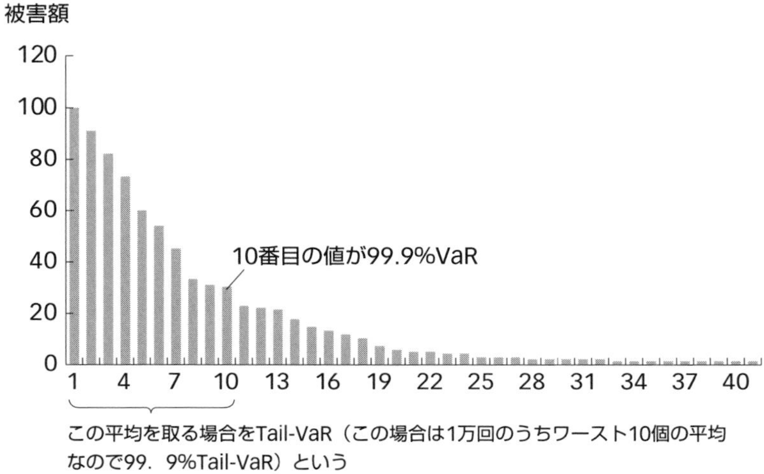

る。

このように、金融機関では消費者保護を重視し99.9％VaRや99.9％Tail-VaRなどが用いられより充実した資本を持つことが行われている。なお、これらは会社運営上からみた考え方であるが、各国の金融機関の規制では消費者保護のための計算方式であるソルベンシーマージンによる情報開示を行っている。これは引き受けている保険や預金などの金額と、支払いにあてる現金や流動性の高い資産などの合計額を用いて計算する方式である。このほか金融機関にはBIS規制[注]などもあるが詳しくは専門書を参考にされたい。

注　BIS規制
バーゼル銀行監督委員会が公表する国際業務を行う銀行に一定以上の自己資本比率を求める国際統一基準である。
国際銀行システムの健全性と安全性の強化を図り、競争上の平等性を求めたもの。
バーゼル銀行監督委員会の事務局が国際決済銀行（BIS:Bank for International Settlements）にあることからBIS規制と呼ばれている。

コラム⑫ 統合リスク管理と損害保険などの補塡策の有効性

企業の１年後の損益分布図を統合リスク管理の手法を用いてモンテカルロシミュレーションで作成することができる。この時に地震や水害、工場火災あるいは製造物責任や労働災害、自動車事故などでは様々な損害保険で補塡ができるものがある（企業向け保険の種類の例参照）。損失の計算にあたり、一定規模以上の損害が発生した場合には損害保険により保険金が補塡されるため、そのような事態になった場合には損害を保険等で補塡して計算する必要がある。そこでそれらの補塡を組み入れた計算式を立てて作成したものが次の保険などのヘッジがある場合の企業の利益分布図である。

このように、左側が損失であるが、一定程度の損失の金額のところに頻度分布が高くなっているところがある、これはこの図の左にはみ出している地震や工場火災などの巨額な損失が発生した場合の一部が保険金により補塡され損失が小さくなった分が上乗せされたことを示してい

［統合リスク管理と損害保険などの補塡策の有効性］

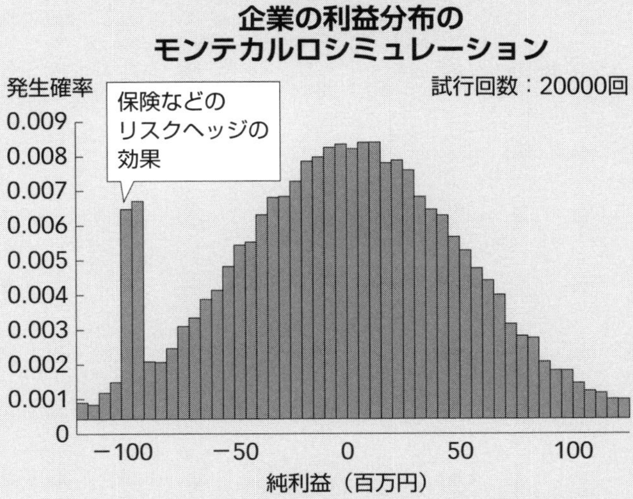

モンテカルロシミュレーションによる評価事例

る。例えば自己負担分を1000万円と設定してそれ以上の損失を保険金でまかなうように保険設計を行うと、水害で5億円損失があったとしても4億9000万円が保険金で回収され、その場合の損失は1000万円となる。このように損害保険はERMとして資本金をどれだけ準備すればよいかのVaR計算においても十分意義あるものとなっている。

企業向け保険の種類（例）

【物】
- 火災保険（地震、水害特約）
- 動産総合保険
- 自動車車両保険
- 貨物保険
- 船舶保険
- 土木構造物保険
- 建設工事保険

【利益】
- 火災利益保険
- 企業総合利益保険
- ネットワーク中断保険
- 営業継続費用保険
- 興行中止補償保険

【賠償責任】
製造物賠償責任保険
瑕疵担保補償保険
施設賠償責任保険
情報処理業者賠償責任保険
プロフェッショナル賠償責任保険
食中毒賠償責任保険
自動車賠償責任保険
取引信用保証保険
身元信用保証保険

【人】
労働災害保険（政府上乗せ）
海外旅行傷害保険
生命保険
医療保険

4 - 18

リスクコスト

リスクの予防費用とリスク顕在化時の損失の1年間の合計金額をリスクコストという。限られた予算金額の範囲にいかに収めるかがリスクマネジメント実務では重要となる

- 投入する予算には限りがあるため、どのリスク対策にどの程度予算を投入するかは日常のリスクマネジメントの課題である
- リスクコストは損失防止費用、リスクファイナンス費用、管理費用と保有損失額の合計である
- 日本企業のリスクへの備えは平均して売上額の0.5%である

リスクマネジメントにかかる費用の総額をリスクコストという。リスクコストは日常経費にあたる様々な防災費用である①損失防止費用・リスクコントロール費用、②損害保険などのリスクファイナンス費用、③リスクマネジメント部門の人件費などの管理費用の合計と、④年間で発生した様々な事故や災害などで被った自己負担分の4つの合計額である。主にアメリカで発達した狭い意味のリスクマネジメントはこのリスクコストをいかに最小化するかの研究であった。

1 損失防止費用・リスクコントロール費用

火災リスクを事例とすると、消火栓のスプリンクラーの設置費用や維持費用、自衛消防隊の教育費用、避難器具の更新費用があたる。マニュアル作成や教育時間なども本来は含まれる。

2 リスクファイナンス費用

典型的には損害保険料があたる。火災保険や利益保険などの加入費用が代表的である。このほかのリスクでは為替の先物予約の手数料、融資枠確保の手数料なども入る。

3 管理費用

リスクマネジメント部門の管理費用である。管理部門の人件費やシステム整備、家賃などが対象となる。東京海上日動火災保険の「リスクマネジメント動向調査2019」の調査によると、リスクマネジメント専門部署の設置は上場企業などで80%を越しており、要員の中央値では兼務担当者が2〜4名となっていた。また専任者を置いている企業は20%であり、5名以上の専任者の任命をしている企業も10%となっていた。

この日常時の様々な経費と年間を通じて発生した様々な損失の合計金額が

図表4－⑱　リスクコストの戦略

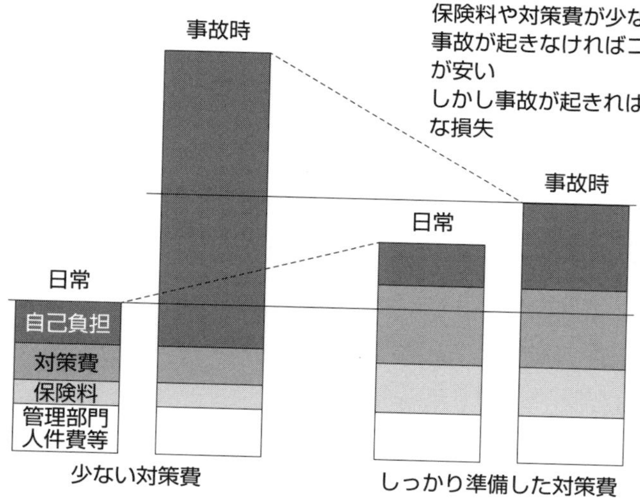

リスクコストとなる。一般に一定程度リスクコストをかけるとこの図表4-⑱のように事故などの発生が抑えられ発生時の自己負担金額も小さくなる。保険や防災費用が少なければ万が一の場合に巨額な自己負担となり、その変動幅が大きくなる。

このリスクコスト全体の統計は残念ながらないが、アメリカでは管理費用を除いた損失防止費用・リスクコントロールコストとリスクファイナンス費用および保有損失額の合計値の民間統計がある。それによると、この3つの合計額の全業種の平均は売上高1000ドルに対して5.25ドル（0.5％程度）であった。ただし業種と企業ごとの差が大きいのが特徴である。このほか売上高の0.5–2％、過去5年間の平均税引き前利益の1–8％などがある。

日本ではこのような統計はないが、東日本大震災後に日経ビジネスによる緊急アンケートで安全に費やすコストを調査した結果、売上高の0.5％であった。

4-19

リスクマネジメントプログラム

リスクマネジメント計画（P：Plan）の最後のステップは、検討してきた様々な対策の実施を年間計画に組み込むことである。通常業務と同様に取り組むことが重要

- リスクオーナーとして責任を持つ執行役員など経営者と責任部署が決定され、その統括により全部門で実施すべきリスク対策が決定される
- 実施計画として責任分担、予算、実施時期を決定する
- 通常の事業活動と同様に年間計画に組み込み各部門が実践する

組織の外部状況や内部状況を確認し、リスクマネジメントの適用範囲を決め、リスク基準を定め、目的を阻害する要因としてリスクをノミネートしリスクマネジメント計画のステップをはじめた。その後リスクを特定し、特定したリスクの頻度と影響度を算定しリスクマップを作成することでリスクの情報共有を行い、詳細な被害想定に基づき対応するリスクに優先順位をつけるリスク評価を行った。優先して対処するリスクについて目標を設定しその目標を達成するための回避、低減、移転、保有の対応策を検討しコスト対効果を踏まえて計画を作成した。計画の最後のステップはこの計画を具体的に実行するための年間計画をプログラムとして責任と予算を割り当て、実行計画を作ることである。

リスクマネジメントプログラムでは、リスクごとに責任部門・責任者を決め、この１年間で実施する具体的な対策内容、およびそれを実施するための予算と要員を定め、いつ実施するかの年間計画を策定する。売り上げ達成などに向けた取り組みなどの通常の業務計画と同様にリスクマネジメントも計画を策定し、それぞれの責任者や担当者が日常業務の一環として実行できる

図表4－⑲　交通安全リスクマネジメントプログラムの例

項目NO	実施事項	責任者	4月	5月	6月	7月	8月	9月	10月	11月	12月	1月	2月	3月	評価
1	新入社員安全運転教育	総務課長	●												
2	事故多発者安全運転教育	総務課長							●						
3	交通安全キャンペーン	総務課長								●					
4	構内カーブミラーの設置	工務課長			←	―	→								
5	事故分析	人事課長								←	→				
6	自動車保険の見直し	経理課長										●			
7	運転管理責任者講習受講	各課長						●							
8	安全運転管理規定改訂	法部課長	←	―	―	―	→								
9	セイフティレコーダーの搭載	工務課長								←	―	―	→		
10	車両点検実施項目の改訂	工務課長					←	―	→						
11	安全管理担当者会議	社長室長	●			●			●			●			
12	安全運転セミナー	総務課長								←	→				

ようにする。リスクマネジメントは決して余計な仕事ではない。

図表4－⑲はある運輸業の交通安全プログラムの例である。交通安全として事故削減の取り組みなどを行っていくが、実施業務のそれぞれに責任部署・責任者を明示し、また実施時期も明らかにしている。この個々の活動それぞれに担当者と予算が割り振られる。このプログラムをもとに実際に対策が実施されてはじめてリスクマネジメントは効果を上げることになる。

コラム⑬ リスク VS リスクトレードオフ

リスクマネジメント計画を検討し、リスクマネジメントプログラムに具体化して実践すると、現場でいくつか問題点が発生する場合がある。その1つはリスク対策のオーバーフローとリスクトレードオフである。

大企業などでは、本社部門が多く存在し、普段は機能別に効率的に業務を行っていく。そのため一般にリスク対策もリスクオーナーが担当部門の執行役員に割り振られ、多くはそのまま縦割りでリスク分析が行われ対応策が決定されていく。リスクマネジメント委員会で全体調整が行われることとなっているが、大まかな方向性や役割の競合などは議論され調整されるが、現場で各々の対応策が競合するところまでは見切れないこともある。そのため営業現場などの組織に対して、コンプライアンス、情報セキュリティ、労働安全、健康経営、災害対策、経理の内部統制など様々なリスク統括部門から並行的に指示が舞い降り、現場で対応があふれてしまう事態が発生することがある。点検や監査が競合し本来の営業活動などが制約されることもある。このような状況が発生したらすぐに事務局へ報告し、対応策の順位付けや絞り込みなどの全体調整を行っていく。リスク対応の優先順位など部門間調整が難しければ最後はCROが決定する。

もう1つは、あるリスクの対策を実施することで他のリスクが増加する場合である。企業の中では、例えば、工場の労働安全の対策としてコンクリートの固い床を避け、オガクズマットを敷くことにより腰痛の軽減が図れた。ところが運悪く火災が発生しこのオガクズマットが火の回りを早めた一因となり腰痛削減が火災リスクの増加となった事例もある。

コロナ禍では経済対策と感染者削減対策がトレードオフの関係になっていたところもある。コロナ禍で在宅勤務・テレワークの推進があるが、感染機会の削減が図れたが、情報セキュリティのリスクが増加した事例などもリスクトレードオフになる。

このような状況は様々な局面で発生する。現場のすり合わせで影響が許容できる範囲で収まればそれでよしとする考え方もある。経営が対応方針を示し経営の責任で優先順位をつけ、一定のリスクは保有する考え方もある。リスクは決してゼロにはならないため、対応する優先順位を下げたリスクの残留リスクを常に把握し、そのリスクが顕在化した場合の対応策を準備しておくことが重要となる。

リスクマネジメントの実施：DO

年間計画を策定したら次はその計画を済々と実施する。PDCA の中で要求事項は少ないが、実務では一番重要。決めたことは実施しなければ意味がない。リスクオーナーの責任のもと、リスク対策の実施組織、具体的な業務の責任者、実施時期、予算、必要な経営資源の割り当てがされる。必要に応じて上司などのステークホルダーが参画し、実施事項のステークホルダーへの報告および連絡がなされ、責任者の説明責任アカウンタビリティと全員の任務遂行責任レスポンシビリティが果たされる。ここでは実施時期の留意項目を解説する。

4 - 20

運用管理と文書管理

多くのリスク対策は年度をまたいで継続して対応している。人事異動があっても同様の対応ができる仕組みを構築する。そのため文書管理と運用管理が必要である

- リスクマネジメントプログラムに従って責任者と責任部門が対応を進める
- 多くのリスク対策は継続して実施される。人事異動や機構改革があっても対応が損なわれないよう、定められた手順、報告、記録を作成し引き継ぐ
- リスクマネジメントに必要なすべての文書は機密性、完全性、可用性の３つの観点で管理する

1 運用管理

各々のリスクに対してリスクマネジメントプログラムが作成され、執行役員などリスクオーナーの下、対応組織や責任者が決定される。その責任者が日常業務の執行と同様にリスクマネジメントプログラムで定めた業務を済々と実施していく。多くのリスク対策は年度を越えて継続的に実施される。製品の品質管理や防火対策、地震対策、コンプライアンス対策など、様々な重要なリスク対策はおおむね継続される。

人事異動が頻繁な行政組織や金融業界を筆頭に、どの組織でもいずれ担当責任者や担当者は人事異動で交代する。場合によっては機構改革で担当組織や執行役員の担当替えも行われることもある。それでも対応が継続して実施される必要がある。

リスクマネジメントの運用管理は特別なものではなく、通常の日常業務の実施と同様である。上司の指示による業務の実施、必要に応じた担当者間や組織間の情報共有、上司との相談、場合によっては階層を越えて情報共有や

報告を行うリスクコミュニケーションを実施する。

責任者に割り当てられたアカウンタビリティや全員に割り振られたレスポンシビリティのそれぞれの任務を遂行していく。

リスクマネジメントとして特に定める必要があるのは、緊急事態発生時の権限の確立や切り替え、責任者が不在の場合の代行や権限の引き継ぎ、連絡が取れない場合の権限委譲や事後承認規則などである。これらは本書第Ⅲ部の危機管理で具体的に説明する。

2 文書管理

要員が入れ替わることを前提に運用を行う場合、引継ぎを前提として記録を取ったり、文書を作成することが必要となり重要である。必要以上に文書を作成してしまうことや、あるいは文書に記載していないことは一切「ない」こととしてしまうなどの極端な文書主義は好ましくない。

リスクマネジメントに必要な文書としては、以下のものがある。リスクマネジメント方針、リスクマネジメント委員会記録、各種稟議書、リスクの目録、リスクマップや被害想定、リスクの優先順位付けの記録、リスクマネジメント計画およびリスクマネジメントプログラム、リスクマネジメントに関するマニュアルや手順書、教育演習計画と実施記録、報告書、パフォーマンス評価記録、自己点検結果、監査報告書、ステークホルダーへの報告、有価証券報告書（リスク情報の開示)、などリスクマネジメントに関わるすべての文書が該当する。

これらの文書は基本的には一般業務と同様にあらかじめ定められた文書管理規定に基づき管理していくこととなる。また、文書は規定に合わせて適切に処分する必要がある。

製品事故や粉飾決算などの事件や事故がある場合では、規定年限に達しないうちに文書が処分されていると、場合によっては証拠隠滅とみなされるおそれが高く、また期限を越えての保存は文書量が増大になるばかりではなく、何かしらの問題を察知していたのではと疑いがかかることもあり、また漏洩の危険性が高くなり好ましくない。ペーパーレスで電子文書となっている場合でも保存期限は注意する必要がある。

3 文書管理の基本CIA

文書管理の基本はアメリカの諜報機関の頭文字になぞってCIAである。C（Confidentiality：機密性）、I（Integrity：完全性）、A（Availability：可用性）を表す。

機密性とは、あらかじめ閲覧が許可された人のみが閲覧を許されることであり、許可された人以上でも以下でもいけない。許可されていない人がみることができてはいけない。また当然漏洩事故がないようにする。完全性とは、一部が欠損したり誤っていたり過剰であったりという不備がないことである。特にマニュアルの変更はデータの同期を取って実施する必要がある。可用性とは、確認したいときに確認できることである。最近はペーパーレスで電子化が進んでいるが、災害などでシステムが停止し閲覧が不可能という事態が起きがちであり注意が必要である。具体的な管理方法が情報セキュリティマネジメントシステム（ISMS）の国際標準規格ISO27001で詳しく説明されているので、必要に応じて参照されたい。

4 - 21

教育・演習

リスクマネジメントに限らず会社の業務は人が実施する。そのため要員の教育は重要である。日常業務に加えて有事に実施する業務の教育演習が求められている

- 企業や組織の業務はその業務ができる能力コンピテンシーを発揮している要員が実施することが前提。特に責任者はコンピテンシーの発揮が求められる
- 業務が実施できるためには教育・演習カリキュラムを準備し要員の育成を行う
- 日常業務に加えて、万が一のリスク顕在化時の対応能力を身に着ける教育プログラム、特に指揮官の育成プログラムを開発する

国際標準規格の考え方では、リスクマネジメントの実施において経営資源の配分が重視されている。とりわけ人材は重要で、執行役員をはじめ各部署の責任者はその任務が務まるためのコンピテンシーが発揮されていなければならない。欧米ではコンピテンシーの確認は資格と経験で行われることが多い。資格は公的資格や民間が実施する資格を取得しているか、あるいは社内試験合格などで判断する。また経験は当該部署や類似部署でどれだけの実績を上げてきたかが問われる。日本ではメンバーシップ採用が多く、また癒着を避けるなどのことから官公庁や金融機関ではローテーションで2年程度で部署を移動することが多いが、その場合経験が乏しい上司を組織で支えることとなることが多い。国際標準規格ではその前提ではないので注意が必要である。

日常業務での業務を新任者が身に着ける場合、必要なものは、業務マニュアルや手順書、前任からの引き継ぎ書、前任からの説明や具体的な実務を実施した場合の助言、いわゆるOJTなどがある。あるいは係長、課長など役

職昇進に伴う階層別教育研修などがある。

リスクマネジメント業務も一般の業務と同様であるが、特に重要なものは日常業務と違ってめったに発生しないが、発生すると重大な影響を及ぼす事態に直面した場合の対応への教育である。緊急事態はOJTができるように頻繁に発生するものではないため、あらかじめ日程をきちんととって業務を身に付けるための教育・演習プログラムを確立しておく必要がある。教育では必要な知識の獲得、必要動作の習得、情報収集の方法、連絡報告など各種の規定や手段などを身に付ける。

教育や演習などでは、その役割に必要な能力を定義し明確にする。その能力を身に着けるための訓練プログラムを開発する。社内での教育が難しい場合は、社外の様々な講習会への参加などを促すことでもよい。緊急事態への対応に向けた教育演習プログラムの詳細については本書第Ⅲ部危機管理で解説を行う。

コラム⑭ 教育・訓練・演習

日本では教育や訓練、演習などを厳密に言葉の定義を区別して使い分けていないことが多い。これらに該当する英語では以下のものがある。

- Drill 反復練習：反復練習をして特定の技能に習熟する
- Training 訓練：訓練して能力を身に着ける、
- Exercise 演習：模擬演習など、応用力を身に着ける
- Learning 学習：自ら学び知識や技能を身に着ける
- Practice 公式練習：本番環境を用いた試験運用、稽古
- Education 教育：知識や技能を教える、倫理等を体得させる
- Seminar セミナー：知識教育、講習会、研究講習会
- Work shop ワークショップ：体験型講習、グループ講習

これらの用語も業界ごとに様々な使い方がされており、英語の使い方も一通りではない。Training は Drill や Exercise などすべてを含む上位概念として「研修」の意味で用いられる場合も多い。「JISQ22300: 社会セキュリティ—用語規格」では英語の国際標準規格の日本語訳として Training を教育訓練と訳している。Practice はベストプラクティスなどの用語で一般に用いられ、この場合は最適解や好事例の意味であるが、教育訓練の1つとして使用される場合では本番環境で実施する練習や試験の意味合いになる。例えば自動車レースのF1では本番環境を用いた公式練習のことをいう。また、音楽関係では楽器の稽古を指すなど業界分野ごとにも言葉遣いが異なっている。セミナーはゼミと同じで、本来は指導教官のもと学生が研究・発表・討議を行う形式の授業であったが、企業などでは多人数に対して講師が講和を行う講習会を指すことが多い。

日本でも1995年の阪神・淡路大震災や地下鉄サリン事件の経験を踏まえて、国や自治体などのトップは当然、企業などの組織においても、緊急事態発生時や危機管理の際に指揮が執れる指揮者の育成が重要だと認識され、様々な応用課題を事前に経験できる演習が重視されるようになってきた。特に、机上演習（Table Top Exercise）が企業の役員を入れた総合演習で繰り返し実施されるようになった。東日本大震災でもある一部上場企業のCOOが1か月前の机上演習の経験を踏まえて緊急事態を乗り切っている。なお、机上演習の対になる現場の実動を伴う演習は

Field Training Exercise と呼ぶ。

この Exercise も訓練段階のステップを表す場合には、

- 機能別演習（Functional Exercise）それぞれの業務機能ごとに演習する
- 総合演習（Full Scale Exercise）各機能全体を合わせて演習する
- 合同演習（Street-wide Exercise）複数の企業などが連携して機能するかを確認する

などと表現される。合同演習の同様な表現では「Street-wide Exercise」、「Market-wide Exercise」、「Industry-wide Exercise」、「Sector-wide Exercise」などがある。金融機関のように複数の銀行や証券会社が連携して成り立つ業界や、サプライチェーンが発達した製造業などで企業を越えた演習が実施されている。最近はサイバー攻撃への対応としてライフライン企業などを中心に多くの業界が官民連携でサイバーアタック発生時の演習を行う事例もある。

いずれにしろ、企業の中でどのような言葉遣いを用いていくのかを定めておくことが重要であり、他企業などと情報交換を行う場合にははじめに言葉の定義や用法を確認しておくと、あとあと齟齬を避けられる。

4-22

リスクコミュニケーション

リスクにつき情報をステークホルダーと共有する。組織のリスク対応は1人ではできない。リスク情報の共有は株主からの信認を受けるとき、緊急事態で権限を委譲するなど様々な場面で重要となる

- リスクにつきステークホルダーや関係者と情報を共有することをリスクコミュニケーションという
- リスクコミュニケーションはリスクマネジメントのすべてのステップで実施する
- リスクコミュニケーションには広報など一方向の発信も含むが基本は双方向での情報のやり取りである

リスクコミュニケーションは、アメリカで化学工場の新設において地元自治体や住民などとの合意を取り付ける過程で発展してきた。工場が新設されれば雇用が促進され税収が増加するなどのメリットの一方、爆発危険や化学物質の漏洩や汚染などが危惧される。また、万が一事態が発生した場合の市民への情報開示と避難の促進、また二次災害の防止への協力など多くのリスクに関する情報が共有される必要がある。これらにつき賛成・反対・中立などの立場で企業、自治体、市民のそれぞれが学識経験者などの意見や科学データなどの情報を持ち寄り、関係者全員が同じ情報を認識して最後は多数決で決定する方法が開発された。

このリスクコミュニケーションの手法はその後企業活動など様々な場面で取り入れられ、経営者を取り巻くすべてのステークホルダー、具体的には株主、投資家、従業員、取引先、官公庁、市民などの間でリスクにつき情報を共有する一般的な手法となった。リスクコミュニケーションは日常の様々なステークホルダーとの情報共有が一般的であるが、事件事故が発生した後のリスクコミュニケーションを特にクライシスコミュニケーションと呼び、緊急記者会見など多くのノウハウが開発されている。日常の株主などとのリスク情報の共有については有価証券報告書などでリスク情報の開示が義務付けられている。

リスクコミュニケーションの代表例は広報活動であるが、市民や消費者、株主や従業員などからの意見を汲み取ることも重要であり、これらはリスク発見の１つの窓口としても重要である。双方向の手段としては従業員の目安箱や苦情対応窓口、コールセンターの設置、お客様の声制度、住民説明会、株主との対話活動などがある。また営業担当者の御用聞きなど従業員１人ひとりの情報収集や情報提供も双方向の手段として有効である。

リスクコミュニケーションはステークホルダーとの情報共有に焦点があたるが、日常業務では社内の部門間や取引先同士の情報共有など身近なところでも実施されている。リスクマネジメントのすべてのステップで情報共有は重要であり、あらかじめ定められた連絡や報告はもとよりインフォーマルなルートでの情報共有も円滑な業務遂行では重要となる。特に悪い情報は早く上司に挙げていくことが重要である。

リスクコミュニケーションの対象となるステークホルダーをさらに詳細に明記すると図表4-⑳のようになる。中心は企業としているが、従業員などがステークホルダーになることからわかるように、企業の意思決定の中心にいるのは経営者である。リスクコミュニケーションを円滑に行うために対象者の明確化、目的の明確化、内容の選別、手段の検討などステークホルダーごとに何を求めているかについての詳細な分析を適宜実施する。マスメディアだけでなく、ホームページでの開示やSNSなどの新たなツールの使い分けやグローバル化に伴う多国語での実施も重要となってきている。

図表4－⑳　ステークホルダーの範囲

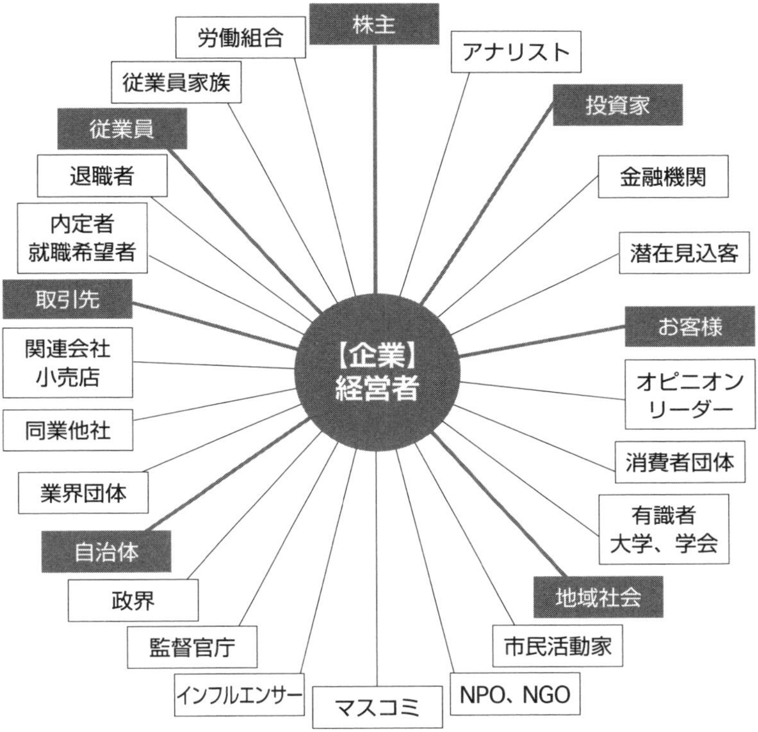

出所：東京海上日動リスクコンサルティング株式会社『リスクマネジメントがよ～くわかる本（第2版）』（2012年、秀和システム）より筆者修正。

4-23

記　録

リスクマネジメントは過去の経験から学ぶことが不可欠である。継続的改善のために記録の維持管理は必須である

- 企業経営は様々な意思決定の積み重ねであり、時には間違うこともある。過去の経験から学び継続的改善を行うために記録は必須である
- リスクマネジメントを進めるための文書は常に正しい最新のものを整備するが、記録は間違いがあった場合は勝手に直してはいけない。間違いの修正も含めてすべて記録する
- 日常時とリスクが顕在化した緊急事態発生時の双方とも記録を残す

リスクマネジメントは経営の意思決定そのものであり、意思決定を踏まえて実施した会社の業務活動そのものである。経営はいつも正しく判断ができるとは限らない。失敗や事故あるいは環境の変化など様々な事象でかじ取りの変更を迫られることがある。その場合過去から学び継続的改善を行うためにも記録が重要な位置付けを占める。

記録は稟議書、取締役会などを含む各種意思決定機関の議事録、報告書、活動記録、監査結果、教育・演習記録などが該当する。これらはマニュアルなどと異なりその内容に間違いがあった場合は、勝手に直してよいというものではなく、間違いの修正履歴も含めて記録を残すべきものである。平時の委員会などの議事録などに代表される定められた活動記録のほかに、リスクが顕在化した後の緊急事態対応や危機管理を実施した際にもその記録を残す必要がある。記録は経営者とステークホルダーの情報共有に用いて意思決定の妥当性を確認することにも活用するが、一番大きな活用方法は正しくPDCAを回し意思決定を改善することにある。

阪神・淡路大震災や東日本大震災、西日本豪雨などの大災害に遭遇した時

の記録や大規模リコールなどの企業を揺るがしかねない大事件などはめったに遭遇するものではない。それだけにそのときの考え方や対応、成功や失敗を記録し後世の貴重な教育教材として残す必要がある。なお、事件事故後の対応を記録した報告書をAAR（After Action Report）と呼ぶ。

記録の作成には関連した活動が追跡可能とするよう作成者、作成日時などをきちんと残すこと、また容易に検索閲覧が可能とし、紛失や劣化損傷を防ぐよう保管保存を行う。

リスクマネジメントの評価：CHECK

計画を立て、リスクマネジメントプログラムを実施した後は、振り返りを行いその対策が有効であったか否かのチェックを行うことが重要である。日本企業や官公庁では計画を立て実施したあとの有効性の振り返りを行うことが苦手であった。PDCA を回して継続的改善を行うには実際に目指すところにリスクを減少・維持できたか否かのパフォーマンスを評価する。

4-24

パフォーマンス評価

リスクマネジメントプログラムで定めた対策を実施できたか否か、その結果リスクが目標以下に減少または維持できたかを振り返り評価する

- 狭義のパフォーマンス評価は計画したリスクマネジメントプログラムが計画通り実施できたか否かを確認し評価する
- 結果としてリスクがあらかじめ定めたリスク目標を下回るように減少できたか、あるいは維持できたかを有効性評価として評価する
- 広義のパフォーマンス評価はこの双方を合わせた総合評価である

1 狭義のパフォーマンス評価

リスクマネジメントの計画を立て、リスクマネジメントプログラムを策定したのち、そのプログラムを実践する。年度末あるいは半期などあらかじめ定めた期限でそれまでの活動の結果を振り返り評価を行う。評価には2種類がありリスクマネジメントプログラムが当初の予定通りすべて実施されたか否かを評価する狭義のパフォーマンス評価、リスクがあらかじめ定めた目標値以下に削減あるいは維持できたか否かを評価する有効性評価の2つであり、これらを合わせて広義のパフォーマンス評価という。

図表4−㉑はリスクマネジメントプログラムで紹介したある運輸会社の交通安全リスクマネジメントプログラムのパフォーマンス評価の例である。期末にそれぞれのプログラムの実施状況、進捗状況について3段階のアミかけで評価したものである（実際には、赤、黄、青の3色で分けるとよい）。この3段階の評価結果を表す手法をヒートマップと呼ぶ。大企業などでは多くのリスクマネジメントプログラムが計画され実施されているため、リスクマネジメント委員会などで短時間でひと眼で全体を把握するには、このような

図表4－㉑　交通安全リスクマネジメントプログラムのパフォーマンス評価の例

項目NO	実施事項	責任者	4月	5月	6月	7月	8月	9月	10月	11月	12月	1月	2月	3月	評価
1	新入社員 安全運転教育	総務課長	●												
2	事故多発者 安全運転教育	総務課長							●						
3	交通安全 キャンペーン	総務課長								●					
4	構内カーブミラーの設置	工務課長			←	―	→								
5	事故分析	人事課長								←	→				
6	自動車保険の見直し	経理課長										●			
7	運転管理責任者講習受講	各課長						●							
8	安全運転管理規定改訂	法部課長	←	―	―	―	→								
9	セイフティレコーダーの搭載	公務課長								←	―	―	→		
10	車両点検実施項目の改訂	工務課長					←	―	→						
11	社長 レビュー	社長室長											●		
12	内部監査	監査部長								←	→				

工夫が有効である。

青：一番薄いアミは100％実施、黄：中位のアミは80-99％の実施、赤：一番濃いアミは79％以下の実施率など、あらかじめ評価基準を定めておく。この事例では7番目の運転管理責任者受講は実施せずに終わったため赤：一番濃いアミと評価している。この評価は環境が変化したり様々な要因で実施できなかった場合であっても、当初の計画の実施可否のみで評価を行う。原因分析は別途実施する。

2 有効性評価

リスクマネジメントプログラムの進捗評価が狭義のパフォーマンス評価であるが、実際にリスクが対策を打つことで目標値まで減少したのか否か、あるいは継続的な対策の実施によりリスク量が目標値を下回るように維持できたのかが重要である。この評価を対策が有効であったかを判定する有効性評価という。

有効性評価は事前に定めたリスク目標値との比較のみで行う。この有効性評価のために事前に設定するリスク目標はできるだけ定量化されたものである必要がある。

例えばさきほどの運輸会社で年間の自責事故（100％相手に責任がある他責事故以外のものすべて、過失相殺で自社に多少でも責任分担があるものは対象とする）の件数目標を前年度から20％削減し80件としたとする。年度末に振り返り年間事故の発生件数が78件であれば80件以内であり対策は有効であったと判定する。一方、120件となって80件を超えてしまった場合は有効ではなかったと判定する。この事故件数の増減も経営環境の変化に依存するところはあるが、その分析は別途実施する。

このように広義のパフォーマンス評価は、リスクマネジメントプログラムで定めた対応策の実施状況や進捗状況の狭義のパフォーマンス評価と、結果としてリスク量が目標値を下回るよう削減・維持できたかの有効性評価の2つを総合評価する。

4-25

有効性評価とパフォーマンス評価の総合評価

パフォーマンス評価がよくても有効性評価が否定されたり、その逆もある。その理由を明らかにすることが PDCA では重要である

- パフォーマンス評価が 100%であってもリスクが減少しないことがある
- 環境変化によるものであるか、そもそも対策が下手だったのかの分析を行う
- めったに発生しないリスクでは有効性評価が事実上評価ができない。この場合は専門家などの他者の評価を行うことがよい

リスクマネジメントプログラムの進捗状況や対応状況とリスク量が減少したか否かの有効性評価はそれぞれ行うことに意義がある。環境変化が大きい場合は対策を実施しなくてもリスクが見かけ上減少することがある。例えば運輸業の事例では、新型コロナウイルスやリーマンショックで大きく貨物の運搬量が減少したことがある。稼働が大きく落ち、道路の渋滞なども減少し急いだ運転も減少したことにもより事故件数が大幅に減少した。この場合トラックの稼働が大きく落ちたため事故件数で評価する指標では一般に事故件数が減少して算出されると有効性評価は正になる。一方では、不況により予算執行を大幅に絞り込み、経費削減により外部発注をして実施する運転教育やドライブレコーダーなどの増強などは見送りになり、その結果パフォーマンス評価（図表4−㉑参照）も赤：一番濃いアミが目立つ状況となった。対策はしなかったものの結果オーライとなっている。このような分析を行うことが重要である。

またその逆に好況が続き、荷動きが活発になり残業なども含めた稼働率が上昇した結果、すべてのリスクマネジメントプログラムが100%であっても事故件数が目標値を上回るなどの場合もある。この場合は追加の対策をする

必要があるなどと振り返る。一般にリスクマネジメントプログラムの進捗、対策状況が100%であってもリスクが減少せず有効性が否と評価される場合は対策が不十分なことが多い。

なお、経営者の誘拐などめったに発生しないリスクでは目標設定で発生頻度ゼロと設定をすることが多いが、その場合、多くの年は経営者の誘拐は発生しないので対策を実施してもしなくてもゼロであり有効性評価が事実上評価できない。誘拐されたら否となるだけである。これほど極端ではないが、例えば地震対策も実際に対策が有効であったか否かは地震が来てみないとわからないのが本当のところである。この場合はまず狭義のパフォーマンス評価であるリスクマネジメントプログラムの進捗、対応状況の評価のみを行い、その対策が有効か否かは専門家による第三者評価を行い有効性評価にあてることが推奨される。

4-26

KPIおよび監視測定

リスクマネジメントの数値評価は期末に行うパフォーマンス評価だけではない。予兆の把握、リアルタイムの状況把握などKPIなど指標を作成し監視測定をすることで、リスクの状況を早期に把握する

- 期末のパフォーマンス評価以外であっても、リスクの現状を早期に把握するために様々な指標を作成し監視測定を行う
- KPI（Key Performance Indicator）を定めて定常的に監視を行う
- 監視測定という概念はもともと温度制御などの機械監視であったが、経営の様々な指標を用いた状況把握にも用いられる

状況の評価は期末のパフォーマンス評価のほかに、日常の中でも様々な指標を設定して早期に把握する。リスクに直結する指標をKPI（Key Performance Indicator）と呼ぶ。KPIは戦略リスクでは企業が一般的に用いている売上高、利益率、製品シェア、不良品率、返品率、納期達成率、事務ミス発生率などが用いられている。このほか、リスクに固有のKPIを定めることも必要に応じて実施する。

また、これらの数値により場合によっては様々なてこ入れをしなければならないこともある。事前にこの状況になったらこのようなてこ入れ策を実施するなど計画を策定しておくことがある。これをあらかじめ想定された対応計画という意味で不測事態対応計画、コンティンジェンシープラン（Contingency Plan）と呼ぶ。この計画を発動させるトリガーを定めることが有効である。例えば対前年比売り上げ95%、返品率0.1%、事務ミス件数1か月10件、他社の広告キャンペーンの実施、など事前に定めておく。

このような監視測定は、もともとは工場の製造現場で不良品発生を防ぐた

めに、温度管理などを定め、温度計で目標温度の上限下限を定め、常時温度管理を行って、上限下限を超えた場合にすぐに製造を止めて当該製品を検査し製造工程を見直すなどを行い、不良品の出荷を防ぐ取り組みなどを行っていたことを指す。この考え方を事業活動の様々な行為にも適用するようにしたものである。

リスクマネジメントの継続的改善：Act

経営者の方針制定からはじめて、リスクマネジメントの計画、実施、評価とPDCAを進めた。継続的改善活動の最後は経営者の全体の振り返りである。

経営者は改めて企業の経営環境を認識し、ステークホルダーと情報を共有し、リスクの状況を把握したうえで次のサイクルのリスクマネジメント方針の設定や優先すべきリスクの入れ替え、経営資源の投入を図る。リスクマネジメントの継続的改善を行うことによって、リスクに強い企業・組織を構築する。

継続的改善では経営者に耳の痛い進言を行うこともある監査を有効に活用する。ここではPDCA最後のActに求められる事項を解説する。

4 - 27

点検是正

日常業務を実施していると、どうしてもあるべき姿からずれてくることが発生する。それを日常の中で点検しずれを発見したらあるべき姿に是正する

- あらかじめ点検チェックシートを作成し定期的に日常点検を行う
- 点検で不備が発見されたらすぐにあるべき姿に是正する
- 修正が困難な場合は体制や予算など経営的課題となるためすみやかに報告し指示を待つ
- 是正時期は日常点検、リスクが顕在化した時、監査の指摘があった時、リスク情報を監視した結果必要と判断した時の４つがある

1 日常点検

企業や組織では常日頃組織目標を達成するために様々な業務を実施している。その中でリスクマネジメントプログラムも実施しているが、様々な業務を行っている中で、どうしても本来あるべき姿からずれが生じてくる。外部環境の変化や要員や予算も問題、あるいはタイミングのずれなど様々な要因が発生しその都度対応を行っている。このような状況においてズレを早期に発見しあるべき姿に戻す仕組みをあらかじめ構築しておくことが、より重大なリスクの顕在化を防ぐ意味で重要である。

もとのあるべき姿に戻すことを是正といい、一番多く行われる手法が日常点検である。日常点検はリスクごとにあらかじめ対策が実施されている状況を確認するためのチェックシートを作成しておき、1か月に1度、半年に一度など定めた期間で点検を行う。点検は組織内の管理職が部下を点検する場合や、点検を専門に担う部門が巡回して行うなど様々である。日常点検は工

場などの現場では始業前の機械点検などで一般に行われている。器具が所定の場所にあるか、油圧、空気圧、球切れなど様々な箇所を点検する。

図表4-㉒はコンプライアンス点検チェックシートの事例である。この企業では3か月に1回、様々なリスクに関したチェックを実施している。

このシートは3か月に1回全員が回答し、グループ、部で集約し会社のリスクマネジメント委員会に報告し経営者が全体の状況を把握する。問題のある箇所はすぐにグループリーダーが是正を実施する。チェック内容は毎回異なり、会社のリスク管理委員会が重点リスクを選定し、その対応状況に応じてチェックシートを作成する。自主点検での不備があっただけでは懲戒などの対象ではないが、繰り返したり是正せず放置した場合などは指導の対象となる。また全社を俯瞰して多くの部署がこのままでは是正が困難な場合は、構造的な課題であることが多いため、経営が状況を確認し早急に対処方針を決定する。

2 是正を実施する4つのポイント

是正の実施には以下の4つのポイントがある。①日常点検、②リスクが顕在化したとき、③監査の指摘があったとき、④リスク情報を監視した結果、必要と判断したとき、の4つである。是正は日常点検で定期的に実施することが基本であるが、それ以外に3つの是正を行う機会がある。1つ目は残念ながらリスクが顕在化した場合である。環境変化も含めてリスクが顕在化する要因があるため、原因を分析し組織内で対応できる場合はすぐに機械の交換や要員の教育、マニュアルの変更などの是正を行う。組織内で対応ができない場合は経営に報告し対処する。

2つ目はリスクマネジメント監査で指摘がされた場合である。抜本的な変更はより上位の経営が判断するPDCAの方針を待つことになるが、軽微な指摘事項はそれぞれの責任者が是正を行う。マニュアルの内容が徹底されていない、規則が守られていないなど周知徹底の不備はよくある監査の指摘事項である。監査は経営に対する改善勧告を行う重要な機能であるが、現場の是正の機会にもなる。

図表4－㉒　コンプライアンス自主点検チェックシート

点検時期	リスク区分	項目	設　問	回答方法	フォローアップ（事務局記入欄）
第1回	4. 事務リスク	経費精算	経費精算の承認時に、必ず精算金額、負担部門や経理番号が正しいことを確認し、不適切な場合には指摘していますか？	○指摘することにしている。 ×経理チームがチェックするので印だけ押している －該当なし	
第1回	11. 業務遂行リスク	新規事業	以下に該当する業務を開始する前に、経営企画部の承認を得ていますか。承認なく業務を開始している例は現時点でありませんか。 【伺いを起票する必要のある新規業務】 ①新たな技術・手法・分野等を基に開発した新規業務 ②共通基盤となる業務に新たな技術・手法・分野等を加え開発した新規業務 但し、顧客ニーズにあわせ、個別にカスタマイズした場合は除く	○できている ×不備がある －該当なし	
第1回	4. 事務リスク	経費精算	私的な飲食や物品購入に会社の経費を使っていませんか？	○一切使っていない ×使っていることがある －該当なし	
第1回	4. 事務リスク	経費精算	経費精算時には伝票に請求者印を押印したバウチャーを貼り付けていますか？　あとでそれぞれの紙が泣き別れになった際に発見するための重要なしるしであることを理解し、情報があるすべてのバウチャー・台紙に請求者印を押印していますか？	○全てできている ×1つ以上の対応漏れがある －該当なし	
第1回	5. システムリスク	メールの利用	メールを利用する場合に、以下のようなことはしていませんか？ ①あて先を確認せず、メールの内容に関係ない人にまでメールを送信する ②送信先同士がメールアドレスを知らない場合（セミナー情報の発信等）に、宛先をBCC等で隠さず相互に知りえる状態で、メールを一斉送信する ③不審メールや疑わしいメールの添付ファイルを開いたり、URLをクリックする	○できている ×できていないことがある －該当なし	
第1回	5. システムリスク	インターネットでの閲覧・	会社パソコンでWebサイト等を閲覧する場合に、以下のような違反行為はしていませんか？ ①業務に不必要なホームページにアクセスする	○全員違反していない ×違反行為をしたことがあった	

点検時期	リスク区分	項目	設問	回答方法	フォローアップ(事務局記入欄)
			②反社会的や悪意の可能性があるWebサイトにアクセスする また、それらのWebサイトからファイルやソフトウェアなどダウンロードする ③WebサイトやSNS、掲示板等の情報を、真偽を確かめずに使用する		
第1回	5.システムリスク	私有パソコン等の利用禁止	IT機器やソフトウェアなどで、以下のような違反行為をしていませんか？ ①私有パソコン、私有外部記憶装置（USBメモリ等）を業務で使用する （ただし、セキュアブラウザ等、許可されている利用方法を除く） ②私有のソフトウェアや私有（個人契約）のクラウドサービスを業務で使用する	○全員違反していない ×違反行為をしたことがあった	
第1回	6.情報漏えいリスク	執務スペースへの入室(社員/スタッフ)	入室証や社員証を他人に貸したり、他人の入室証や社員証を、借りて入室したことはありませんか？	○貸した（借りた）ことはない。 ×貸した（借りた）ことがある	
第1回	6.情報漏えいリスク	紛失・盗難の報告	入室証・社員証、または、会社パソコン、会社スマートフォン、業務利用スマートデバイス等を盗難・紛失した場合、利用者（または事実を知るに至った者）は速やかに情報管理責任者、および、リスク管理委員会事務局長に報告し、利用者（または事実を知るに至った者）またはその管理者は、速やかにICT企画ユニットに報告していますか？	○全て速やかに報告した ×速やかに報告しなかったことがあった ー該当なし	
第1回	7.法務リスク	贈賄・汚職	①公務員に対して何らかの便宜を求めて手土産の持参等を行っていませんか？ ②相手の倫理規定を確認することなく、公務員を接待したり、契約で定めていない金品を提供していませんか？	○できている ×不備がある ー該当なし	
第1回	10.人事労務リスク	人権・不適切な表現	セクハラ・パワハラ等、職場におけるハラスメントの恐れがある場合のために、4つのホットライン制度が用意されていますが、どこに相談すればよいか分かっていますか？	○どこを見れば連絡先が分かるか知っている。もしくは分かる。 ×分からない。	
第1回	11.業務遂行リスク	重要物の保管	紛失や数量不足が発生すると周囲との関係が悪くなる以下の物について、帰宅時に平引き出しや机上等、施錠できないところに保管していませんか。 ①自分の金銭や切手・プリペイドカード・金券類 ②自分の印鑑や健康診断結果 ③他人の印鑑	○できている ×1つ以上の不備がある ー該当なし	

3つ目の機会はリスク情報を監視した結果、必要と判断したときである。企業や組織はリスクの発見特定でノミネートしたリスクにつき、重要度や優先順位に従ってリスクの状況を日常時から監視する必要がある。

先に述べた4つの是正ポイントのうち、4つ目に挙げたポイントは、このリスク情報を、日々注意を払って収集している中で、新たな情報を入手しその結果、対応を実施したほうがよいと判断される状況のことである。具体的には同業他社の事件事故の情報入手がある。あるいは学会で新たな学説が発表された、ニュース報道で新たな規制や法制度への言及がされた、営業社員がお客様との会話の中でライバル企業の動向を把握した、工場の従業員が構内を移動中に敷地内に地面に新たなひび割れがあることを見つけた報告が上がったなどがある。このような新たな情報を入手した際に、必要に応じて現場の是正をするなどの各種対応を行ったり、また全体計画の見直しに反映させる。

4-28

監　査

監査は当該業務と利害関係のない第三者が実施し、経営に対して改善勧告ができる重要な歯止め策である。耳が痛い勧告も経営者は真摯に受け止めなければならない

- 監査は当該業務や責任者と利害関係のない第三者があらかじめ定めてある監査基準および手順に従って実施する
- 監査は経営に対して改善勧告など進言ができる。経営者は耳の痛い改善勧告に対しても真摯に対応しなければならない
- リスクマネジメントに関する監査の視点は、リスクマネジメントの構築および運営に関して経営者の責任を果たしているか、重要なリスクに対して認識し適切な対応を実施しているかの２点である

リスクマネジメントは経営そのものであるが、経営者が定めた方針に従って実施しているかを第三者の目で確認を行うことが重要である。監査はリスクマネジメント委員会および経営者の指示により実施する。リスクは多様であり量も多いことから監査にあたっては毎回監査項目を絞り込んで行う。

品質マネジメントや環境マネジメントなどISOのマネジメントシステムでは必ず内部監査（外部監査に代えてもよい）が必須であるため、昔より監査を経験することは多くなっている。国際標準規格では監査要員の選定や教育なども定められている。監査はあらかじめ監査要員を指名し、所定の教育を実施し公平な目で監査ができるようにしておく。大企業では監査部など専門部隊を持つことも多いが、中堅中小企業では利害関係のないお互いが相互に監査する相互監査を行うことが一般的である。

監査にあたっては、あらかじめ監査項目やチェック項目を当該部署に公開し、事前に書面で回答をもらい、その後定められた日時で責任者のヒアリン

グ、当該業務の担当者へのヒアリング、業務現場の観察などを行い、実査と事前書面回答との整合性の確認などから現場の問題点や経営の課題などを明確にしていく。

監査は社内で問題のある人物をつるし上げることが目的ではない。本来のあるべき姿にて業務を実施してもらうことが目的なのである。このため一般には監査の前に監査項目に関する点検を実施してもらい是正を済ませておく。是正した内容は事前に監査部門に報告しておく。そのうえで是正もできていない課題を発見し現場の責任の問題か経営全体の大きな課題かを監査員が判断し、監査報告書を作成し経営に報告を行い、また経営としての重大な欠点は改善勧告を行う。監査報告は経営への進言であるため経営者はその指摘に対して真摯に受け止めて改善をしていくべきものである。一方、現場も管理職は反省すべきところは反省し体制を立て直すことが求められる。

なお、監査にあたってはできていないことは正しくできていないと回答しなければならない。つまり虚偽報告をしてはならない。ヒアリングで回答した後で隠蔽や虚偽報告であると判明した場合は、就業規則に従った懲戒処分の対象となる。このような厳しい条件のもとで現場の状況を正しく把握していくことができる。なお、監査では現場で隠蔽が疑われるような場合では日時を通告しない抜き打ち監査を行う場合もある。

監査ではできていない箇所を根掘り葉掘り追及する暗いイメージがどうしてもつきまとうが、最近の監査では経営へのコンサルティングの観点を打ち出し、よい事例を吸い上げよい事例の横展開による普及という役目も重要視されている。なお、監査においては必要に応じてリスクオーナーである執行役員や取締役もヒアリングの対象となる。また執行役員や取締役の業務状況の監査や意思決定における妥当性の監査も重要であるが、これらは取締役会の中の監査委員会や監査役の役目となる。

4 - 29

根本原因の分析

監査で指摘された出来事の表面的な把握だけではなくその事象が発生した根本原因の分析も行うことが求められている

- 監査では、様々なあるべき姿からの逸脱であるできていないところの指摘がされるが、なぜそのようなことが起きるのかの根本原因の分析が再発防止や抜本改正にあたっては重要である

監査では、様々なあるべき姿からの乖離であるできていない状況が明確になる。例えば、ある事務処理の特定の箇所でミスが多い場合、ミスの件数やミスによるお客様への悪影響の程度、経営に与える影響度などの事実を捉える。さらにそのミスを減らそうとする場合には、その根本原因を分析する必要がある。ここではその根本原因を検討するにあたってのキーワードを紹介する。

大項目としてプロセス、テクノロジー、ストラテジー、財務、コンプライアンス、外因性の６つに区分する。プロセスはその業務の経営資源に関係するものであり、要員の能力、これには教育体制や経験年数の問題であったり、機械が新品か老朽化か、仕事がどのくらい複雑で熟練が求められるのか、処理ボリュームに変動性があり、ピーク時に処理能力を超えて要員に無理がかかるのかなどを確認する。テクノロジーでは、情報システムへの依存度やそのシステムのリテラシー・習熟度がポイントになる。その他電源や通信回線、水資源特に製造業ではインフラの安定性なども観点となる。ストラテジーはより経営の観点に沿った観点である。会社資産の投入戦略、情報の活用方針、また当該業務が採算が取れない業務で将来は廃止の方向性であるのか、あるいは逆に会社発展のための戦略的業務であるのかによって、力の

図表4－㉓　根本分析の要因図

【プロセス】	【テクノロジー】	【ストラテジー】	【財務】
事務ミス・不正	システム依存度	管理財産の戦略	原材料価格
従業員能力	システム習熟度	情報の戦略性	流動性
機械・装置	インフラ	不採算事業	資金繰り
資産管理		戦略上の意義	金利
複雑度	【コンプライアンス】		通貨
処理ボリューム	コントロール環境	【外因性】	クレジット信用
	法律改正	原材料確保	収益力
	当局規制	災害事件事故	資本力
		政治経済社会	

出所：堀 裕・甲良好夫監修、伊藤勝教著『インターナル・コントロール―内部統制システム構築の手引き―』（2001年、商事法務研究会）。

入れ具合が異なる。財務の観点では原材料価格の乱高下、資金の流動性、資金繰り、金利などの現状による影響で予算投入ができる環境か否かなども観点となり、また円ドルなどの為替の問題や保有通貨を何にするかなど会社の財務基盤の把握となる。

コンプライアンスでは様々な規律を守るべき環境にあるかどうかの基本が問われる。規則やルールの策定状況や徹底、口伝に頼っているか、外部環境では法制度などの改正に影響を受けるか当局規制が大きいかなどの課題となる。最後は外因性であるが、地震や水害などの自然災害、地政学リスクなどの政治経済社会の現状、そして外部からの原材料確保などサプライチェーンの課題の影響度を把握する。

このように、1つのリスクであっても様々な要因が取り巻いており、そのどこがキーとなっているかを分析する。現場に無理な対応を要求しできない状況を作ってしまうことは避けなければならない。いずれにしろ最終的にはリスクオーナーである執行役員と取締役の責任となる。

特にこれらの遠因に共通してみられる企業風土や組織環境に起因する次のような状況がみられる場合は、リスクが顕在化しやすい。

- 品質・安全性・信頼性のずれがチェックされず逸脱が通常の仕事として許容されている
- 慢性的な人員不足により勝手な現場マニュアルが作成され正しい手順が省略されている
- 小さな失敗やエラーを報告せずやり過ごすことが助長されている
- 過剰な管理策への依存
- 使命感や目的意識の共有がされていない、部門間対立
- 不慣れな環境での作業、トレーニング不足、スキルの消失
- 市場の変化、法律規制の変化、嗜好の変化、競争環境の変化への未対応
- インシデント発生に当然備えるべきものへの未対応
- 過去の出来事から学習しない

など

4 - 30

レビューと継続的改善

PDCA の締めくくりは経営者のレビューである。全体を振り返り状況を確認し、次のサイクルの開始に向けて経営者自身が責任を持って方針を打ち出す

- リスクマネジメントの最終責任は経営者である。CRO を中心に各リスクオーナーである執行役員および取締役がリスクマネジメント全体を振り返りレビューを実施する
- 計画、実施、評価のそれぞれの状況の報告を受け、監査の指摘を真摯に受け止め、翌期のリスクマネジメント全体の方針を定める
- レビューは最低年１回、あるいは半期に一度など事前に定めた時期ごとに行う、また緊急事態発生後などでは臨時に実施する

リスクマネジメントのPDCAサイクルの締めくくりは経営者のレビューである。リスクマネジメント方針に従い、経営環境の把握、リスクのノミネート、リスク算定やリスク評価を行い、優先的に対応を行うべきリスクに対して計画を立てる。その計画を実施し計画通り実施できたか否かリスクが削減できたかのパフォーマンス評価を受け、あるべき姿からの逸脱があれば都度日常点検などの是正を行い、第三者からの勧告を行う監査の指摘を踏まえ、経営者はリスクマネジメント全体を統一感をもって振り返るレビューを行う。

レビューでは経営環境の変化などの外部環境や人員構成の変化などの内部環境の変化を踏まえ、機構改革や権限範囲の変更など大きな経営の枠組みの変更も見据えてリスクマネジメント全体を見直す。このサイクルの間に発生した様々な顕在化したリスクや、企業経営の根幹を揺るがす大きな損失が発生した場合は、その内容を再確認する。一方、企業の経営拡大の絶好の機会

を捉えるときもある。このように全体を踏まえたうえで、どのリスクを重視し、リスク基準を変更改訂し、対応のメリハリをつけ、予算や要員などの経営資源の配分を行っていく。リスクマネジメントレビューはまさに経営そのものに直結する。

見直しは、リスクマネジメントの方針や計画の適切性、妥当性、有効性を評価し、リスクマネジメントプロセスを継続的に改善する。方針を見直し、計画策定にあたっての責任範囲、アカウンタビリティを見直し執行役員から順次責任を割り当てていく。改善がなされた時点でリスクマネジメントの向上が図られ、経営に寄与することとなる。

第Ⅲ部

危機管理
―緊急事態への対応―

日常時のリスクマネジメントのPDCAを回すことにより、影響が許容できない大きなリスクの顕在化は減らすことができる。残念ながら時として経営を揺るがすリスクが顕在化する。リスクが顕在化した場合を緊急事態と呼び、その緊急事態対応を一般的には危機管理と呼ぶ。この緊急事態には①事前に対策が準備されて済々と対応する事態と、②事前の対応策が役に立たず手に負えなくなり経営がその場で指揮をとる場合や、まったく想定外の大きなリスクが顕在化した場合の事態の２つに分かれる。対応準備ができる対応を事態管理、その場で経営がトップダウンで指揮する対応を危機管理と呼ぶ。第Ⅲ部では事態管理と危機管理の両方を踏まえた緊急事態への対応全体を解説する。

事態管理や危機管理をうまく実施するために緊急事態に対して普段から用意しておく事前準備と緊急事態発生時の具体的な対応の大きく２つに分けて説明する。

特に想定したリスクが顕在化した場合への対応である事態管理を円滑に行うための事前準備が重要であることをしっかり認識していただきたい。

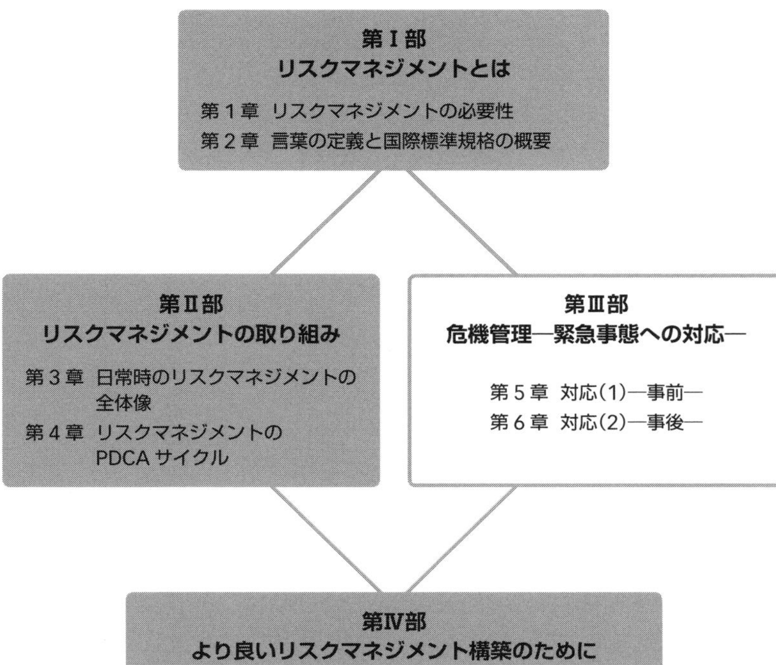

第Ⅰ部
リスクマネジメントとは
第１章　リスクマネジメントの必要性
第２章　言葉の定義と国際標準規格の概要
第Ⅱ部
リスクマネジメントの取り組み
第３章　日常時のリスクマネジメントの全体像
第４章　リスクマネジメントのPDCAサイクル
第Ⅲ部
危機管理―緊急事態への対応―
第５章　対応(1)―事前―
第６章　対応(2)―事後―
第Ⅳ部
より良いリスクマネジメント構築のために

第 5 章

対応（1）―事前―

対応すべき優先順位の高いリスクについては、そのリスクが顕在化したときにどのように対応するかを事前に決めておくことが有効であり必要である

➪日常時のリスクマネジメントで対策を実施してもリスクはゼロにはならない
➪対応すべき優先順位の高いリスクについては、そのリスクが顕在化したときを想定する必要がある
➪リスクが顕在化したときにどのように対処するかを決定し、そのために必要な組織体制や機材などの事前準備が有効であり必要である

日常時のリスクマネジメントで様々な対応を実践しているが、リスクが顕在化する可能性は決してゼロにはならない。特に企業経営に大きな影響を与え得る優先順位の高いリスクについては、顕在化したときにどのように対応するかを事前に決めておくことが被害を軽減するために有効である。また、ステークホルダーからは事前準備がなければ、その不備を問われかねないため備えは必要でもある。

事前の準備には対策本部の組織や権限の整備、対策本部設置会議室のレイアウトや備品、マニュアルなどの備えのほか、指揮を執る経営者の教育演習などがある。

緊急事態対応のための事前準備

リスクはいつか顕在化する。顕在化したときの緊急事態への対応を円滑に実施するためには日常の事前準備（Incident Preparedness）が欠かせない。ここでは緊急事態発生時に備えた規定、指揮命令系統の整備、対策本部の構築、対策本部の切り替え：エスカレーション、緊急事態の早期発見システムの 5 つにつき解説する

5-1

事態管理と危機管理

リスクが顕在化した場合の対応には、あらかじめ想定された事態に備えて事前に準備した対応を発動する事態管理と、想定外への経営が直接指揮する危機管理がある

- 日本ではリスクが顕在化した後の対応を危機管理とひとくくりにしているが、想定された事象への対応と想定外の事象への対応の２つに分かれる
- 優先順位が高いリスクに対しては、リスクの発生を抑える抑止策と、万が一発生した場合への対処策である軽減策を準備する
- 軽減策の一部であり特に対策本部の取り組みを事態管理と呼ぶ
- 想定外の対応を経営が直接トップダウンで指揮をする危機管理と呼ぶ

1 事態管理と危機管理の相違点

リスクマネジメントの日常のPDCAを繰り返すことにより、リスクに強い企業や組織とする継続的改善を行っていく。そのため経営を揺るがすリスクが顕在化することは少なくなるが決してゼロになることはない。あるとき突然経営に大きな影響を与えるリスクが顕在化する。リスクマネジメント計画では優先度が高いリスクについては、目標値を定めそのリスクが発生することを低減させる抑止策と、万が一発生した場合の影響度を小さくする軽減策がある。軽減策の中で対策本部の活動などソフト面を整備したものが事態管理（Incident Management）である。一方、想定していた対応策がうまくいかず手に負えなくなった場合や、想定外の事件事故が発生した場合は、経営者がトップダウンで指揮をすることとなる。これが危機管理（Crisis Management）である（第２章参照）。

あらかじめリスクが顕在化した場合の準備ができ、その対応策を粛々と実

施する事態管理と、準備範囲を超えて大きな被害となったり、まったくの想定外でその場で経営が判断しなければいけない危機管理では、考え方がまるきり異なる。リスク顕在化後の緊急事態への備えにおいて、この2つは区別しなければならない。

図表5-①に事態管理と危機管理の相違点を示す。

事態管理は、一般的に予見可能でありリスクマネジメント計画でも優先的に取り組むべきリスクとして認識されていることが多い。対応策は事前に軽減策が検討され対策がすでに準備されており、その対応措置で対処することができる。事態管理はリスクの影響度が小さければ部門長の対応で済むこともある。経営として対策本部を設置した場合であっても、あらかじめ定めた規定やマニュアルなどで部門長の指揮で対応する場合が多く、経営者は部門長などの部下の対応を経営として承認するのが任務となる。管理可能性は高く、計画通りにあらかじめ準備していた様々な経営資源を活用して対応できることが多い。

一方、危機管理は、まったくの想定外となる特異で稀で予見不可能なリスクが発生した場合か、あるいはもともと事態管理で対応することとなっていたものが被害想定を超えて影響が経営に拡大するなど管理困難な状況での対

図表5-①　事態管理と危機管理

項目	事態管理	危機管理
予測可能性	一般に、予見可能	特異、稀、予見不可能もしくは管理困難な事由、またはそのような事由の組合せ
対応策	事前に計画した対応措置で対処することができる	規範的な事前に計画した対応ではうまく対処できない。事後対応策はその場で考える
経営者の役割と権限	ラインで対応 **部下の対応を承認**	権限集中 **トップダウンで意思決定**、経営レベル以下は権限委譲
管理可能性	計画どおり、利用可能で適切な資源を有している可能性が高い	組織の価値観に根差した、柔軟で、創造的、戦略的かつ持続可能な対応が要求される

出所：BS11200:2014 Crisis Management Guidance and Good Practice.をもとに筆者追記。

応である。対応策は事前に準備していなかったり、事前に備えていた計画では対処がうまくできない。そのため事後対応はその場で経営を含めて決断しなければならない。経営者の役割はまず経営の中でその事態の全責任を担う執行役員にすべての権限を集中させる。部門間調整などの時間がないことが多いため、他の執行役員の意見を聞くが最後はトップダウンで方針を決定する。細かなところは権限を委譲し部下に任せていく。管理可能性は何らかの経営へのダメージは覚悟する必要があり、どこを救うかなどの判断が求められ、組織の価値観に根差した柔軟で想像的、戦略的かつ持続可能な対応が経営に求められる。

このようにあらかじめ想定していた対処計画（例えばコンティンジェンシープラン（Contingency Plan：不測事態対応計画）などと呼ばれる）を発動する事態管理と、その場で権限を集中してトップダウンで方針を下し、詳細は権限委譲を行い部下に任せる危機管理はまったく異なる。マスコミで危機管理ができていないというときは、実は事前に想定していて対応ができて当然だとする事態管理ができていないというニュアンスで用いられることが多いので注意する。なお、コンティンジェンシープランは災害発生時の対応計画として例えば金融機関の情報システムのバックアップ計画などで用いられることが多いが、戦略リスクが顕在化した場合にあらかじめ備える計画としても作成されている。例えば、ライバル企業が積極的に宣伝攻勢をかけてきた場合にカウンターの宣伝を事前に備える、新商品の売り上げが思ったより伸びない場合のてこ入れ策の事前準備、などがある。

2 事態管理から危機管理への相転移

あらかじめ想定していたリスクが顕在化した場合にその影響の度合いによって事態管理と危機管理の適用が異なる。図表5-②は縦軸はリスクが顕在化したときの業務量で、横軸が被害および影響の大きさを表す。業務量は仕事の量だけではなく難易度も含めた概念を示す。実際にリスクが顕在化したときの被害が小さい場合は、あらかじめ想定していた出来事が様々発生するが、いずれも事前に策定した緊急事態対応策が有効である。経営者は部下

図表5－②　事態管理から危機管理への相転移

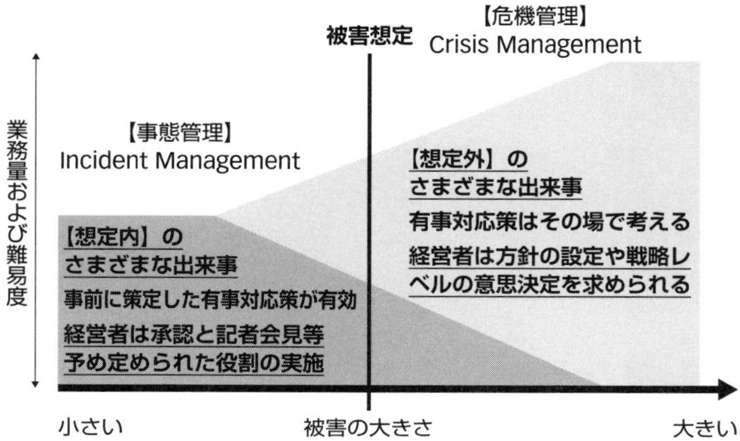

出所：指田朝久「［リスクマネジメント］危機管理のプロシージャー」『月間総務』（2016年8月号）。

が実施している対応を経営として承認することが仕事であり、場合によって記者会見などあらかじめ定められた役割を果たすことでよい。

被害の程度が大きくなり事前に定めた被害想定あたりに近づくと、必ずしも事前に想定していなかったような想定以外の事象に出会うこととなり、その場で短時間に的確な判断が求められるようになる。業務量も業務の難易度も増してくる。

さらに被害が大きくなると、様々な想定外の出来事が圧倒的に多くなり、ついに事前に策定した緊急事態対応の適応が困難になる。善後策はその場その場で考えることとなり、経営者はもはや経営を無傷にはできず、場合によっては一部の事業を切り離すなどのダメージコントロールを行わなければならなくなる。

何を残すのか、どこはあきらめるのかはまさに経営判断であり、危機管理こそ経営者がトップダウンで意思決定しなければならないものである。

このような状況であると経営が判断したとき事態管理から危機管理に相転移が起きたことになる。相転移とは氷の固体から水の液体になるような変化を表す言葉である。危機管理であると経営が判断した場合には、危機管理宣言を行い、その案件に関する日常の分掌業務を一時停止し、担当執行役員に権限を集中させるなど対応体制を切り替えることも必要になる。被害想定を越えたら危機管理かというと、一概にそうとはいえない。事態管理の失敗などがあると、もともとは被害が小さく事態管理のレベルであったものを危機管理に切り替えなければならなくなる場合もある。また被害想定を越えても、事前に構築した緊急事態対応策が機能し抑え込める場合もある。

5-2

危機管理規程：権限集中と権限委譲

緊急事態発生時にすばやく意思決定を行い対策の実現を図るために、対応責任者への権限集中と、詳細を部下に任せる権限委譲を行う規定が必要

- 緊急事態にすばやく意思決定を行うためには、日常時には機能別に責任を分担している体制から、１人の責任者へ権限を集中させる必要がある
- 緊急時には大方針や上位階層の決定は権限を集中させて行うが、詳細の対応は権限を委譲し現場での判断を優先する
- 緊急時の意思決定の正当性を説明するためにあらかじめ規定が必要である

1 権限集中

企業や組織は日常業務を効率的に行うために、組織を設け、その組織を分担して執行役員が責任を持つ。組織間で意見の相違や利害の相違が発生した場合は日常時であれば執行役員同士、部門長同士、担当同士など組織階層間の様々なところで調整が行われる。調整には時間がかかることも多いが、日常時であれば許される時間も多いのが一般である。しかしリスクが顕在化した緊急事態の場合は、部門間で考え方の相違がある場合に時間をとってゆっくりと調整している状況にはない。複数部門のそれぞれの階層で調整がつかない場合は、経営ですばやく意思決定をする必要がある。その場合も執行役員の間で意見が食い違うこともある。緊急事態ではスピードが求められることが多いため、その場合に備えて意思決定権限者を１人にすることが必要である。

中小企業などでは社長がすべてを決めるということもあろうが、大企業では当該緊急事態対応以外であっても並行して大きな案件を判断しなければな

らない場合もある。そのためその事態に関して権限を決めるための手順をあらかじめ定めておく。これを危機管理規程あるいは緊急時対応規定などと呼ぶ。

2 権限委譲

一方、緊急事態担当役員がすばやく意思決定を行う対応体制を構築した場合でも、リスク対応を行っている現場では膨大な難易度の高い業務量をこなさなければならない状況となっていることが多い。この場合、普段の権限規程では執行役員決済となっているような案件でも現場で判断して時間を稼ぐことを求められる場合もある。また、通信状況が悪いなどで都度意思決定の判断を現場から求めることができない場合も想定される。このような状況を想定し日常の職務権限規程を緩め、方向性さえあっていれば現場判断で実施してよいという権限委譲を行うことが有効であり必要である。よく考えればもっとよい選択肢がある場合であったり、コスト削減方法が見つかる場合などもあろうが、日常時であれば時間をかけて対応できることが困難であることにかんがみ、多少の費用の増加や関係者へのご迷惑なども認める対応を行うことが重要である。なお、権限委譲を行った場合に具体的にどのような対応が行われたかは後で検証を行うために必ず記録を残しておく。

3 危機管理規程、緊急事態対応規定の必要性

危機管理規程や緊急事態対応規定を設けて、緊急事態発生時にはその通り対応することにしておくと、あとでステークホルダーから緊急事態対応にあたっての判断や意思決定の手続きに問題がないか疑義を抱かれるようなことは避けられる。また、利害関係が生じた場合にCROなどがすばやく決済することで担当部門の不満などが残らないことも重要である。システムトラブルでお客様への謝罪を行う事態に陥った時に、営業現場からはシステムの責任で謝罪文の郵送で済ましたいと意見が出た事例があったが、最終的にCROは営業社員が1件1件顧客訪問を行うことを選択した例もある。

権限を集中させる経営者の候補は、当該リスク担当の執行役員やCROな

どリスクマネジメントの分掌を適用する場合や、社長や副社長など執行体制の序列による場合もある。また、権限委譲の規定を発動しないでおくと、現場で予算がオーバーであったり、あるいは決済手続きを経ていないなど、あとで職務権限違反を問われかねないとなると、現場でスムーズな意思決定ができなくなりかえって組織を危うくしかねない。現場の士気を鼓舞するためにも権限委譲規定は必要である。

4 危機管理規程に盛り込む要件

危機管理規程で盛り込むべき要件の例には以下のものがある。

①危機管理規程の目的

取締役および執行役員の危機管理の重要性の認識とすばやい危機管理の遂行を目的として定める。

②危機の定義

お客様との関係に重大な影響が生じることおよび当社の存続に大きな影響を及ぼす事象とする。

③緊急事態判定

経営企画部担当執行役員の責任で判定を行う。同役員が判定できない場合の代行は経営企画部長が実施。緊急事態と判定された場合は社長に報告し緊急事態宣言と対策本部設置の要否の指示を受ける。なお、自動判定を定める場合もある。例えば、本社に大規模自然災害等が発生した場合（当該地域震度６弱以上）は自動で緊急事態とする。

④行動原則

人命第一、正確な情報把握に努める、迅速かつ的確に指示する、混乱と浪費を極小化する、報告を適宜事務局に行う。

⑤権限集中

緊急事態対応執行役員をCROとする。緊急事態宣言に伴い当該案件については対策本部が設置され対策本部長に権限が移管されるまでの間、当該案件につき日常の分掌業務の権限を停止しすべてCRO決済とする。

⑥権限委譲

通常の指揮命令系統による指示・命令を受けられない場合は執行役員および従業員が臨機の措置をとることを妨げない。権限委譲により実施した事項は記録に取りその内容を後日報告しなければならない。

⑦対策本部長

社長は必要に応じて対策本部を設置し対策本部長を任命する。対策本部長は事態に応じて、1）社長、2）CRO、またはリスクオーナーの執行役員、3）本部長の３段階から選択して任命する。社長等執行役員が不在の場合は職務代行順位に従った代行を行う。対策本部長は当該案件については日常の指揮命令系統に優先して対策本部名で指揮命令ができ、すべての組織を直接の指揮命令系統の下に置くことができる。

⑧対策本部長または緊急事態対応執行役員は危機管理規程に則って実施した事項について直近の取締役会で報告し取締役会の承認を得る。

以下略

5-3

指揮命令系統の整備

緊急事態の対応は責任を明確にし、指揮命令系統を一本化して実施する。長期間の対応に備えローテーションの対応と代行者の明確化、作業ごとの責任の明確化も重要

- 緊急事態が発生した場合には、日常時とは異なる様々な業務のすべてで責任者を必ず明確にする
- 長期間の対応や本来の責任者の欠員に備え代行者も事前に決めておく
- 緊急事態発生時には執行役員レベルから現場の作業単位のすべてにおいて、その場で責任者と代行者を定める

緊急事態が発生した場合には、その案件ごとに臨時に様々な組織が構築される。その組織ごとの責任者を必ず明確にし、責任の連鎖による統制をかけることが基本である。緊急時対応は状況によっては長期間に及ぶことがあり、また切迫した状況では3交代など昼夜を問わず対応しなければならない事態もある。このため疲労を避けるため必ず代行者を指名し適宜交代することが必要である。責任による業務管理は執行役員から末端の現場の業務まですべてにおいて行われる。この場合地震対策や品質不良などでは代行者を日常時から事前に決定しているところも多いが、代行者も本来の責任者と同様の業務ができなければならないことに留意する。

緊急時では日常時と異なる業務が発生し、またその業務量も日常と大きく異なることがある。そのため本部長の指示で本来の部門とは別な業務への応援を求められたりする場合があるが、それに従って業務を行う。具体的な方法は5-4対策本部の構築で述べる。また、リスクマネジメント部門を総務に置くところもあるが、一般に日常時に総務部門の要員は手厚くないため、緊

急事態発生時に情報収集などでもすぐに人手が不足する。どこかの部門で人手不足が発生すると、その業務が滞ることとなり、緊急事態対応の全体がうまくいかなくなることが多い。人手不足を避けるための１つの手法として、各組織にあらかじめ緊急事態対応要員を定めておき、緊急事態発生時には本来の任務を離れて対策本部長の直下で働く要員の動員などができるようにすると良い。

5-4

対策本部の構築

対策本部は日常時の組織をそのまま当てはめる場合もあるが、機能別組織に組み替えることが有効。情報収集、分析評価、対応、情報共有機能に組み替える

- 対策本部の構築は、日常時の組織をそのまま用いる方法と機能別組織に日常の組織を組み替える方法がある
- 日常の組織をそのまま活用する場合は、日常時と緊急時の業務と要員負荷が異なるため、負担増の部門で対策が滞るおそれがある
- 機能別に組み替える場合は、事前に編成を決めておく方法と、事態ごとにその場で決める方法があるが事前に周知徹底を行う必要がある
- 要員のアンバランスを解消するために、本部長付として各部から一定人数を供出する方法も有効

緊急事態に組織的に対処するために対策本部を設置する。対策本部長は社長、CRO など執行役員、部門長などの違いはあるが、いずれの場合も対策本部長を支える事務局が設置され、実務を行う対策本部の各部門が組織化される。この組織化を行う部門のくくり方に３通りある。

1 日常時の組織をそのまま用いる

日常時の組織をそのまま対策本部長の下につける一番シンプルな方法である。メリットは日常時の体制のままのためわかりやすい。デメリットとしては日常時にはできるだけ階層化しないフラットな組織が有効であったり、マトリックス組織が有効であったりと時間をかけて調整することを前提とした組織になっていることが多いため、緊急時に管理スパンが広がって事務局に負荷がかかるおそれがあること。および細分化されている場合、日常時の業

務量と緊急時の業務量の差が大きくなることが多いため、要員不足になりやすいことである。

2 幹事部を定めその他は臨時に組み込む

日常時のリスクマネジメントの推進と緊急時の初期対応をつかさどる幹事部はあらかじめ決めておくが、対策本部に組み込む部門はリスクによって都度その場で決定する方法がある。この方法を採用しているある企業の例では、幹事部はリスクマネジメントの事務局を担う経営企画部のほか、財務部、法務部、広報部、人事部の5部とする。その他は緊急事態となった案件ごとに関係部を都度対策本部に組み込む運営を行っている。品質関係の事故では製造部、購買部、品質管理部、物流部などが参加する。情報漏洩では情報システム部、総務部文書管理が参加する。メリットは対策立案に関わる部門を絞り込むことで決済を早くすることができる。デメリットは事態対処の対策本部やその中心部門とそれ以外の部門との温度差が生じかねないこと、および要員不足になりやすいことである。

3 機能別組織に組み替える

緊急時には機能別にすべての部門を組み替え、各機能ごとに責任部署を定める方法がある。機能の区分方法はいくつかあるが、ここでは情報に着目し、①情報収集機能、②分析評価機能、③対応機能、④情報共有機能の4つの機能とする。

①情報収集機能：緊急事態に関わる組織内外の様々な情報を収集する。特に企業内外の複数の組織にまたがる案件の場合は、担当当事者は保身にはしるため、かなりの人数をかけないと本当に何が起きたか把握できない。アメリカでは大企業ではまず30人を情報収集に投じるという経験則がある。

②分析評価機能：対策本部長の要の役割であり、収集された情報を読み解き、現状の分析を行いどのような状況であるかを評価し、今後の対応策を計画する。

図表5－③　機能別組織の例

《緊急時の実行組織の整備》

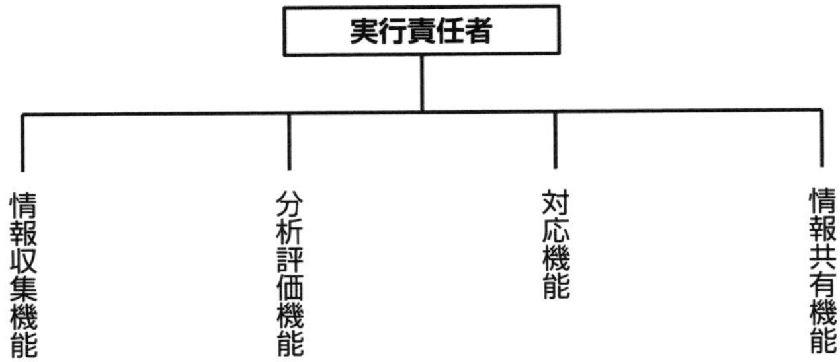

③対応機能：緊急事態対応を行う。ここは日常の組織をそのまま用いることが多い。

④情報共有機能：ステークホルダーをはじめ社内外の関係者と当事者に対して適切に情報を発信し共有を行う。一般に広報部門が担うことが多いが、営業や購買部門がお客様や取引先に説明を行ったり、情報システム部門がホームページ対応を行ったり、お客様相談窓口がコールセンター業務でお客様と直接対話を行ったり、渉外部門が官公庁や自治体に説明することも含まれる。

この４つの機能ごとに執行役員や部門長などの責任者を割り当て対応する。メリットとしては対策本部長や事務局は４つの機能のくくりで対応を検討することができ、負荷が軽減される。要員不足も４つの機能の中で融通することにより解消される。デメリットとしては１階層増えるため指揮命令系統に遅れや祖語が生じる可能性がある。

なお、要員不足を解消するために、緊急事態の宣言がされた場合には、あらかじめ各部門に緊急対策要員として複数名が指定されており、その要員は現場の任務からはずれ対策本部要員として事務局付きになり、対策本部長の指示のもとに適時様々な部門へ応援要員として派遣される仕組みを持っている会社もある。この仕組みであればこの３通りのどの方式でも要員不足を一定程度解消できる。なお、機能別の組織の組み方ではアメリカで発達しているICS（Incident Command System）も有名で、本来は自治体の対応の標準化を目指して構築されたものであるが、優れた手法であるため企業でも取り入れはじめているところが増えてきている。別途5-9ICSの組織で説明する。

5-5

対策本部のエスカレーション

緊急事態が企業に与える影響度の大きさにより対策本部長をどの役職のクラスとするかを変更することが現実的である。臨機に上下させる仕組みを決めておく

- 緊急事態が発生した場合に最終的にどの程度企業に影響が生じるかは初動ではわからないことが多い
- 緊急事態以外にも日常的に経営が判断すべき案件は多くあるため、執行役員の時間配分も含めた経営資源は有効に使う必要がある
- 緊急事態の程度に応じて対策本部長は社長、CRO 執行役員クラス、本部長クラスの３クラスに定め、状況に応じて上下できるエスカレーションの仕組みが有効

緊急事態が発生した場合対策本部を早急に立ち上げ、危機を未然に防ぐ体制を構築することは極めて重要である。一方当初想定していたほど被害が拡大しない場合もあるがその場合いつまでも社長を本部長とした対策本部とすることは執行役員の人的資源の効果的配分からみるともったいない状況であり、対策本部も形骸化してしまうおそれがある。

対策本部長は案件に応じて社長クラス、CRO または執行役員クラス、本部長クラスの３段階で設置できることとし、緊急事態宣言をしたときに合わせて最初はどのクラスで対策本部を立ち上げるか決めることが現実的である。一方、本部長クラスで対策本部を立ち上げたが、予想以上に被害が大きかったりあるいは対応に失敗し企業経営に影響が出るような場合には速やかに執行役員クラスや社長に対策本部長を格上げする必要がある。また地震対策のように震度６弱以上の揺れで CRO を本部長に対策本部を自動立ち上げとした場合に、被害がそこまで大きくなければ総務部長に格下げを行うこと

図表5－④　エスカレーションの3つのレベル

レベル	A	B	C
名称	**緊急対策本部**	**緊急対策プロジェクト**	**緊急対策チーム**
責任者	社長 常時代行 経営企画担当役員	部門担当役員	部門長
権限	本部長に権限を集中 全社方針をたてて全部門が従う	通常の役員の分掌業務による 各部門はプロジェクトに参加し解決にあたる	通常の部門長の分掌業務による 各部門はチームに参加し解決にあたる
緊急事態の程度	経営に与える影響度大 特別なマスコミ対応	経営に与える影響度大 特別なマスコミ対応は不要	経営へのある程度の影響
事例（例示）	大規模地震 大規模リコール 工場火災 法令違反	海外リスク 特許訴訟 リコール 取引先倒産	小規模火災 訴訟 事務ミス
備考	権限の切り替え 経営企画部が事務局になる	事務局は当該部門 経営企画部はプロジェクトに参加しアドバイザーとして活動	事務局は当該部門 経営企画部は報告を受ける 必要があればアドバイスを行う

が妥当な時もある。

そのため一度対策本部の本部長を決めたら対策本部解散宣言まで対策本部長を代えてはならないという硬直的な対応は好ましくなく、臨機応変に変更できる規定を持っておくほうが機動的である。この対策本部の組み替えができる仕組みをエスカレーションと呼ぶ。ある企業の場合、対策本部長の格によって対策本部の名称を変えており、関係者にわかりやすくしている。またエスカレーションの判定はCROが事務局である経営企画部と相談して社長に進言して決定する。

①レベルA（最高）緊急対策本部

本部長：社長、常時代行経営企画部担当執行役員

権限：社長である本部長に権限を集中し全部門がその方針に従う。

緊急事態の程度：経営に影響が大きく、場合によってはマスコミ対応を要する

【例】大規模地震、大規模リコール、工場火災、法律違反など

事務局：経営企画部、各執行役員は社長および事務局に対するアドバイザとなる。

②レベルB（中）緊急対策プロジェクト

本部長：リスクオーナー執行役員

権限：通常の役員の分掌業務による。他の部門はプロジェクトに参加し協力して解決にあたる。

緊急事態の程度：経営に影響が大きいが、格別マスコミ対応は要しない

【例】海外リスク、特許紛争、リコール、取引先倒産など

指揮命令系統は執行役員が指揮をとり事務局は当該部が担う。CROやリスクマネジメント担当部の経営企画部は当該部に協力して事務局を支援する。他の部署はプロジェクトに参加し通常の権限の中で協力を行う。

③レベルC（低）緊急対策チーム

本部長：部門長

権限：通常の部門長の職務権限規程と分掌業務による。他部門はチームに参加して協力して解決にあたる。

緊急事態の程度：経営にある程度影響のあるもの

【例】小規模の火災、訴訟、事務ミスなど

対策本部長の本部長が執行役員の指示をうけながら全体統括を行う。事務局は当該部。経営企画部はアドバイスを行う。他の部門はチームに参画し対応を行う。

5-6

早期警戒システム

緊急事態が発生したことをいち早く社長まで知らせ企業中枢が事態を認識することが必要である。そのための仕組みを構築し周知徹底を図り運用する

- 緊急事態の把握には何らかの方法で企業中枢に情報が連絡される必要がある
- 情報の第一発見者は企業の従業員や関係者である。第一発見者から社長まですばやく情報が上がる仕組みを構築し従業員全員が運用できる必要がある

緊急事態の発生は火災や地震など発生時期が明確なものもあれば、顧客からのクレームや工場の作業員からの意見などから大きな影響のある事態につながることもある。いずれにしろ緊急事態の認識を組織としてできるためには、情報が企業の中枢に報告されることが必要である。第一発見者が躊躇なく報告を挙げるためにはあらかじめ規定を設け確実にそれが運用され機能することが必要である。その仕組みが早期警戒システムである。

365日24時間、いつでも第一発見者は何か異常に気が付いたら、職場の上司に報告する。職場の上司はすぐ本社の当該事態の主幹部門に報告する。当該事態主幹部門はリスクマネジメントの常設幹事部である総務部、法務部、広報部に報告するとともにリスクオーナーである当該部門の執行役員に報告する。執行役員から社長に報告する。なお、並行してリスクマネジメントの事務局部門である総務部は広報部長、法務部長、人事部長にも報告を行い、当該執行役員にも報告を行う。報告はダブってもよい。報告は上がらないほうが怖い。

報告を挙げるときは日常時でも休日夜間であってもよく、当該ルートの責任者がその時不在の場合は飛ばしてよい。場合によっては第一発見者が直接

図表5－⑤　早期警戒システム

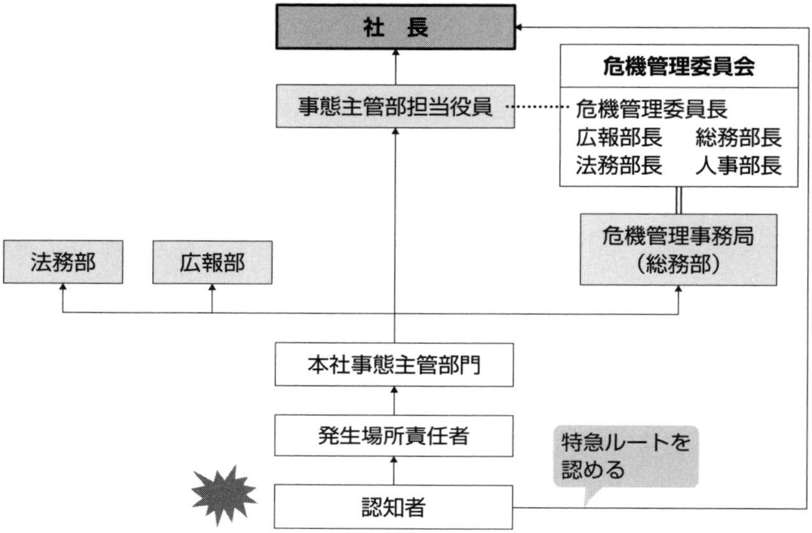

出所：東京海上日動リスクコンサルティング株式会社『リスクマネジメントがよ～くわかる本（第2版）』（2012年、秀和システム）を基に筆者修正。

社長に報告してもよい。これが社長までの特急ルートを認める規定である。この会社は過去に痛い経験があった。電話で報告をしたときに本店の責任者が席外しをしていたため伝言を依頼したが、その伝言に気がつくのが遅れたため大きな事件になってマスコミなどの取材攻勢がはいってから本社が気がつく事態となった。このようなことを避けるため、電子メール全盛の今日においてもかならず電話で本人を呼び出し直接伝えるルールとしている。電子メールは状況によっては未着や遅れもあることに留意する必要がある。

なお、第一発見者は事態に驚いて企業全体でみれば小さいことでも報告することがあり、また見間違いや勘違いなどの誤報もあるが、報告することをほめることとし、決してないがしろにしてはならない。一度でもそのようなことがあると現場では報告をしなくなったり、確認に時間をかけて報告が遅くなることがある。緊急時では不完全な情報でもよく、なによりも速度が重要である。

コラム⑮　危機の特徴

危機は音もなく忍び寄り一番都合が悪い時に突然襲い掛かるという格言がある。多くの大企業などではリスクマネジメントがある程度実施されており、事態管理も整い事件や事故は仮に発生してもすぐには大惨事にはなりにくい。しかしながら悪い要素が3つなど複数重なると対応に遅れや失敗が生じ企業経営を揺るがす危機となる。

リスクマネジメントではスイスチーズモデルが昔からいわれている。スイスチーズを薄く切ったものにはいくつか穴がある。1つひとつの切片がリスクに対応する防御策であり、複数の様々な防御を行う多重防御がされていることが多い。しかしこの切片は揺れ動いておりたまたま各切片の穴が重なり合うと向こう側までいっぺんに通ってしまい多重防御が破られ大惨事になる。

普段であれば多少の出来事でも影響は緩和されるはずが、たまたま受注のピークに工場火災が発生したり、決算期に重なって為替が乱高下したり、売り上げ低迷期に重なって製品事故が発生したり、たまたま担当者が夏季休暇だったりなどがある。上場企業の工場火災の事例では社長と工場長が一緒に海外視察に行っていた時に発生し、指揮命令の遅れと広報対応ができなかったため風評災害を招いた事例などもある。

リスクは決してゼロにはならない。優先順位が低くめったに発生しないだろうと考えていたリスクが突然発生することもある。いつか必ずリスクに襲われ得ることを経営者は覚悟しておく必要がある。そのときに安心して対応ができるよう日常時のリスクマネジメント体制を構築しておくことが肝要である。

過去の事例から学ぶことも重要であるが、過去にうまくいったからといって危機は決して同じようには起こらない。また幸運も同じようにはやってこないことを認識し、事件事故から運よく回避できたものや、もしかしたらとんでもない状況に陥ったかもしれない事柄を想像し、教訓もつかむことが必要である。

5-7

緊急事態の対応計画の策定

優先順位の高いリスクが発生した場合の対応計画をあらかじめ策定しておく。組織が連携して対応できるようフローを構築して共有することが有効

- 優先順位が高いリスクはいずれ顕在化すると認識し、発生した場合にどのように備えるかの対応計画を事前に策定する
- 対応計画は多くの部門が関与することが多いため、迅速に対応できるようにあらかじめフローを構築し関係者で共有する
- 的確に運用するためにはマニュアルを作成し教育・演習を行う

優先順位の高いリスクは、万が一リスクが顕在化した場合には企業経営に与える影響が大きくなることが予想されている。そのリスクが発生しないように抑止策や発生した場合にも影響が小さくなるような軽減策が策定されている。それでもリスクが顕在化した場合に企業全体として組織だって備えるために対策本部などの規定を設け、早期警戒システムを構築しておく。そして緊急事態が発生したら対策本部を立ち上げて対応を行う。具体的な対応策はリスクごとに作成していく。多くの組織が秩序だって対応を行うためあらかじめ対応方法はわかりやすくフロー図を作成して多くの関係者が共有することが好ましい。

図表5-⑥は食品に異物が混入したことを想定し、製品を回収しリコールする場合を想定した中小食品製造業向けのフロー図である。

この図のように異物混入の第一報がお客様や小売りあるいは官公庁などから入ったところからスタートする。第一報を受けCROを中心に初動対応を行う。事実確認と原因究明、お客様などの企業の被害想定（お客様の被害想

図表5－⑥　食品リコール事態対応例

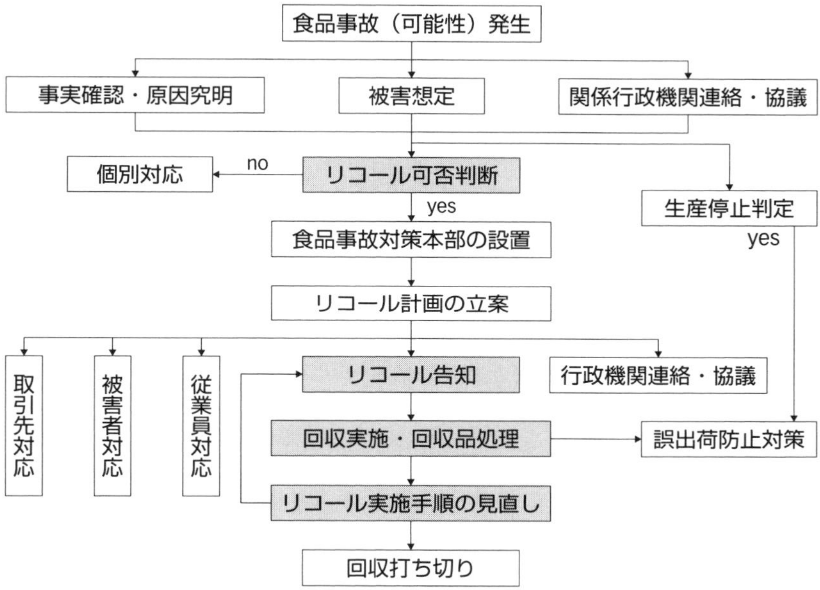

出所：「平成20年度　農林水産省補助事業、食品業界の信頼性向上セミナー（実践版）」テキスト。

定を含む)、官公庁や自治体の行政機関への連絡協議の3つを平行して実施する。行政機関ではアドバイスももらうことができる。それらを踏まえて経営で食品の回収リコールを行うか否かを判定する。リコールをしない場合には当該お客様などへの個別対応を行う。リコールをする場合は社長やCROなど執行役員を責任者とした対策本部を設置し、具体的なリコール計画を策定する。被害者への対応のほか、売り場に並べられた商品を回収するための段取りを調整する取引先対応、日常業務を中断し回収業務を担当する従業員対応、行政機関への届け出などの対応などを行う。中でもお客様の家庭にある商品をいかに回収するかは手間がかかる課題であり、新聞告知や売り場での告知、ホームページでの告知など様々な対応が必要である。告知による問い合わせ対応も準備する。商品返送にあたっての代金返金手続きや取引先からの回収のためのトラック手配、回収品を処分するまでの間の倉庫の確保なども行っていく。並行して製造工場は適宜出荷停止措置や製造停止措置を行い、該当製品が誤って再出荷されない措置も行う。

このような対応を済々と行い、回収率の経過をみながら時期をみて回収を終了する。

このように食品業界では製品回収は当然想定されるリスクの顕在化の１つであり、今の時代では中小企業であっても適切に対応できることが世間から要求されている。製品回収を想定外にせずに事前にあらかじめ想定される事態に備える事態管理としてできるよう準備することが必要である。

5-8

ICSの概念

アメリカでは山火事、地震、風水害、テロなど想定された事件事故への緊急事態対応に、外部組織の応援も組み込んだICSという仕組みがある。企業の事態管理に応用されはじめている

- アメリカではICS（Incident Command System）が行政を中心に企業にも採用されている
- 山火事や地震、風水害、テロなどへの対応で、近隣自治体や州政府、連邦政府、企業など多くの応援や協力を得て対策を行う仕組みである
- 考え方や仕組みは標準化され、企業では様々なリスクへの事態対応に応用されている

アメリカのカリフォルニア州では地震や洪水、暴動などのほかに山火事による住居焼失が懸案事項となっている。大規模な山火事が発生すると地元の消防だけでは対処できず、近隣の消防や州政府などの応援を受けて対応することになる。1980年から1990年初頭にかけて何回か鎮圧に失敗し2000棟以上が焼失するに至った災害も発生した。この時の教訓として地元消防と応援に駆け付けた各消防との間で意思疎通ができておらず、効果的な消火活動ができなかったことが指摘された。

そこでカリフォルニア州では消防をはじめ各地域の地方政府が合同で対応するときの標準化を図った。この標準化が有効であることが認められICSが開発され、現在は国の標準であるNIMS（NIMS：National Incident Management System）としてほぼすべての州が採用することとなった。

さらに複数の国などの共同対応にも役立つことから、その一部が国際標準規格にも取り上げられ「ISO22320:2011/JISQ22320:2013 社会セキュリティ—緊急事態管理—危機対応」に関する要求事項となった。

このICSの考え方は、想定されるリスクに対する対応組織を整備する考え方が標準化されていることから、自治体の災害対応のときだけではなく、企業の緊急事態対応組織の考え方にも応用されてきている。ICSは複数の組織が共同で対処することを念頭に標準化を行っているが、企業が単独で緊急事態組織を立ち上げて対応する場合でも会社の組織の多くの部門から動員を諮って対処するときや、関連会社や取引先なども含めて対処する場合に有効である。

5-9

ICSの組織

ICSでは機能別に組織を組み替える。基本の機能は指揮、情報作戦、業務対応、後方支援、庶務財務の5つである

- ICSでは機能別に組織を組み替える。機能の下には様々な役割（ファンクション）が規定されており、通常の組織はその役割に紐づけられて組み替えられる
- 基本機能は指揮、情報作戦、業務対応、後方支援、庶務財務の5つである
- 動員規模は事態の大きさにより臨機応変に設定できるが、いずれの場合でもこれらの5つの機能を考慮する必要がある

①指揮：当該案件に対する最高意思決定者（コマンダー：指揮者）および指揮者を支える副官などのスタッフで構成される。当該案件の最終的対処を決定するほか、当該案件に携わる人々の安全と健康の確保、広報などの情報共有、他組織との情報連絡・連携（リエゾン）などが副官の役割として与えられる。

②情報作戦機能：当該案件の様々な情報収集と状況判断および今後の対応を検討し指揮者に提供する。ICS全体のブレーンとなる。資機材および人材の動員計画や解除計画なども担当する。現状の状況認識を統一するために、現状をわかりやすく簡潔に整理するポジションペーパーの作成を行う。

③業務対応機能：日常時の役割の発揮を行うこととなることが多い。自治体の災害対応では、住民の避難誘導、避難所対応、医療、保健、検死、警察・治安維持、交通管制、通信、土木、建設、消防・救急救命、などがある。企業などではそれぞれの案件対応を行うこととなる。

④後方支援機能：業務対応機能が円滑に業務を実施できるように後方支

図表5－⑦　ICSの基本的機能別組織図

《ICSの実行組織の整備》

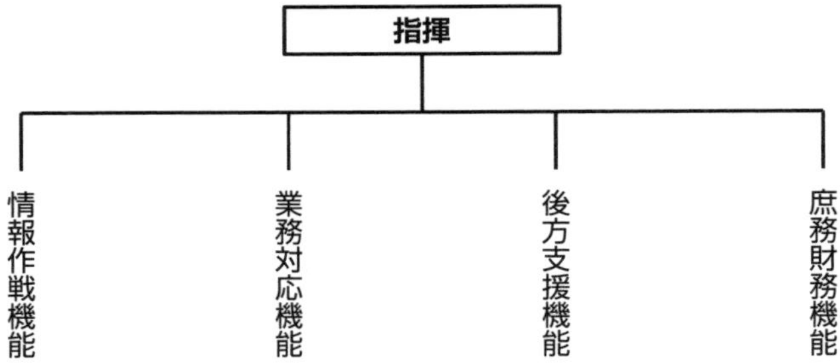

援、いわゆるロジ回りを実施する。アメリカは伝統的にこの後方支援が充実している。通信機材の確保、臨時の衣食住の提供、施設管理、トイレなどの確保、運輸・トラック輸送、ボランティアの動員、資機材の確保、情報システムの手配など。

⑤庶務財務機能：業務対応および後方支援なども含め人材の手配と資機材の手配に関わる事務。残業を含む労働時間管理、契約締結、事故時の保険適用、給与、売掛金などの支払いなど。契約社会であるため緊急事態対応時の臨時の契約事務や手配事務は膨大になる。縁の下の力持ちである。

ICSではこれらの機能やファンクションのすべてに対して、既存の組織のどこが責任者でどこが副責任者であるか、どこの部が要員提供を求められるのかが案件ごとに規定されている。

5 - 10

ICSの行動要領

緊急事態で対策本部が立ち上がり動員されてから動員解除になるまでの行動要領が定められている。疲労防止のため責任者も交代が前提であり、そのため代行者も同様のコンピテンシーが求められる

- 指揮者から末端のメンバーまで動員された要員は動員から解除までの共通した行動要領が定められている
- 緊急事態では直接指揮できる人数は 7 人以下との経験則が定められており、それを上回る場合は階層を設けていく
- 疲労防止のため交代が前提であり、そのため個人ではなく役職名での通達方式を用いている。また、交代者も同様のコンピテンシーが求められる。役職名での指揮命令と同様な能力の交代者の参加を前提とすると、365 日 24 時間での対応が円滑に進む

1 共通した行動要領

緊急事態が宣言され対策本部が立ち上がり、指揮者をはじめ末端まで要員がその対策本部活動に参画する。そのため動員から動員解除まで行動要領が定められている。

①説明を受けること。例えば出頭先、時間、予想業務時間、業務概要、移動手段、通信手段の確認をする。

②各自の任務に必要な機材を持参すること、および身の回り品は持参すること。

③任地に到着した場合は登録手続きを行うこと。

④通信の際には災害事故時の名称を用いる。要員に関してはICSの肩書きを用いる。

⑤直属の管理責任者から状況の説明を受ける。自分の業務内容を確実に理解する。
⑥必要な機材を調達し仕事場を確保する。
⑦配属された部下を組織に編成し、状況説明を行う。
⑧各行動時間の終了時点および必要に応じて動員解除の時点で各自の活動を要約して報告する。
⑨必要な報告書や書類を作成し、管理責任者または文書課に提出した後、任地を離れる。
⑩計画に従って復員する。

動員のときに説明をよく聞き自分の役割をしっかりと把握し、任務終了時には後任にわかりやすい引き継ぎ書を作成していく。働いた時間の管理なども的確に行うことが後で混乱による二度手間を避けることとなる。また、他の部門などとの情報交換や指示などでは役職名称を使うことにより、次々と交代者が同じ役職名で引き継いでいくことができる。

2 行動規格

ICSでは必要に応じて階層構造を作っていく。ICS運用の実際の経験則から緊急時に直接部下に指示するような状況では部下の人数は7人が限界である。そのためいろいろな班や課、チームなどを編成していくが規模が大きく直接指揮する部下が7人以上になるような状況では、機能別や地域別などの階層を作り直属の部下が7人以下になるようにする。特に緊急度が大きい場合は5人以下がよい。このように規模が大規模になると階層構造が深くなっていく。

一方、終息期には要員の動員解除とともに階層を減らして縮小していく。このように大規模でも小規模でも、また1つの事態の拡大期終息期に合わせて適宜組織を柔軟に編成替えできるところもICSの優れているところである。

活動時間は長くても12時間とし、4時間、8時間などを定める。この活動期間の終了時には、次にどのような状況であることを目指すのか目的や目標を明示する。また、最高指揮官であってもこの期間で代行者等に交代する。これにより疲労を防ぐことができる。交代を行う場合は引き継ぎ書を必ず作成する。その時点での状況を統一するためであり、この引き継ぎ書をポジションペーパーという。状況認識が統一できているからこそ、権限委譲によりトップの方針が末端まで伝わり現場で方針に沿った意思決定ができる。また引継書類を所定のフォーマットで作成していくと、それが定期的な報告書にもなり、あとでの振り返りや検証に活用できる。

3 ICSの機能の発揮

ICSは山火事などでの大規模災害で近隣自治体や州政府、連邦政府および民間企業などの共同対応が必要な時に有効である。規模の大小にかかわらず基本的な組織図と役職名が共通であり、またそれぞれの任務も共通である。したがって応援部隊であっても当該組織名と役職名を使って代行が可能となっている。例えばサンフランシスコの対策本部の代行を同州の都市・サクラメントの同じ役職の人が交代勤務で一部を担うこともできる。自治体の複数の部署から交代でICSのある課長や班長も務める。また、指揮命令系統は一元化され、地元の市長や対策本部長の下に、他の自治体や、場合によっては州政府や連邦政府の応援部隊が傘下に入る。

また企業などに務めているが自治体の災害対応にあたっては非常勤で自治体職員としてICSの下でプロボノとして働くことも行われている。ボランティアは日本では力作業のイメージが大きいが、アメリカでは専門能力を持つ人の無償の支援活動で、例えばプログラマーや診療療法士などがプロボノとして参集する。大規模な災害では全米からOB・OGのみならずボランティアが集まってくる。

なお、欧米ではコンピテンシーが重視されており、試験合格で資格を取り、その試験で活躍できる現場対応の経験の積み重ねが次の上位の受験資格になる制度が一般的なため、個人にとっては災害対応の経験ポイントを獲得するためにプロのボランティアが被災地に参集する。また、送り出す自治体や企業も配下の職員の経験値が増すほうが好ましいためボランティア活動は歓迎される。

日本でも災害時の業務が共通化しやすい市町村や都道府県あるいは企業でもライフライン関連企業など公共性の高い業種の災害対応に、このような制度設計が応用できると考える。

日本企業でICSを応用する場合は、グループ会社間や共同作業が必要な協力会社間、全国から動員をして対処するインフラ企業などで参考になる点が多い。また疲労を避けるために交代勤務で対応するところは日本企業や自治体で見習うところである。日本では災害等が発生すると、災害対策本部要員が不眠不休で活動し、3日目頃には全員が疲れきってしまうことがよくみられる。メンタルに支障をきたす例も多く報道されている。これらは決して美徳ではない。適宜交替し休息を取ることを徹底すべきである。

5-11

対策本部のレイアウト

対策本部は、機動的に効率的に活動できるようあらかじめ場所の確保とレイアウトを定め備品などを準備しておく。グローバル企業では常設化されてきている

- 対策本部は機動的かつ効率的に要員が活動できるように、あらかじめ場所とレイアウトを定めておく
- 対策本部には通信機能やパソコンなどの他各種備品が必要であり、常備しておく
- 365日24時間で世界のどこかのグループ会社やサプライチェーンの会社が稼働している状況では、対策本部は常設し、担当要員も3交代で対応しているところも出てきている

1 対策本部

新型コロナウイルスにより本社部門をテレワークに切り替えたところも多いが、万が一、広域停電などで通信機能が制限された場合などでは、対策本部要員は一か所に集まることが有効になる。また、一般に一か所に集合して公式非公式の様々な情報に触れることにより、対応漏れの発見や対応案の柔軟性の確保ができる可能性がある。そのため対策本部はある程度の広さを持ち一定規模の要員を常駐させることができる空間を確保することが必要である。

緊急事態の内容にもよるが、地震や風水害などでライフラインが機能しない場合も想定すると、エレベータなどが止まっても移動がしやすいビルの低層階の会議室などが好ましい。また社長室や総務、経営企画など主要な部署と近接しているところが行動しやすい。なお、正規の対策本部が自然災害や

テロなどで使用できない場合に備えて。予備の対策本部設置場所をあらかじめ別な建物に定めておき、同規模か一回り小ぶりの部屋と設備を準備することが望ましい。アメリカ企業では、テロや事務所火災などに備えて移動しやすい近隣の支店に1か所、また自然災害など広域災害に備えて離れた同時被災しない場所にもう1か所備えている。

2 対策本部のレイアウト

対策本部はその機能に合わせてあらかじめレイアウトを決めておく。レイアウト例として図表5-⑧を参照いただきたい。その部署に必要な通信回線(電話、インターネット)、パソコン、プリンター、FAXなども準備する。対策本部には各機能やファンクションの責任者とスタッフの最低2名ずつが集う。対策本部長である指揮者と支援するスタッフがいるところは別室とする。また情報を収集し分析を行い作戦立案や計画を取り扱う部門では、様々な情報が入ってくるところでもあり、要員が一定程度必要なため広いスペースを確保する。情報共有ができるプロジェクターやホワイトボードなども用意する。日本の自治体などで上席者の席が立派でかなりの空間を占めるレイアウトも散見されるが、緊急事態の場合はできるだけ機能的にコンパクトな空間と、場合によっては臨時にレイアウトを組み替えることができるほうが機能的であり、有効である。

机を4つ組み合わせた島レイアウトも多いが、意外に情報を共有し張り出すスペースがない。そのため壁をホワイトボード仕様にし情報をそのまま書きつけることができるようにしたり、壁に机をくっつけて配置するなどのレイアウトも有効である。

記者会見など情報発信を対外的に行う場合は、別室を設けてそこで新聞記者を入れて説明するなど、また外部協力者との協働作戦を取る場合には、そのための情報共有スペースを確保する必要がある。真贋が確定していない生の情報や企業の機密情報が外に漏れない工夫も必要である。

図表5-⑧　対策本部レイアウトの例

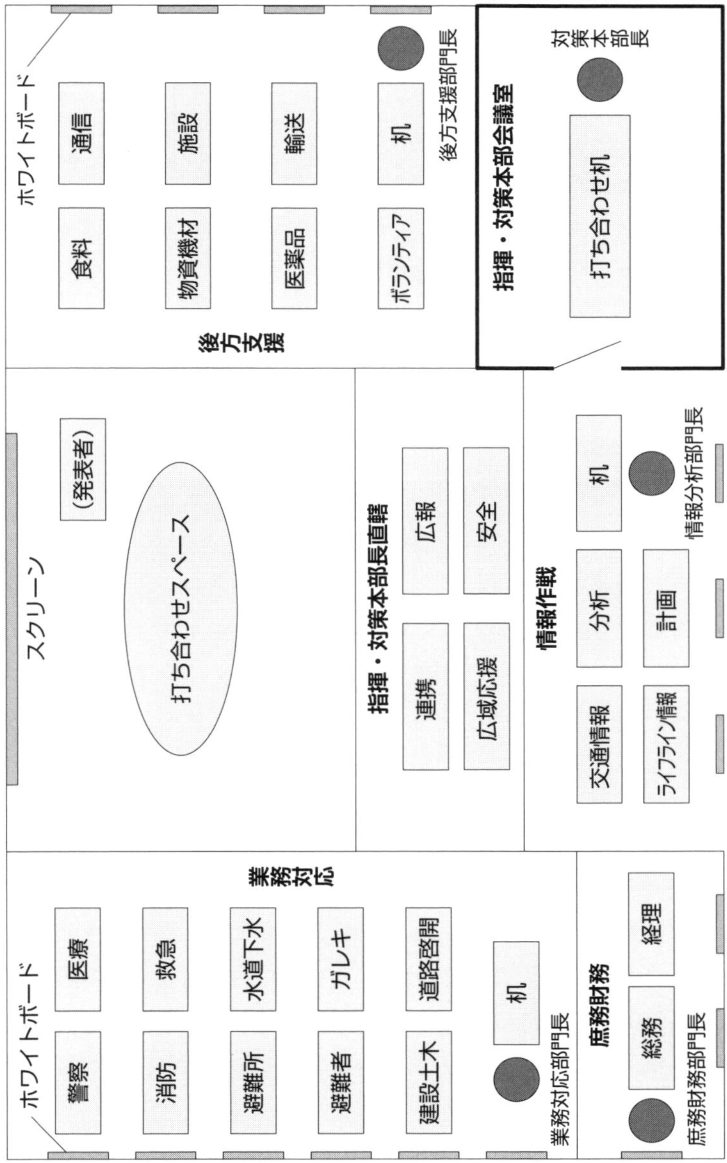

ホワイトボード
通信
施設
輸送
机
後方支援部門長
食料
物資機材
医薬品
ボランティア
後方支援
指揮・対策本部会議室
対策本部長
打ち合わせ机
スクリーン
（発表者）
打ち合わせスペース
指揮・対策本部長直轄
広報
安全
連携
広域応援
情報作戦
机
情報分析部門長
分析
計画
交通情報
ライフライン情報
業務対応
ホワイトボード
医療
救急
水道下水
ガレキ
道路啓開
警察
消防
避難所
避難者
建設土木
机
業務対応部門長
庶務財務
経理
総務
庶務財務部門長

3 対策本部の備品

対策本部を一般の会議室に割り当て、緊急事態が発生した段階で対策本部に切り替える場合は、レイアウトの切り替え訓練を定期的に実施するとともに、対策本部の設営に必要な備品を近隣の倉庫などに格納準備しておく必要がある。勤務時間中であれば30分以内にその会議室を使っていた人に移動してもらい、レイアウト変更を完了させるような対応ができるよう訓練をしておく必要がある。対策本部に必要な備品は以下のものがある。

【対策本部に必要な備品（例）】

電話回線、インターネット回線、構内LAN、電話機、携帯電話、携帯電話充電器、コンセント、延長コード、パソコン、プリンター、プロジェクター、端末間接続コード、FAX、電子黒板、コピー機、用紙、模造紙、マジック、筆記用具、磁石留め具、ホッチキス、セロテープ、ガムテープ、社員名簿、連絡網、事業所一覧、企業・会社案内、ディスクロージャー資料、マニュアル、地図、テレビ、ラジオ、食料品、飲料水、トイレ、電灯、ランタン、毛布、時計、腕章、名札、マイク、メガホン、など

特に重要なのは通信回線である。一般に会議室では固定電話が1つしかないことが多い。最近は携帯電話を各自が持ち寄ることで通信回線の確保を行えるようになるが、様々な書類の整理や社内通達文書を速やかに発信するには、会社で日常使用しているLAN等の通信回線とパソコンなどの機材が対策本部で常時使えるよう事前準備を行う必要がある。

グローバル企業では、主な現地工場の現地時間を表す時計を複数壁に設置しているところもある。なお、コンセントは意外に必要になるので予備を配線しておくとよい。また、地震などで停電を想定した場合は、非常用発電機から対策本部設置場所の会議室のコンセントに電気が供給されるよう配線がされているかを確認しておく。

5-12

情報の吸い上げ

事態管理において指揮命令の方法に注目が集まるが、現状認識や計画策定のためには様々な情報収集が欠かせない。どこから情報が入るか情報入手ルートをあらかじめ確認しておく

- 対策本部組織図を作成すると、組織の実施事項を中心に構築される場合が多いが、実施事項の進捗状況や他組織との連携状況など、様々な情報収集が意思決定には欠かせない
- どこからどの情報が入手されるのか、あらかじめルートを整理する
- 指揮命令を動脈とすると、その進捗管理など静脈情報の収集も重要

対策本部組織図を構築すると、多くの場合その組織で対策を実施するために有効な組織図を構築することが多い。一方、状況の把握を行い作戦計画を立案するためには様々な情報を収集する必要がある。また、取引先や同業者、自治体など多くのステークホルダーと協力関係を構築して対応策を行う場合は、それぞれ関係機関に依頼した事項の進捗情報の収集や、関係機関からの要請の受け入れなども必要になる。

また、対策を実施した場合にその対応策がうまくいっているのか、その対策によって顧客や取引先あるいは市民などに影響が生じていないかなどの情報収集も必要である。これらの情報は指揮命令が動脈とすれば、静脈の情報であり、幅広いところから静かに情報がトップに上がってくることになる。

図表5-⑨はICSの対策本部のどのチャネルにどの情報が入ってくるかを示したものである。情報作戦、業務対応、後方支援、庶務財務は組織としての実務を行うため、それぞれから進捗情報が対策本部に挙げられる。さらに情報作戦の組織はその事態対応に関する様々な学識経験者やコンサルタント

図表5－⑨　ICSにおける情報収集ルートの整理

● 幹部（スタッフ）は指揮者に**現場の状況を伝える**とともに、**意見具申**を行う
● 指揮するほうに意識が向かうことが多いが、**情報がどこからはいってくるか**を押さえることがとても重要……企業への応用でも重要な留意点

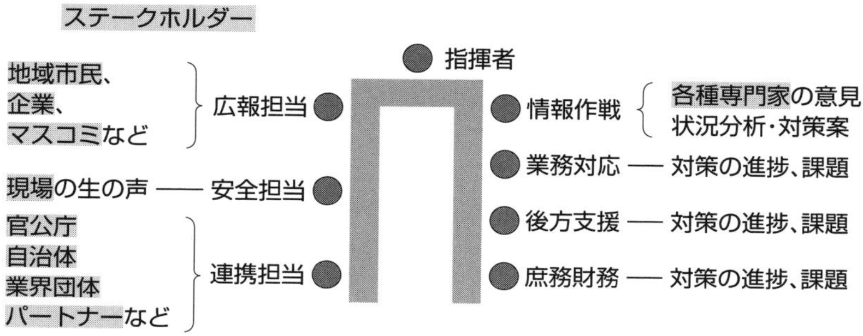

などの専門家の意見が挙げられる。一方、左側の指揮者直属のラインからはステークホルダーの様々な声が吸い上げられる。まず広報は静脈情報として、市民やマスコミ、企業など不特定多数の様々な意見を直接の問い合わせや情報センターへの苦情、SNSなどのネット情報などから収集する。安全担当は現場に監察担当者を派遣することにより、業務を担っている社員や関係者の生の声を吸い上げる。特に緊急事態対応時には無理をしがちであるため、現場の疲弊状況など業務部門の上下関係の中ではなかなか言えないような現場の声を収集する。連携担当いわゆるリエゾンは、関係諸団体にこちらからの依頼事項を伝えるとともに、官公庁、自治体、業界団体、パートナーなどの相手側からの要望や苦言などを吸い上げることとなる。

あらかじめ組織は緊急事態対応を行うにあたり、その対象となる事象に合わせて、必要な情報や市民対応など特に重要視すべき情報をどこから入手するかのルート整理を行う必要がある。

5 - 13

緊急事態マニュアル

日常時の業務の引継ぎに必要なマニュアルと、緊急事態発生時に必要なチェックリストを両立させる文書体系を構築する。平時のマニュアル緊急時のチェックリストとなる

- 緊急事態発生時の取り組みを円滑にすすめるためには各種規定を整備し、実施手順やノウハウをまとめる必要がある
- 緊急事態発生時は時間が限られており、分厚いマニュアルを読む時間はない。緊急時にはノウハウを持つ各々の責任者がチェックリストをもとに指揮をとる
- 日常時は人事異動を考慮し、引継ぎ者が緊急時の任務を認識し、業務内容を理解するのに必要な一定程度の文章量のマニュアルが必要
- 平時と緊急時を両立させるために階層構造をもったマニュアル体系が有効

1 平時のマニュアル緊急時のチェックリスト

想定されるリスクが顕在化した場合に影響度を低減させるためには、緊急時対応を全社的に組織立って行う必要がある。そのために緊急時の組織図や各組織の任務を定めた規定、各業務の内容およびその業務を実施するための詳細な手順書などが体系だって必要となる。これらを丁寧に記述すると一定程度の文章量となるマニュアルとなる。日常時のマニュアルは、要員が一定期間に人事異動で入れ替わるときも引継ぎのためにも有効である。新任者がその緊急時対応の任務と業務を理解し、先人の経験やノウハウを短時間で吸収することができるように活用する。

一方、緊急事態が発生した場合には、対処時間が限られこれらの分厚い文章を読み込む時間はない。緊急時への対応は緊急時の任務を認識し業務内容

を熟知した要員が、緊張感などで取り組み漏れが発生することを防ぐためのチェックリストに基づき臨機応変に指揮をとることが求められる。

2 平時と緊急時を両立させる階層構造を持つ文書体系

緊急事態マニュアルは優先順位の高いリスクに共通に適用できる部分と、個々のリスクごとに決まる部分とがある。また日常時と緊急時で用いる部分が異なる。これらを両立させるために、日常時に用いる部分と緊急時に用いる部分、また担当者が自分の分担部分のみを活用できることを目指し、4つの階層構造を持つマニュアルを紹介する（図表5-⑩参照）。

(1) レベル1　危機管理マニュアル

危機管理や緊急事態対応などの全体像を規定する文書となる。リスクマネジメントや緊急事態対応の規範文書となる。ISOなどを参照し適宜自社の日常時と緊急時の双方の要求事項を記述する（なお、この例では事態管理が対象であるが、社内的にインパクトの強い危機管理という用語を使っている）。

(2) レベル2　緊急時業務手順書

緊急時に用いる文書。緊急事態が発生した場合またはそのおそれがある場合に対策本部を立ち上げるときから適用する。規範と規則を中心に対策本部の権限や組織などを定める。また様々なリスクに伴う個別のチェックリストを時系列一覧表（詳細は次節）としてここに位置付ける。

(3) レベル3　業務指示書（初動）

緊急事態が発生した場合の様々な業務について、具体的な手順を示した文書。リスクごとおよび業務ごとに記述する。この事例では20あまりしか記述がないが、実際はリスクごとに様々な業務があり相当な文章量になる。しかしながら、個々の責任者および担当者は自分の分担のところを把握すればよい。

図表5－⑩　緊急事態マニュアルの階層構造

災害対策マニュアルの例（Incident Management）

〈レベルⅠ〉危機管理マニュアル
0.　マニュアルの使い方、読み方
1.　危機管理方針
2.　計画
2.1　被害想定の実施
2.2　地震対策危機管理の目的・目標
2.3　地震対策危機管理計画の策定
3.　実施および運営計画
3.1　体制および責任
3.2　情報の処理
3.3　文書管理
3.3.1　マニュアル
3.3.2　文書管理
3.4　運用管理
3.5　緊急事態への準備および対応
3.5.1　事前準備
3.5.2　緊急時の業務
3.6　教育演習
4.　点検および是正処置
4.1　日常点検
4.2　予防処置
4.3　記録
4.4　監査
5.　最高経営者層の見直し

〈レベルⅡ〉緊急時業務手順書 ［コアメンバーの初動マニュアル］
1.　コア業務と理念
2.　被害想定概要
3.　災害対策本部長と代行順位
4.　災害対策組織と権限
5.　災害対策本部の設置
6.　組織別時系列実施業務一覧表

〈レベルⅢ〉業務指示書（初動）
1.　初期動作
2.　初期業務チェックリスト
3.　安否確認
4.　連絡手段
5.　災害対策本部設置基準
6.　非常用電源供給要領
7.　被害把握要領
8.　お客様担当窓口設置要領
9.　被災地従業員の翌日の行動基準
10.　本店被災時の各部門の移転先
11.　行政機関、自治体などへの連絡報告要領
12.　交通規制内容
13.　相互応援規定
14.　バックアップ支店の実施業務
15.　初期対応基準
16.　被災地先遣隊派遣規則
17.　アマチュア無線等活用要領
18.　グランド、厚生施設開放基準
19.　顧客連絡要領
20.　復旧業務関連業者連絡要領

〈レベルⅣ〉業務報告書等	
3-1	安否確認チェックシート
3-2	コアメンバー一覧表
5-1	拠点の電話番号FAX一覧表
5-2	拠点地図、入館要領
7-1	被災状況報告シート
17-1	アマチュア無線等資格者一覧表
19-1	顧客連絡先一覧表
20-1	復旧業務関連業者連絡先一覧表

出所：東京海上日動リスクコンサルティング株式会社『リスクマネジメントがよ～くわかる本（第2版）』（2012年、秀和システム）より著者修正。

(4) レベル4　業務報告書

緊急事態が発生したときに用いる様々な報告様式や連絡先などから構成される。

緊急事態発生時には、対策本部はレベル2の緊急時業務手順書とそこに含まれるチェックシートおよびレベル4の各種様式や連絡先リストを用いて緊急事態対応を実施する。また日常時では各責任者や担当者は各自の任務によりレベル2、3、4を熟読する。対策本部事務局やリスクマネジメント委員会の事務局は必要に応じて全体を読み込むこととなる。

5 - 14

時系列一覧表

緊急事態発生時における各部門のリスクごとの行動計画全体を一覧のサマリーシートにまとめ、対策本部長および事務局は時系列に実施事項を把握する

- 緊急事態発生時には各部門で実施する優先業務を時系列を追ってまとめることにより、事態収拾までの全体の進捗を把握する
- 時系列は、初動期、展開期、安定期、撤収期の４区分でまとめる
- サマリーシートでは各部門各期の実施業務のうち特に重要な３つ程度ずつに絞り込み、事態収束までのおおまかな流れを把握できるようにする

リスクごとにそのリスクが顕在化した緊急事態では、どこの部門がどのような業務を実施するかを、事前に定めることが緊急事態を円滑に対応するうえで重要であり有効である。この全体をまとめたサマリーシートを時系列一覧表と呼び、対策本部の幹部や要員が緊急事態時に進捗管理を行う際に活用する（図表5−⑪参照）。

時系列は主に４つに区分する。①初動期：緊急事態発生後に対策本部が事態を認識した直後の初期動作を表す。②展開期：緊急時に様々な業務を実施するが、そのための準備期間、段取りをしている期間、③安定期：緊急事態においてあらかじめ実施しておくと定めた業務。例えば製品回収では、製品回収を済々と実施している状況での業務。④撤収期：緊急事態での業務を終了し日常時に戻すときに必要な業務。

緊急時における組織ごとにまとめるか、日常時の部門でまとめるかは自由であるが、その部門ごとにサマリーシートでは各期で重要な業務を３つ以内に絞り込み記述する。このサマリーシートは全体の進捗を把握し、今後どの

図表5－⑪　時系列一覧表の例

部門	初動期	展開期	安定期	撤収期
経営企画	1. 対策本部設置 2. 社長、役員への報告 3. 情報収集センターの設置	1. 影響度の把握（1週間程度の停止と予測） 2. 商品の供給継続の検討、OEM、他工場への移管、マニュアルによる生産等	1. 停止が1週間以上長引く場合の影響度把握と対策検討 2. 復旧後の増産計画の策定	1. 増産計画の実施と進捗管理 2. 影響度の把握
総務	1. 対策予算計上 2. 応援要員選任	1. 1週間停止の場合の損害額推定 2. 応援者指名	1. 1週間以上停止の場合の損害額推定 2. 1週間以上停止の場合の対策費推定	1. 損害額の確定 2. 代替休日の取得等の管理
法務	1. 権利関係の確認	1. 賠償事案および賠償額推定	1. 賠償請求案件の対応準備 2. 原因究明に伴う求償準備	1. 賠償関係業務の実施 2. 求償関係業務の実施
広報	1. 情報収集 2. 記者会見準備 3. 社外リリース文準備	1. 記者会見の実施 2. フリーダイヤルの設置 3. 顧客対応窓口の拡充	1. マスコミ対応の確認 2. 社内への情報提供	1. 生産復旧記者会見の実施 2. フリーダイヤル等の撤収 3. 株主への情報公開(総括文書)
情報システム	1. 原因究明開始 2. ソフトウエアハウス、技術者の招集 3. 代替受発注システム切換の検討	1. 原因究明続行 2. 1週間であれば、代替システム稼動の損失を検討	1. 復旧活動の実施 2. 復旧後増産体制移行の検討 3. マニュアル生産分のデータ整合性検討	1. システムの復旧 2. 増産に伴う特殊手当の実施 3. マニュアル生産とのデータ整合性確認
生産技術	1. 原因究明開始 2. 技術者の招集 3. マニュアル稼動への切換	1. 原因究明続行 2. 代替機器、交換機器手配 3. マニュアル稼動の準備	1. 復旧活動の実施 2. 代替機器交換 3. マニュアル稼動の実施	1. 生産の復旧 2. マニュアル生産とのデータ整合性確認
営業企画	1. 在庫の確認 2. 手書き注文方式への切換準備 3. 顧客への説明体制準備	1. 賠償事案の有無洗い出し 2. 緊急案件のみ手書き注文方式実施 3. 復旧見込みの顧客への情報提供	1. 緊急注文品の発注管理 2. 顧客照会応答の実施 3. 注文のストック管理	1. 緊急注文品の発注管理の継続 2. 注文ストック分の増産分管理 3. お詫びおよび受注活動の実施

出所：東京海上日動リスクコンサルティング株式会社『リスクマネジメントがよ～くわかる本（第2版）』（2012年、秀和システム）より著者修正。

ような業務を実施することになるかの目処を立てるときに活用する。

各部門では、初動から撤収までの各期の実施業務を期ごとにチェックリストとして書き出しておく。一般に1つの部の1つの期でA4シートで2枚程度のチェックリストとなることが多い。このように1つのリスクが顕在化した場合の緊急時業務はサマリーシートと各部門の個別のチェックリストの全体をひとくくりにまとめると、実践的な緊急時対応マニュアルとなる。

企業全体とすると、対応すべき重要業務が例えば10個ノミネートされていれば、それごとにサマリーシートと個別シートが作られているが、それら全体を束ねたものが企業としての緊急時業務手順書となり、全体の危機管理マニュアルのレベル2の一部を構成することになる。

教育および演習

緊急事態対応を円滑に行うには、対策本部長や対策本部の組織および各組織で実施する緊急時の業務などを文書化し、規定や手順書に定めることが重要である。一方、多くの組織や企業では一定期間で人事異動がなされることが多く、職種採用を行っていたとしても転職や定年退職などで人員は入れ替わる。要員が入れ替わっても機能することがマネジメントシステムの狙いである。業務内容が文書化されていても結局具体的な対応を実施するのは「人」である。各人が日常時に緊急事態の業務マニュアルを熟読して任務を把握し業務手順を理解しても、緊急事態対応は多くの関係者が協力してことにあたる必要があり、様々な関係者との連携や情報共有の在り方などは、実際に予行演習をしなければ身につかない。マニュアルや規定という文書が実務を行うわけではないのである。ここでは責任者および担当者を育成するための演習と訓練の具体的方法について解説する。

5 - 15

経営者の教育・演習

緊急事態への対応はすべての経営者が上手に対処できるとは限らない。OJTで学びにくいこともあるため、教育・演習により応用力をつける必要がある

- 緊急事態対応は経営者をはじめ対策本部要員の各役職がそれぞれの役割に応じた緊急事態対応を的確に実施することが必要である
- 日常時に力を発揮する人間が緊急時にも同様に力を発揮できるか否かはわからない。緊急事態対応は日常のOJTでは経験できないことが多いため、あらかじめカリキュラムを組み教育を行い緊急時に強い要員を育てる必要がある
- 教育はケーススタディによる意思決定演習が有効である

緊急事態が発生した場合に組織を挙げて緊急事態対応を行う。緊急事態対応が円滑に行えるためには、最終責任者である経営者とそれを支える対策本部要員がそれぞれ緊急事態対応を的確に実施することが必要である。あらかじめ想定されるリスクが顕在化した場合の緊急事態対応の失敗は、マスコミから「危機管理ができていない」と糾弾される。

危機管理元年といわれる1995年の阪神・淡路大震災と地下鉄サリン事件への対応では、経営者や対策本部の要員の対応の巧拙によって、その後の企業や組織の評判が大きく変化した。緊急事態対応をはじめて経験する経営者が多かったが、本人の持つ緊急時対応力の有無により、その場での意思決定が的確であったか否かで明暗を分けた。情報が少ない中で最悪を想定して先手で対応を準備した企業と、確実な情報が入るまで判断を先送りにし、意思決定に大きな後れを取った企業とがあった。当時の経済産業省も組織としての緊急事態対応力の強化が不可欠であり、経営者のためのリスクマネジメン

トシステム・危機管理システムの構築を進めるべきと判断し、日本でもリスクマネジメントや危機管理に関する標準規格の開発がはじまった。

緊急事態対応の巧拙を経営者の持っている才能に任せきりとすることは、特に上場企業や社会的企業においては失敗によって影響を被る消費者、取引先、株主、投資家などの関係者・ステークホルダーへの影響が大きいことから、緊急事態対応が苦手な経営者であっても最低限必要な対処や指揮ができるよう教育や経験を積む仕組みが求められる。経営者の第一優先としては日常時の経営判断が求められるのであり、緊急事態対応が的確かどうかは経営者に求められるその次の要素である。しかし最低限度の緊急事態対応ができなければ、危機管理能力がないとして落第の判定を下されてしまい経営者としての地位を失い、また関係者への悪影響も多大なものになる。

経営者が緊急事態対応のコンピテンシーを身に付けるには、知識などを身に付けることと経験値を積むことが必要であるが、緊急事態対応はそう何度も経験することではないため OJT では身に付かない。そのため机上演習というケーススタディにより緊急時の意思決定を模擬体験することが有効である。

5 - 16

机上演習の設計と事例

経営者は想定外の事態が発生した場合に最終意思決定が求められる。経営者の判断が大きくわかれるケースを準備することが机上演習の設計で求められる

- 緊急事態の演習における経験には2通りがある。1つは被害想定より小さな影響度の場合で事態管理（Incident Management）、もう1つが被害想定を超えた危機管理（Crisis Management）である
- 事態管理では部下が実施したことの承認が経営者の主な役割である。事態管理レベルの机上演習では、緊急事態の流れを把握することが求められる
- 危機管理では最終意思決定が求められる。机上演習では経営者の判断が分かれる設問を準備し、経営者間で意見を戦わせる演習を設計できることが理想である

1 教育・演習の種類

知識とノウハウを身に付けるための教育や演習には様々な手法があるが、リスクマネジメント関係では大きく3つの手法に分類される。

(1) 座学

- 集合研修や講義：事前に教科書やテキストを読み、講師の解説、質疑応答を行うことで知識を身に付ける。最近はオンライン環境での講義やe-ラーニングも活用されている。
- 読み合わせ、ウォークスルー：緊急事態対応で行う業務内容につき、事態の進行を追って各自が具体的な対処策などの読み合わせを行う。部門間の情報共有のポイントやマニュアル・手順書にない詳細な内容を確認

することもある

(2) 実動訓練

実際の機器などを用いて体を動かし実務を行う訓練。避難訓練や安否確認訓練、情報伝達訓練、対策本部設置訓練などが緊急事態対応の本部の訓練としてよく行われる。現場などでは消火訓練や負傷者救出訓練、情報システムの切り替え訓練、代替生産訓練などが対象となる。

(3) 机上演習(図上演習、Tabletop Exercise)

- シミュレーション演習、ワークショップ型演習:緊急事態が発生した状況を設定し、経営者や対策本部長および対策本部要員などが状況に応じた意思決定を行っていく応用力を身に付ける演習型訓練。ある場面のシナリオを設定し、事態の進行である時系列を追って直面する場面のケース設定がされ、その状況を関係者で共有し協議し、各自の分担する任務で実施することを意思決定していく。シナリオに沿っていくつかのケースを順番に検討していく。事務局は各参加者の回答と事前に準備していた標準回答とを比較し、講評する。

  演習の参加者が新任者の場合は、時間をかけて設問を協議するなど、難易度を調整する工夫も必要である。特に各部署で直面する課題などの見当もつかないような状況では、あらかじめ事務局が解決すべき課題を事前に準備し、各参加者に提示する方式もある(図表5-⑫参照)。
- リアルタイム型シミュレーション演習:緊急事態が発生したとの前提で、ある時刻に対策本部にメンバーが招集された状況で演習が開始される。時々刻々演習事務局・シミュレータから様々な追加の情報がそれぞれの部門に状況付与として提示される。情報は社内の部署、工場の現場からの報告であったり、あるいは消費者からの問い合わせ、官公庁からの意見照会、マスコミからの問い合わせおよびテレビニュースなど様々である。変化する状況に合わせて実際の緊急事態対応のように対策本部や対策本部長が意思決定し、社外の関係者を含むいろいろな部署へ指示

図表5－⑫　机上演習のシナリオの例

システム変更後最初の営業日　午前9時30分 各店から欠品連絡が相次いでいる。配送した商品の内容が各店からのオーダー内容と異なっているらしい

〔課題〕

- すぐ実施する項目を5つ挙げよ
- 午後の配送にどのように対応するか方針を定めよ
- 冷蔵庫に入庫できず、腐敗するおそれのある商品への対応を定めよ

出所：東京海上日動リスクコンサルティング株式会社『リスクマネジメントがよ～くわかる本（第2版）』（2012年、秀和システム）より著者修正。

や連絡報告などの情報を出していく。

情報収集、情報整理、現状分析、対処計画策定、情報共有、広報など現実に沿った対応能力を演習により身に付けていく。参加者の経験度や設問の難易度に応じて、時間を早回しにしたりあるいは遅くするなど、参加者が消化不良にならないように調整する。また、演習受講者の対応状況を観察し、難儀しているようであれば状況付与を簡便にして難易度を下げ、またスムーズにいくようであればあえて実際にも起こり得る現場が混乱するような誤った情報の提供や、前に提供した情報を訂正するなどして難易度を上げる。

演習の着眼点の１つは、当初は事態に対する情報が不足しているため、対策の検討や判断に必要な欲しい情報を明確にし、しかるべき部署に問い合わせを積極的に行う必要がある。演習では関係者への問いかけは演習事務局・シミュレータに対して行う。演習事務局・シミュレータは問い合わせが来たら、あらかじめ定めていた一定時間経過後に準備していた回答を状況付与として対策本部に打ち返していく。準備していない問い合わせや指示が来た場合は、演習事務局・シミュレータはその場で判断ししかるべき回答を行う。リアルタイム型シミュレーション演習は準備等が大がかりな演習となるが、その分得られる効果は大きい。演

図表5－⑬　リアルタイムシミュレーション演習

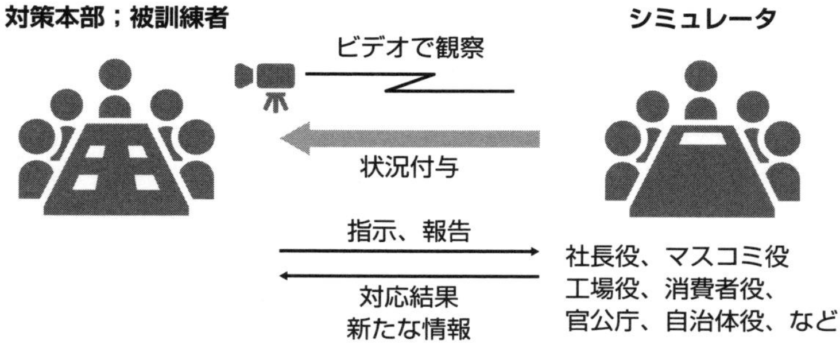

習の終了後に事務局や外部の有識者からフィードバックを行い、よい点と反省点を共有していく（図表5-⑬参照）。

(4) 机上演習（究極の意思決定選択型）

- 緊急事態に遭遇して経営者が意思決定を行わなければならない場面をケースとして設定する。事務局は選択肢を2つ準備する。経営者の演習参加者は事前に2つのうちどちらを選択するか、それぞれのメリットデメリットの分析、選択した理由を各自明らかにしておく。演習当日、ケースを改めて説明したのちグループ討議を行う。制限時間の中で各グループは2つの案のどちらか、あるいは第3の案を意思決定し、そのメリット、デメリットおよび判断理由を発表する。すべてのグループの回答が揃ったところで、全体討議を行い、最終的に社長またはCROが決断する。事務局の事前準備としては、メリット・デメリットの判断軸が複数あり、参加者の事前の選択が半分半分に割れるような経営課題を準備できると演習は成功といえる。

戦略リスクが顕在化するケース設定などでは、演習当日以前に演習に参加する経営者にケースを公開し、十分時間をかけて各自の意見をまとめてもらう。一方、地震や工場火災など突発的な緊急事態で短時間で意思決定が必要な場合では、その場で状況付与を行うスタイルのほうがよい。また、この演習は最終的に意思決定を行う演習でもあるが、コンフリクトする状況の中で、守るべき価値観や判断基準の経営者の共有ということに着眼点がある。そのため、グループワークで全員が同じ選択肢となった場合は、それで終わりではなく、もう１つの選択肢となる条件を探ることも副次的な演習課題としている。

実際の経営判断ではさらに様々な条件が付け加わりかなり複雑な状況であることが多いが、そのような状況で根本価値を定め将来に向けた判断をすることの経験を積む演習である。この演習を毎年１回以上複数の課題で継続して実施している上場企業もある。

2 訓練演習の高度化

演習や訓練は様々に組み合わせて実施すると有効である。そのため経営者と対策本部要員および必要に応じて現場も交えた全従業員に対して、身に付けてほしい緊急時対応のコンピテンシーを明確にし、年間の訓練演習計画を策定する。1つのリスクに対しても習熟度を上げていく必要があり、図表5-⑭のように単独のスキルを身に付けるところからはじめて順に複数のスキル

図表5－⑭　ステップアップ訓練計画例

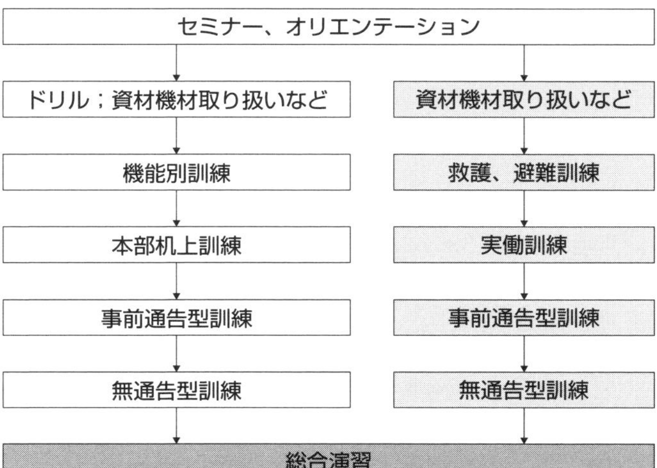

や部門が関わる総合演習にステップアップしていくことが有効となる。

また、熟練度が上がってきた企業では、図表5－⑮のように工場と本社を同時につなげたリアルタイム演習を実施している企業もある。この事例は広域地震が発生し工場で被害が想定される状況での連動訓練の事例である。

製造現場では地震発生を想定し、避難訓練、安否確認報告という実動訓練をまず実施する。本社では地震発生のニュースを受けて対策本部を立ち上げ、ニュース情報などの収集などのリアルタイム演習を行っている。そこへ工場から安否確認状況の第一報も入ってきて、負傷者や行方不明者、停電状況などの情報が入り、安否集約などの実動訓練が行われる。

工場ではさらに消火訓練や救急救命訓練など実務訓練が行われ、製造機械の点検訓練が実施される。ユニークなのは、あらかじめ負傷者役が任命されているので、負傷者情報が本社にも入り緊迫感が出る。また機械の点検箇所に全焼や焼損害、被害軽微などのタグがつけてあり、それらを点検する実動訓練がなされるとともに、機械の損害状況が刻々と本社に入ることである。本社では機械の損害や在庫品の被害、得意先からの問い合わせなどの情報がリアルに状況付与がなされ、経営として生産再開をどのように行うかの意思決定がされる。このような凝った高度な実践的な演習を実施している企業もある。

図表5－⑮　工場と本社と連動させたリアルタイム演習訓練事例

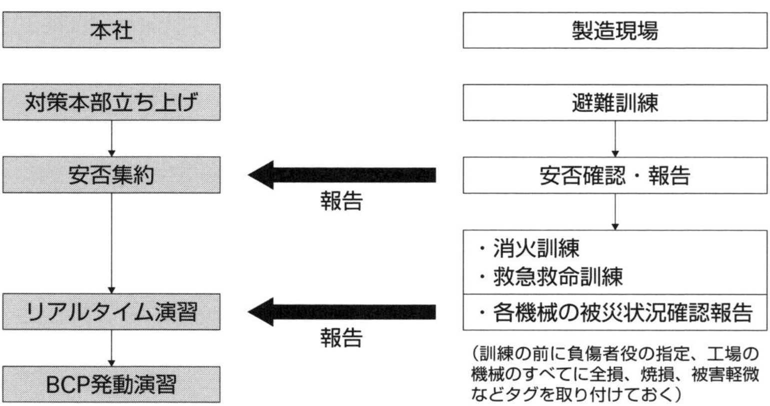

なお、演習の設計にあたっては、参加した当事者が最低１つは自分自身の任務の課題解決にあたるよう、課題を事前に準備することが訓練や演習の事後評価で好感度を持ってもらうための配慮として有効である。また演習で、ある特定部門が混乱をしてしまい意思決定が遅れることもある。当事者が事前準備をしていなかったり、当事者の適性ということもあるかもしれないが、一般に対策本部の負荷と要員の割り付けがアンバランスであることが根本原因である場合が多い。このような場合は事後評価において、対策本部の組織図全体の見直しや業務分担や要員数の見直しをすることも必要である。そのような見直しを行うことができることもリアルタイムシミュレーション演習の大きな成果の１つである。

第6章

対応（2）―事後―

リスクが顕在化したときに実際に被害をどれだけ軽減できるかは、事前準備の周到さに加えて、経営者をはじめ多くの人の行動に依存する

- ➩リスクが顕在化したときに被害をどれだけ軽減できるかは、経営者をはじめとする多くの人々の行動に依存する
- ➩経営者の意思決定の考え方や対策本部要員の緊急事態業務の仕事の進め方を熟知しておく必要がある
- ➩まったくの想定外への危機管理ではプロシージャーに沿った取り組みが有効

想定されるリスクはいつか遭遇することを想定し、そのときの組織図や権限、必要な資材など緊急事態対応策を日常時に周到に準備することが大切である。しかし実際にリスクが発生した場合にどのように行動できるかは、対応する経営者をはじめとする多くの人の能力や具体的な行動に大きく依存する。ここで緊急事態対応を行う経営者とそれを補佐する対策本部要員の具体的な業務を解説する。体制の立ち上げ、情報の整理、記者会見の実施、そして対処困難な大被害となった場合の経営者の危機管理のプロシージャーなどを説明する。用意周到な事前準備と実際の緊急事態対応や危機管理の両方がよくて、はじめてリスクマネジメントは成功したということができる。

対策本部要員の業務

リスクが顕在化し緊急事態となった場合、経営として最終意思決定を行うが、経営者を支える対策本部で実際どのように緊急事態対応を行うことが求められるのか。ここでは危機管理および事態管理に共通する対策本部事務局要員の業務について解説する。対策本部の立ち上げ、経営者・対策本部長への情報提供と意見具申、状況認識のためのポジションペーパーの作成、広報・記者会見などにつき解説する。

6-1

緊急事態の認定

緊急事態対応を円滑に実施するためには、組織として緊急事態であると認定することが重要である

- 企業や組織に不都合なことが起き、現場で対応していても企業や組織の中枢で認知できていなければ、それは組織的な緊急事態対応ではない
- 早期警戒システムですばやく企業中枢に情報を伝達し、規定に則って組織として緊急事態と認定する
- 緊急事態判定基準を明確に決定することは不可能であり、多少のブレ幅は許容する。すばやい決断が重要

工場で火災が発生したり、コンプライアンス違反が発生したり、顧客からのクレームが届いたりした場合に、現場で対応をするだけで企業中枢にその情報が届いていない状況では、組織だった緊急事態対応はできない。この時点では緊急事態対策を組織として実施したことにはならない。組織や会社として緊急事態対応を行った時点は、経営者の社長またはCRO、リスクオーナーである執行役員のだれかが緊急事態の情報を把握し緊急事態と宣言した時点となる。企業によっては社長が認識した時点としてもよい。いつ企業として緊急事態を認識したかは、後日経営責任を問われた場合は大きなポイントとなる。現場から情報が上がらずに対処が後れた場合には、早期警戒システムの構築不備が指摘される。また情報がすばやく経営陣に上がったが、緊急事態と認識しなかった場合も執行役員の判断ミスが問われる。すばやく早期警戒システムで情報が経営中枢に報告され、また当該執行役員が緊急事態と速やかに判断してはじめて、スタートラインに立ったことになる。

緊急事態判定は大企業などであれば執行役員の負担を軽減するためにリスクマネジメント委員会の事務局である経営企画部や社長室などが情報を把握

し、部長や室長が総合的に判断しCROやリスクオーナーである執行役員などに意見具申をして役員の判断を仰ぐことになるのが一般的である。

緊急事態判定はあらかじめ定めた基準に照らして事務局をつかさどる部長などが判断する。例えば以下のものがある。

- 企業経営に大きな影響を及ぼすもの
- 記者会見など大規模な広報対応を必要とするもの
- お客様、取引先に大きな影響を及ぼすもの

上記のように抽象的な表現となりがちであり、数量的な表現としても第一報では詳細な事柄がわからないことが多いため、その場のCROなどの感性により決定する。

また、自然災害などでは自動立ち上げとする基準を設けることも有効である。

- 本店、工場、支店で震度6弱以上の地震が発生した場合
- 本店、工場、支店に960hpa以下の強い台風が襲来するおそれがある場合など

緊急事態判定を行った場合は、対策本部の立ち上げをするか否かを含めて時刻や判断理由などを記録に残しておくことが後日の検証で有効である。また、エスカレーションの項（第5章5-5）で説明したように、まず部門長レベルでの対策本部を立ち上げておき、社長や執行役員など会社全体での緊急事態対応を行わない場合でも、当初予想より事態が悪化した場合には速やかに執行役員以上を本部長とする全社ベースの対策本部に格上げする方法も有効である。全社ベースの対策本部の立ち上げは日常業務の執行を阻害することもあるため、どうしても躊躇しがちであるが、エスカレーションを活用することでカバーが可能である。

6-2

対策本部の立ち上げ

事前に想定されているリスクが顕在化した場合は、当該リスクごとに定められた組織図により当該部門を招集する。それ以外の場合はCROの指示で組織を立ち上げる

- 緊急事態判定がされると対策本部長が任命され、当該緊急事態対策本部が設置される。場合によって権限が対策本部長に集中される
- 想定されるリスクごとに機能で整理した組織図を用いて対策本部を設置し、当該部門の対策本部要員を招集する
- 事前に取り決めのないリスクが顕在化した場合は、CROの指示のもと臨時に組織を設計し、関係各部を招集する

リスクが顕在化し緊急事態と認定された時点で、対策本部長が危機管理規程または緊急事態規定により任命される。また必要に応じて副本部長や常時代行者の任命も行われる。事前に検討されていたリスクが顕在化した場合には、リスクに応じた事前に準備されていた機能別組織図が適用され、当該関係部が招集される。機能別組織のそれぞれ責任者も任命される。緊急事態発生時に本来の要員が不在である場合は、あらかじめ定めてあった代行順位に従いそれぞれの責任者が任命される。

事前に取り決めがないリスクが顕在化した場合は、その場でCROと事務局長あるいは経営企画部など事前に定めていたCROを支援する組織が相談調整しながら、CROの判断で臨時の対策本部の組織を決定し、当該関係部を招集し各組織の責任者を任命する。

事務局は、当該緊急事態対策本部の組織図を作成し、氏名や所属、連絡先などを整理した組織図を作成し、関係各位に適宜配布する。

対策本部は案件により日常の組織の各々の要員が在籍したままでメールや

電話などで意思疎通を図りながら実施する場合もある。事態が大きくなると、対策本部用に会議室のレイアウト変更を行い、対策本部の各責任者は対策本部会議室に全員集合し情報共有を行い意思決定をする。企業によっては常設の対策本部室を保有しているところもある。いったん全員集合し責任者の顔が見える関係を構築しておくことが有効である。

コロナ禍でテレワークが進み、特に本社要員が在宅勤務となっている場合が多くなってきている。この場合、立ち上げ時点で急を要する場合はオンラインも含めたハイブリッドな対策本部を立ち上げる。なお、テレワークでの情報共有は情報セキュリティの配慮が必要なこと。および全体討議は比較的情報共有が容易であるが、関係者間の立ち話での情報共有や、その場で分科会を開催し関係者がすぐ集って情報共有や対応方針をきめる臨機応変な進め方には限界がある。テレワーク下での対策本部の開催では、対策本部の定時開催など時間管理と情報共有に事務局は普段以上に配慮が必要である。

6-3

対策本部事務局の実施業務

対策本部要員は対策本部長を補佐するための様々な業務を行う。中でも重要なものは意見具申に加えて状況認識の統一に用いる情報の整理と共有である

- 対策本部事務局の要員は対策本部長の意思決定を補佐するために様々な業務を実施する
- 対策本部長の意思決定のための意見具申を行うことも重要な対策本部事務局の役割であるが、それに加えて関係者の状況認識を統一するための情報の整理と共有に関する業務が重要である

事前にリスクの顕在化が想定されており、あらかじめ対応する組織や対応業務がマニュアルで整備されている場合も、また、その他のリスクが顕在化しその場で臨機応変に組織図と要員招集を行う場合も、いずれの場合であっても対策本部長の意思決定を行うための様々な業務があり、対策本部事務局要員はその業務をかなりのストレスの中で行う必要がある。対策本部事務局要員の仕事で特に重要な業務は、対策本部長の意思決定に際して意見具申を行うことであり、もう1つは、対策本部に関係するすべての要員の状況認識を統一するための情報の整理と共有に関する業務である。ここではそれらの業務について説明する。

1 意見具申に関する業務

- 緊急事態対応計画の策定

緊急事態対応を行う全体像や戦略的目的の設定、各種対策のメリット・デメリットの検討、対応策の優先順位の決定、要員配置や必要な資

源の決定など、対応策の策定を行う。方針や方向性の最終決定は対策本部長になるが、計画の概要に加えて個々の業務に落とし込んだ具体的な詳細計画も策定する。そのために関係者、関係各部門との意見交換や調整業務も合わせて実施する。

- 緊急事態の組織など関係者に与える影響度分析

  緊急事態が自社や関係者などに与える影響をモデル化し、複数のシナリオを策定してできるだけ定量化する。最悪のシナリオの作成も行う。

- 利害関係者分析

  顧客、市民、株主、取引先、同業他社、投資家、金融機関、従業員、官公庁、自治体、など利害関係者を特定し、個々に利害を明確にする。必要に応じてヒアリングやレビューを行う。また社内や協力会社で通常の業務を行っている人が緊急事態対応によってどのような影響を受けるのかも分析する。

- 資源管理

  要員、予算、資機材など緊急事態対応に必要な経営資源を特定し、各部門に割り当てを行う。また必要に応じて手配を行う。

- 情報収集事務局が計画立案をするうえで必要な情報を特定し、関係者に情報収集の依頼を行う。必要な情報は自動的に集まることはない。社内外の関係者に対して必要な情報を明確にし、いつまでに情報集約が欲しいかのリクエストを行う。

- 対策本部活動自体のレビュー

  対策本部の要員は任務に没頭するため、本来やるべき業務から外れることがある。そのため常に対策本部内に冷静に活動自体の状況をレビューする役割を持つ要員を確保し、適宜対策本部活動をレビューしてもらう。対策本部はこれらの指摘点を踏まえて対応を改善していく。

2 状況認識を共有するための業務

緊急事態対応では緊急事態対応のための権限を対策本部長に集約する。一方詳細なところは各機能別本部や前線の現場に任せる権限委譲を行う。権限委譲を行って組織として全体がうまくいくための前提条件は、現場のすべての当事者が状況認識を統一し、だれもが同じ方向性を向いて業務を遂行できる状態を作ることである。そのため様々な情報を整理し、全員が認識すべき状況の絵姿を作成し全員に共有するために配信する。この情報のコントロールを行うことがとても重要な業務である。下記は、状況認識を共有するための業務の例である。

- 状況認識の統一のためのポジションペーパーを作成する
  詳細は**6-4**で説明するが、何月何日何時現在の状況の概要を説明する文書などを作成する
- 意思決定の確認と対策本部各部門への明確な指示
  対策本部長が決定した方針や承認を得た対応計画を確認し、対策本部各部門、各要員に対して明確に実施業務を指示する。
- 情報発信
  ホームページ、対策本部報、メール、ニュースリリースなど関係者ごとに様々な適切な手段で必要な情報を発信する。質疑応答などがあればそれに的確に回答する。現場それぞれに必要な情報が的確に届いているかの確認も行う。また必要に応じて対策本部長の関係者内へ非公開の会見・説明会も行う。
- 対策本部の運用
  対策本部の次期の開催日時の決定と関係者への通知、会議の主要議事の選択および議事次第の決定、議題に対する事務局案の提示と解説、各部門の意見のとりまとめ、対策本部会議の議事録の作成を行う。

コラム⑯　3分間ブリーフィング

日本の危機管理の草分けである佐々淳行氏が危機管理のノウハウで紹介した危機管理の重要な要素を紹介する。IC3といわれるもので、C（Command）；指揮、C（Control）統制、C（Communication）通信、I（Intelligence）情報、でこれらの頭文字をとってIC3とまとめていた。

佐々氏は忙しい上司に取り扱っている案件の対処方針を短時間で承認を得るための方策として、エレベータブリーフィング（3分間報告）を紹介している。

これは上司の付き添いでエレベータを待って、乗り降りする3分間で上司に状況を把握してもらい対処方針の承認を得る方法である。報告内容は①事実、②情勢分析、③実施事項の意見具申、の3点である。当然事前に頭を使って膨大で複雑な情報を整理してまとめ上げることが必要であるが、この3点を短時間で報告することにより上司に自分の対応案を承認または修正指示をもらうことができるようにすることが肝心であるとしている。

また、対策本部長は意思決定をしなければならない場合は15分間に限り様々な方向から意見を聞き、①決断、②命令、③反対者の排除、を行い、組織として統一した行動がとれるようにすることが必要としている。

これらは主に災害やテロなどのセキュリティの局面で磨かれたものであるが、戦略リスク等も含めた企業経営の意思決定など様々な場面においても有効であると思われる。

6-4

状況認識の統一：ポジションペーパー

現場に権限委譲を行いその場で判断をして対処するためには全員の状況認識を統一する必要がある。そのため、適宜ポジションペーパーを作成し共有する

- 緊急事態対応では、対策本部長が方針を出し各部門ではそれぞれの責任者が権限委譲を受けてその場で適宜判断する
- 現場で適宜判断を行っても全体がばらばらにならない前提として全員がその時点での状況認識が統一されている必要がある
- 状況認識を統一するために、その時点での企業や組織の立ち位置を示すポジションペーパーを作成し共有する

1 状況認識の統一の必要性

緊急事態対応では、緊急事態宣言によりその案件に限り日常の職務権限を停止し、対策本部長に権限を集中させ速やかな対応の一元化を図る。緊急事態対応においては、時間に限りがあるため方向性さえ合っていれば、様々な各機能を実現するための現場対応では権限委譲を行い、責任者がその場で判断して対応速度を上げていく。

例えば、通常の予算権限枠を超えての資材発注なども可能とする。また、現場の萎縮を避けることも重要であり、緊急事態対応ではよかれと思って実施した事項については、後の検証は実施するものの責任は問わない。例えば日常時では経費削減などの対象で実施しないことでも、万が一の備えとしての配備や、多めの発注、あるいは誤りなど多少の不備は許される。

これらの権限委譲を受けて対応を行う場合、各責任者の対応が対策本部長の方針に沿って行われる必要がある。そのために必要なものが状況認識の統

一である。英語ではCRIP（Common Recognized Information Picture）あるいは、COP（Common Operational Picture）と呼ばれる。CRIPは絵姿ともいい、組織横断的にある時点の全体像を簡潔に描いたものである。多くの当事者がある時点で会社や組織の状況を把握し、進むべき方向を共有していてはじめて、権限委譲されたそれぞれの責任者の判断を信頼して並行して対応を進めることができる。

2 ポジションペーパーの内容

緊急事態対応では、社会や組織を取り巻く環境は刻々変化する。そのためある時点で組織の抱えている課題は何で、その解決の方向性や目標は何で、周りの状況や応援の有無、注意すべき情報などを共有して、関係者の全員がそれを認識する必要がある。そのため、対策本部の事務局では刻々情報が入ってきて状況が変化していく中で、ある時点でいったんそれを止めて、そのときの会社や組織の置かれている全体像をまとめる。記者会見などの準備においてもある時点の会社の立ち位置を示すまとめ文書をポジションペーパーと呼んで古くから用いられているが、同様の概念である。

ポジションペーパーの目的は、ある時点の組織としての状況把握および公式見解を文書化および見える化し、関係者に周知徹底することにより関係者全員が状況認識を統一して個々の活動を取ることができるようにすることである。

ポジションペーパーに求められる項目は次のものがある

- 日時：このポジションペーパーを作成した日時（対象とした現在時点）
- 災害・事件・事故の状況：事件、事故、災害などの現時点での状況、事実を記載
- 実施した対応内容の成果・課題：投入した経営資源、対応状況、対応による成果、課題、および前回のポジションペーパーからの変化
- 対処すべき課題：現在組織として解決すべき課題
- 対応方針：対処すべき課題に対する方針、意思決定の内容
- 今後の見通し：災害・事件・事故が今後どのようになるかの見通し

図表6－①　ポジションペーパーの様式例

<table>
<tr><td rowspan="3">部局名
◎◎部</td><td>部長名</td><td rowspan="3">計画実
施期間
1日</td><td>災害名</td><td>◎◎地震</td></tr>
<tr><td rowspan="2">連絡先</td><td>通番号</td><td>◎◎部ーXXX</td></tr>
<tr><td>日時</td><td>XX年XX月XX日XX時XX分</td></tr>
<tr><td colspan="2">〈災害・事件・事故の状況〉</td><td colspan="3">〈実施した対応内容の成果・課題〉</td></tr>
<tr><td colspan="2">〈対応すべき課題〉</td><td colspan="3">〈当面の対応計画〉</td></tr>
<tr><td colspan="2">〈対応方針〉</td><td colspan="3" rowspan="2">〈対策実施のための経営資源〉</td></tr>
<tr><td colspan="2">〈災害・事件・事故の今後の見通し〉</td></tr>
</table>

- 当面の対応計画：課題に対する具体的な対応計画
- 対策実施のための経営資源：要員、資源などの投入状況や応援の状況ほか

ポジションペーパーは一定の間隔で作成していくため、○月○日●時現在第○○報と通し番号を振って管理していく。また対策本部では全体のポジションペーパーを作成するが、それぞれの責任者、機能組織責任者や現場の部や課、班などの組織長は引継ぎを兼ねて交代時点でポジションペーパーを作成し業務を交代要員に引き継ぐ。交代時に作成するポジションペーパーはそのまま対応記録ともなる。

6-5

緊急時のリスクコミュニケーション

緊急時では速度が重視される。第一報は 5W1H が一部欠落してもすばやくトップまで情報を上げる

- 緊急事態の把握は早期警戒システムを構築してすばやく企業や組織として事態が把握できることが重要である
- 正確性を時間をかけて確認すると手遅れとなる可能性がある。第一報など速報は 5W1H が一部欠落してもすばやく上司へ連絡していく
- 緊急時であれば上司をたたき起こしてでも伝える

緊急事態と当事者が感じたら迷わず上司に伝える。第一報は事実の発生を伝えるだけでもよい。5W1H が一部欠落しても迅速さが必要である。連絡を受けた上司も正確性を要求して止めてしまってはいけない。現場に追加情報を要求するとともに、自身はさらに上司に連絡をして早期警戒システムを機能させる。グローバル企業などでは 24 時間どこかで世界中の現場が業務を行っている。休日夜間であっても必要があれば上司をたたき起こしてでも伝える必要がある。あとで誤報とわかったり、被害規模が小さく大したことはないと判明した場合に、通報をしてきた担当者を叱ってしまうと二度と情報が上がってこなくなる。早期警戒システムを機能させたことをほめてあげることが肝要である。

ある企業で、夜間に工場火災が発生し周辺市民にも影響が生じた事故があった。現地からの通報を受けたリスクマネジメント事務局の責任者が社長宅に急行し、そのまま社長を現地向けの朝の一番の飛行機に乗せ早朝に現地で記者会見を行った事例がある。

第一報を受けて、詳細の情報を現場に要求するとともに、リスクマネジメ

ント事務局は本社の対策本部室に集合するか、電話あるいはオンライン会議を緊急招集し情報交換を行うなどまずは情報共有を行う。その時点で事実の確認とこれから起こり得る最悪の事態の想定、取り得る実施事項の整理などを行い、現場に対しては取り得る実施事項のアドバイスを行う。この時点でポジションペーパーの第1報を作成し関係者に配信する。未確認情報や詳細が一部欠落していても企業として組織として把握したことが重要である。

なお、詳細が欠けている場合に事務局で過去の経験から最悪の事態などいくつかのシナリオを描いていくが、気をつけることは事実と推測をきちんとだれがみてもわかるように区別して記述しておくことである。事実と推測の混同により混乱が生じることは避けなければならない。

6-6

情報の取り扱い

対策本部事務局の重要な業務は、刻々と様々なところから入電される情報の整理である。発信者が信頼できるか、情報は整合性があるかで情報を評価する

- 緊急事態対応では様々な情報が対策本部事務局に入電される。事実や推測、デマ、誤りなど区別が必要になる
- 情報の評価では、発信者が信頼できるかが基準の１つである。SNSなどで拡散されてきた情報は注意する
- 複数のルートから同じ情報が入電された場合は、ほぼ確かと評価できるが、正反対の情報が入ることがある。ただちに誤報と判断せず追加情報の入手に努める

緊急事態では現場は混乱する。特に対策本部に送られてくる情報は事実、推測、あるいは誤報やデマなど様々な情報が入り乱れる。マスコミの情報も正確性を欠くこともある。また遅れて届く情報もあるなど多様な事例がある。大規模地震発生時に現場で飲料水が不足したため、対策本部に水の補給を様々なルートで依頼した。現地の心情では１本のルートでは不安なので、連絡がついた様々なルートを用いて要望を伝える。その結果、すでに飲料水を送付済みであるのに、あるルートから遅れて飲料水が必要だとの要望が届いたりする。対策本部ではまだ不足しているのかと思い追加発注を行い、それが何回か繰り返された結果現地では飲料水が大量に玄関に山積みとなる事態が起きた。このようにいろいろなルートで時間差で送られてくることもあるため、いつ時点の情報であるかも確認が必要である。

また、デマも横行する。地震で動物園から猛獣が逃げたなどの情報がSNSで拡散されマスコミも取り上げるなどの事態も発生したことがある。

ここではこのような様々な情報をどのように取り扱うかについて、標準規格JIQ22320:2013「社会セキュリティ―緊急事態管理―危機対応に関する要求事項」を参考に説明する。ちなみにここでの危機対応はIncident Managementの訳語で、本書と用語の使い方が異なるところがある。

1 情報源の信憑性の確認

緊急時に寄せられる様々な情報について、情報部門では記録を取り時系列にデータ格納を行う。このときいつの情報であるかと同時にだれが発信者であるのかという情報源を格付する（図表6－②参照）。Aランク：完全に信頼できる、からEランク：完全に信頼できない、まで5段階評価を行う。マスコミやSNSも当然格付されるが、社内や関係者であってもオーソライズされたルートであるのか、社員の個人的ルートでもたらされたものかも評価していく。またよくわからない場合はFとする。発信源は確かでも、その中身が伝聞情報である場合も留意が必要である。

図表6－②　情報源の信憑性の評価

格付け	説　明
A	“完全に信頼できる”―自信をもって信頼することができる十分に試行された情報源。極めてまれ（稀）にしかない。
B	“通常は信頼できる”―これまで有効であったが、依然として特定の場合においていくらかの疑義が残る情報源。国際機関、軍（又は軍に近い機関）、幾つかの主要なNGOなど、誠実と考えられている情報源が当てはまる。
C	“ある程度信頼できる”―これまで時折使ったことのある情報源で、その結果からある程度信用をおけるもの。一部の報道機関及び一部のNGOが該当する。
D	“基本的に信頼できない”―これまで使ったことのある情報源だが、信頼できないことの方が多いことが判明した情報源。一部の報道機関及び一部のNGOが該当する。
E	“信頼できない”―これまでの利用実績から信用に値しないことが証明された情報源。
F	“信頼できるかどうか判断できない”―まだ使ったことがない情報源。

出所：「JISQ22320：2013（ISO22320:2011）社会セキュリティ―緊急事態管理―危機対応に関する要求事項」表A-3（2013年、日本規格協会）。

2 情報の信憑性の評価

情報そのものの評価も併せて行う。こちらも1ランク「すでに正しいことが確認されている情報が追加でもたらされた場合」から5ランク「ありえない、過去に報告され妥当性が確認されたものと反対であったり矛盾する情報」まで5段階で格付けを行う。評価が不明なものはランク6とする。早期警戒システムで一番最初に入ってきた情報は、他の比較するものがないので最初はランク6と評価する。

ここで注意するのは、最初は混乱するので正反対の情報が入ることがある。例えば工場火災で死者発生という状況で、死亡あり、と死亡なし、と両方入る場合もある。この場合はいったん妥当性のある情報をランク2として、反対の情報をランク4として格付する。詳細に情報が入ることによって、場合によっては格付が将来逆転することもあるが、いったん格付した情報のランクは情報が入ってきた時点で判断したものであり、後で振り返ってランク修正をするものではない。事後に検証するときにどこで対策本部の判

図表6－③　情報の信憑性の評価

格付け	説　明
1	“他の情報源によって正しいことが確認されている”―その情報を元々報告したところとは別の情報源がその情報は間違いないと確認した場合
2	“かなり正しい”―報告された情報の核心部分について、別の情報源が間違いないと確認する場合。通常、航空画像はこの分類に含まれる。
3	“たぶん正しい”―報告された事実又は行為に関する調査からは更なる情報は得られなかったが、その情報が過去の行為又は入手可能な背景情報と整合している場合。
4	“疑わしい”―情報が、過去に報告され、妥当性が確認された情報と一致しない傾向を示す場合。
5	“ありえない”―情報が、過去に報告され、妥当性は確認された情報と明らかに矛盾する場合。
6	“判断不能”―新たに報告された情報が、比較すべき情報をもたない場合。1－5に当てはまらない場合に利用される。無理をして1－5の格付けをするよりも、6と格付けするほうがよい。

出所：「JISQ22320：2013（ISO22320:2011）社会セキュリティ―緊急事態管理―危機対応に関する要求事項」表A-4（2013年、日本規格協会）。

断を切り替えたかなどを検証するときに役立つ。

この逆転した有名な事例は、東日本大震災のメルトダウン情報である。当初は政府見解などメルトダウンしていないという情報が複数から発信されていた。その時点ではこれらの情報はランク１や２である。その中で一部のマスコミがメルトダウンと発信した。この情報はその時点では明らかに矛盾するのでランク５になる。しかし最終的にはこの情報が事実であった。

このようにその情報の格付けをした時点で情報源と情報の信憑性のそれぞれの格付を行い、時系列にデータを格納しておくことが重要である。

6-7

記者会見

多くのステークホルダーと情報を共有する必要がある場合には、記者会見を実施する。ステークホルダーからの信頼を勝ち取る手段であるが、失敗すると企業の存亡の危機となる

- 企業や組織が単独で緊急事態対応を行うより、ステークホルダーの支持を取り付けて対応するほうが有効であり、ステークホルダーと情報を共有する手段として記者会見が有効である
- 一方、トップの失言などでいっぺんに窮地に追い込まれ、それまでの関係者の努力が水の泡となることもある
- 記者会見には広報プロジェクトチームを編成して対応する

1 記者会見の必要性

事件事故あるいは災害、不祥事などが発生し、事態が社内で収まらなくなった場合には、ステークホルダーと情報を共有し、今後の企業や組織の対応について支持を取り付ける必要がある。記者会見では消費者や市民をはじめステークホルダーの関心事に的確に回答し、ステークホルダーが判断に必要な最低限の情報を共有することが目的となる。決してすべての情報を開示することではない。一方でステークホルダーの期待している情報が提供されなければ、説明責任がなっていないと糾弾されることとなる。

記者会見は大企業だけではなく、中小企業であっても消費者などがお客様である場合は求められるようになってきており、今や経営者の必須科目である。上場企業では新社長就任前後に記者会見訓練を受けることは常識となってきている。記者会見訓練の紹介では、お辞儀の仕方などばかりが面白おかしく取り上げられることが多いが、小手先の対応でごまかしが効くものでは

ない。記者会見はステークホルダーを言い負かしたり煙に巻くのが目的ではない。ステークホルダーと情報を共有し、ともに事態を解決していく基盤を構築することが目的である。一方、企業体質が暴かれたり、真摯に取り組んでいて信頼がおける企業か否かが判断されるものと認識する必要がある。

大企業の経営者では新製品発表など記者会見に慣れているという人もいるが甘く見ないほうがよい。企業が行うプラスの情報発信の時は経済部の記者が、一方不祥事などマイナスの時には社会部の記者が記者会見で質問をする。質問をする記者は普段付き合いのある記者とは違うのである。容赦ない質問により企業体質の不備をあぶりだされることになる。一番重要なことは日頃から企業倫理を守り、ガバナンスを順守し、誠意をもってお客様に対峙する企業体質を作り上げることである。

2 記者会見の決定

緊急事態を経営が認識し、情報収集を行い記者会見が必要と判断した場合は、広報プロジェクトチームを立ち上げる。記者会見の実施は必ずしも対策本部立ち上げと連動はしない。記者会見を単独で実施し状況が収まらない場合に対策本部設置となる場合もある。社内で先に情報を把握して記者会見を行う場合のほか、マスコミから広報などへ取材の申し入れが行われて問題に気がつくこともある。不祥事の場合は社内で当事者が情報を経営に上げていないこともあり、先にマスコミの取材で事の大きさに気がつくこともある。この場合はすぐ社内で情報収集を開始し個別の取材対応の可否を判断する。

さらに複数のマスコミから取材が相次ぐ状況に陥った場合などでは個別の記者対応では収まらないため、記者会見に踏み切る。

記者会見の開催をすると判断し、広報プロジェクトチームを立ち上げたら、所定の手順に従い記者会見を開催する。記者会見の基本的スタンスは忙しい記者をお呼びして情報提供を行うことである。報道機関への案内も平等に行うなど様々な配慮が欠かせない。また、記者会見の報道により株価が大きく変動することが予想される場合は、合わせて金融商品取引法で定めた情報開示も手順に従って実施する。

3 広報プロジェクトチーム

広報プロジェクトチームは記者会見情報管理チームと記者会見場所設定チームおよび現場対応チームからなる。

(1) 記者会見情報管理チーム

記者会見に必要な情報収集・分析と情報発信を管理する機能を持つ。情報収集・分析班は記者会見に必要な情報を収集し、経営として発信する内容を準備しスポークスパーソンを補佐する。当面のゴールは事実を確認し何が起きているのか、何が起きそうなのか、社内でどこの部署が何をしているのか、メディアなどはどのような報道を発信しているのか、あるいは記者はどのような問い合わせをしてきているのかという事実を整理したポジションペーパーを作成する。

これらをもとに次節で延べるステートメント、プレス資料、Q&Aを準備

図表6－④　広報プロジェクトチームの構成

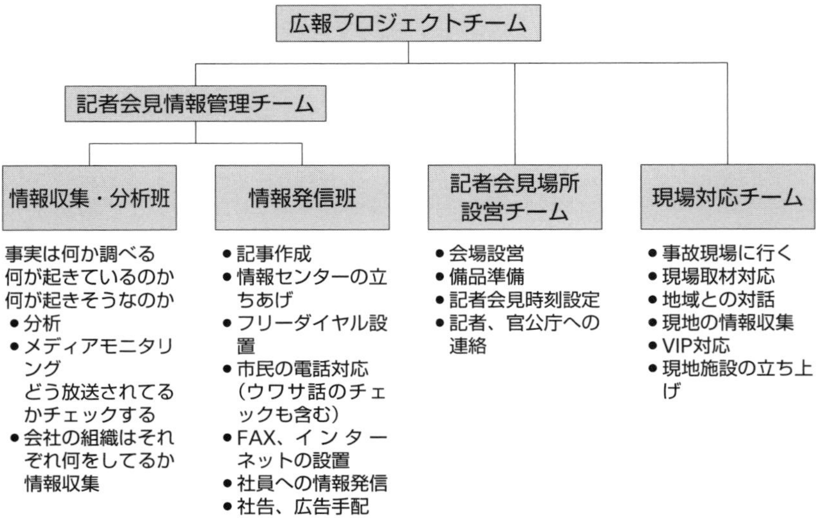

出所：東京海上日動リスクコンサルティング株式会社『リスクマネジメントがよ～くわかる本（第2版）』（2012年、秀和システム）より著者修正。

する。

情報発信班はステークホルダーに発信する記事の作成、消費者や取引先からの問い合わせなどのすべての情報を管理する情報センターの立ち上げ、コールセンター、フリーダイヤルの設置、ホームページ、ファックス、電話の設置、SNSの準備、従業員などへの情報開示、社告などの広告手配などを行う。また、コールセンターなどで受信した消費者や市民の声をまとめて情報収集・分析班へインプットする。

(2) 記者会見場所設営チーム

記者をお呼びすることから、記者会見会場は記者がゆったり活動できる広めの会場を確保する。自社の会議室やホテルなどでもよいが、不祥事では華美にならないよう注意する。狭い場合には記者が座席の取り合いとなったり、テレビカメラの設置場所でもめごとが発生したりとなると、人間なのでいやな雰囲気で記者会見がはじまってしまうと最初から対決姿勢となるので注意する。

また、上場企業の社長であっても極めて有名な著名人でなければ、普通の記者は知らないことに留意する。スポークスパーソンや司会者の氏名などは掲示するなど配慮が必要である。会場のレイアウトにも気を配る。最近は正規の記者会見が終了した後にスポークスパーソンが退場するところを狙ってぶら下がり取材[注]を狙う場合が増えてきている。スポークスパーソンの入退場の動線もぶら下がり取材を断る場合はそれを避けるよう考慮する。また発表者の足元が見えないように机にテーブルクロスをかけるかそのような机を準備する。マイクとスピーカーの準備、また最近は記者がその場で記事を本社デスクにパソコンで送信することも多いため、wi-fiなどのインターネット環境の確認や必要に応じて追加配備なども実施する。

注　ぶら下がり取材
記者会見終了後にスポークスパーソンが退室する際、記者が追いかけてスポークスパーソンを取り囲んで質問をする取材スタイルのこと。記者会見ではしにくい突っ込んだ質問を投げかけることで、本音や裏話などを引き出すことを狙いとする。

会場を決定し開始時間を決定したら、備品の準備を行い、マスコミ各社と必要に応じて官公庁に案内を行う。

(3) 現場対応チーム

工場の火災事故などで本社と現場とが離れている場合などでは、本社の記者会見と並行して現場の取材希望が入る場合がある。この場合は現場対応チームを構成する。現場対応チームは現場に行くところから対応がはじまる。現場における記者の取材への回答、市民などからの問い合わせへの対応、市民の声の収集、現地の官公庁などの視察対応やVIPの訪問対応などを行う。あらかじめ回答内容は本社の広報プロジェクトチームの対応内容に合わせておく必要がある。また現場での記者などからの取材が多い場合は、別途現地での記者会見を行う場合もある。

このように広報プロジェクトチームは多くの業務を短時間でやり遂げる必要があり、上場企業などではかなりの人数をかける必要がある。必要な要員数のメドを例示すると、対策本部長1名、情報管理3名、社内連絡3名、官公庁など社外連絡3-6名、メディア記者対応2名、会場手配2名、資料作成3名、報道チェック1名、ホームページ対応1名、社告手配広告差し止め対応1名、社員向け情報発信1名、合計最大で25名となる。

6-8

記者会見資料作成と記者会見の進め方

ステートメント、プレス資料、Q&A をスポークスパーソンと協議して作成する。質問には真摯に対応し透明性を確保する

- ステートメントとプレス資料は公式見解として準備する
- 質疑応答は質問があれば回答する内容と、回答しない内容を明確に区別し、回答しない場合はその理由を明確にする
- 記者会見は真摯に対応し感情的にならず質問を打ち切らずに対応する

1 記者会見で準備する文書

記者会見にはある時点の会社や組織の状況をまとめたポジションペーパーをもとに、ステートメント、プレス資料、Q&Aの3種類の文書を準備する。

(1) ステートメント

記者会見を行うスポークスパーソンが、会社や組織の問題意識、見解、決意、対応方針などを短い文章で表明する。不祥事などの場合はお詫びを申し上げる。文章は簡潔をよしとし、人為的ミスや不祥事では潔くお詫びし、問題解決への姿勢を表明する。

記者会見のタイミングとしては、事態が一段落した時点で行うことが一般的である。ただし、消費者への影響が大きい場合は、原因や結果がわかっていない時点であっても、消費者保護のために早めに現状説明の記者会見を行う。記者会見では文章メモを読み上げずに、自分の言葉として発言する。多くの場合ステートメントは200文字程度とし、スピーチとして1分前後がよいとされる。

(2) プレス資料

事件や事故の要点および概要を記述した広報発表資料である。現段階で公表すべき事実と公表して差し支えないとした事実を記述する。内容は簡潔にあいまいさがないように適時適切にまとめる。記者は記事の事実の記述の多くをこのプレス資料で作成するため、プレス資料に誤りや不備、あるいは公表すべきでない情報が掲載されていると大問題となるので内容は十分吟味する必要がある。

記載内容は、確認できた事実、決定した対応方針などの事柄、人命や第三者への被害に関わる事実などで構成される。被害拡大防止のために消費者などに取ってもらいたい行動などはきちんと記述する。必要に応じて施設や組織の概況や見取り図などを添付する。プレス資料の作成においては、現段階で公表すべきではない情報や不確定情報は明確にしておく。例えば事故原因の憶測は掲載しない、関係者のプライバシー情報は掲載しないなどを決めておく。

(3) Q&A

質疑応答は記者会見のクライマックスである。スポークスパーソンがステートメントとプレス資料で公開した以外の情報をどれだけ引き出せるかが記者の目的となる。Q&A の作成は、質問があった場合に回答するものと絶対回答しないものをあらかじめ分別する必要があり、Q&No を決めることも重要である。想定質問は社会の常識を基本に網羅的に用意する。事件事故が発生した場合には、今起きている事象、それを起こした会社や組織について、どのような視点、問題意識で会社をみているかを想像する。何を知りたがっているのか、判断を下すために求めている情報は何かなどを明示し、どこまで回答するかを決めていく。専門用語や業界内、社内のみで通じる言葉は使わない。基本的な事柄であってもわかりやすく説明する文書を作成する。本社と工場で 2 か所で記者会見を行う場合などでは回答が分かれると追及されるきっかけを作ることになる。同様に、記者会見で複数のスポークスパーソンが登壇する場合では、どの質問にはだれが回答するかも決めておく。

2 記者会見の進行

記者会見は以下の手順で行う

(1) 資料の配付

記者会見の開始時刻の少し前に資料を配付する。この時点から記者は配信記事の執筆に入るので、配付時間にできる限り差が生じないよう一斉に手際よく配付する。情報開示は公平に行う。また記者が入場するときは名刺をもらう。後日発言内容の訂正や、事実誤認が記事に記載された場合の訂正申し入れなど対応が必要になる場合に備える。

(2) 会見の開始

記者会見は時間厳守で実施する。定刻になっても開始されないと記者も人間でありイラつく。もし何らかの出来事が発生し開始が遅れる場合は、早めに理由を説明し開始時刻を変更する。

(3) 入場

約束の時間にスポークスパーソンが入場し、司会者が記者会見の開始を告げる。スポークスパーソンの氏名を紹介し、司会者の自己紹介を行う。事故対応などを優先すべき妥当な理由がある場合は、あらかじめその理由を説明し、記者会見の終了時刻を知らせ記者の理解を求める。その場合でもおおよそ1時間は会見時間としては必要である。

(4) ステートメントの発言とお詫び

スポークスパーソンが記者会見の冒頭に準備してきたステートメントを発言し、不祥事などであればお詫びをし、しっかりとお辞儀をする。ステートメントは生きた言葉で発言し、決して原稿を棒読みしない。お辞儀をする場合は、意識して長めにカメラやテレビにその映像を十分撮影してもらうことを心がける。ステートメントを発言している最中はできれば立ったままマイクを持って話をする。話終わったところでマイクを置き、お辞儀をする。頭を下げる角度など記者会見コンサルタントがいろいろ述べる場面でもある。入場からここまでを一連の動きとして行うとスマートに見える。カメラのフラッシュなどが落ち着いたところで姿勢を戻し、「それではお配りした資料に沿って事実経過をご説明いたします。着席させていただきます」と一言断って着席する。

(5) 資料説明

プレス資料に沿って要点を簡潔に説明する。所要時間はおおよそ5分程度を見込む。

(6) 質疑応答

記者会見のクライマックスである。司会者は発言希望者に挙手をしてもらい順次指名する。一部の記者が優先などと偏らないよう注意する。記者には所属と氏名を述べてもらって質問してもらう。司会者やその場にいる介添え者は口を挟まない。スポークスパーソンはできれば1名がよい。最高責任者と現場の状況をよく知る担当執行役員とが分担する場合でも2名までとし、できるだけ人数が少ないほうがよい。檀上で発言者同士の意見の食い違いは致命的である。事前の発言内容や回答の確認等の準備が大切である。

また、あらかじめ終了予定時間を示していない場合は、質問は打ち切らない。同じような質問が複数の記者から投げかけられても丁寧に回答を続ける。記者は発言の不整合や矛盾を探しているのであり、感情的になるとそこに何らかの不都合があるとし、追及が厳しくなっていく。記者のバックにお客様や消費者市民取引先の皆様がいると認識して丁寧に回答を続ける。

質問が続いているのに一方的に会見を打ち切ると、そのこと自体が不誠実とみなされ、その主旨で記事が書かれることになる。

(7) 会見終了

司会者は、質問が少なくなってきたら頃合いをみて「あと1~2問の質問をお受けして、会見を終わりたいと思います」と告げ、様子をみて会見を終える。この発言をしてもそこからまた質問が続出することもあるが、その場合は質問を打ち切らない。

次の記者会見やブリーフィングなどの予定がある場合は、その日程を連絡する。

会見が終了したらスポークスパーソンはお辞儀をして退室し控室に戻る。一般的な記者会見では、終了後に会見席や廊下、エレベータホールなどでのぶら下がり会見が常態となっているので注意する。広報担当者がスポークスパーソンのそばに着けない状況で、複数のスポークスパーソンが分断されて記者に取り囲まれると、そこで意見の食い違いが発見されたり、あるいは不誠実な発言など問題発言とされる多くのコメントがこのぶら下がり会見で発言される場合が多い。ぶら下がりを避けたい場合は、レイアウトを工夫し、記者とスポークスパーソンの退出路を分けるレイアウトをあらかじめ準備しておく必要がある。

なお、記者会見の会見席の背後からカメラやビデオで撮影されることもあるため、手控えなどの置き場に注意する。過去の記者会見で見えてないだろうと足組をしたり、ズボンをたくし上げたりなどの様子が放映された事例がある。また、記者会見終了後にピンマイクを外し忘れて、ぐちや独り言が伝わってしまった事例もあるので、最後まで気を抜かない。

記者会見の目的は、消費者などの被害を軽減する、事件や事故の経緯などを真摯に説明するなどそれぞれ明確にして臨むことが必要である。被害者の家族構成などの提供は被害者とその家族を保護する意味からも必要性を十分考慮する必要がある。また、企業や組織を守ることも重要であり、事件や事故を起こしたそのことは当然反省し再発防止に努めるべきであり、相応の責任追及を受けることは覚悟しなければならない。一方、社長の失言などによる不買運動などでの業績の落ち込みは従業員やその家族、取引先までを巻き込んだ不要な悪影響であり、これは避けるべきである。

6-9

記者会見以前の課題

記者会見に臨む前に、スポークスパーソンの適格な人選や事務局部門の情報整理能力の向上が必要である。誤った情報の発信や失言は避けなければならない

- スポークスパーソンの好まざる人間性や失言は企業や関係者に不幸を招くため、適格な人選が求められる
- 記者会見の方向性を決定する基礎情報が間違っているとすべてが間違ってしまう。事務局の情報収集と分析判断能力の向上が不可欠
- 委託先などが起こした事故であってもお客様に対しては加害者の立場であることを認識する

1 スポークスパーソンの選定

経営の最終意思決定は社長が行う。事務局は情報収集や選択肢の提供、意見具申はできるが、最後は社長が決断を下さねばならない。記者会見では事態に応じて社長、CRO、リスクオーナーの執行役員、広報担当役員などの中からリスクの性質により適格にスポークスパーソンを選定する必要がある。記者会見の注目点は顕在化したリスクの内容にもよる。

事柄を外部性と頻度の２つの観点で整理すると、外部要因で頻度が低い地震やテロなどの場合は、人命第一の観点から法律や規則の順守がまず問われる。その後に経営に関する事業継続計画（BCP）の観点も出てくる。ただし公共性の高い業種では一般の企業より事前対策の妥当性が問われる。

外部要因で頻度が高い取引先倒産や為替の乱高下などでは、日常の準備策の妥当性が求められる。

内部要因で頻度が低い過労死や集団離職などでは、企業内部の日常の取り

図表6－⑤　広報の観点からみたリスク分類

広報の観点からみたリスク分類	頻度が低い ある程度予想できる事態 法令や規制に従っていない場合厳しく責任が問われる	頻度が高い：日常的 容易に予想できる事態 日常的な予防策対応策が問われる
外部要因 発生後に適切な対処がされているかが問われる	地震、テロ 人命第一 法律や規制の順守 事業継続計画BCP	取引先倒産、為替乱高下 予測できる事態への準備策の日常の徹底度合い
内部要因 発生したこと自体に企業の責任が厳しく追及される	過労死、集団離職 発生原因である企業の日常の取り組み	不良品、環境汚染 予測できる事態への準備策の日常の徹底度合い 業界慣行 企業体質

組みの妥当性が問われる。

内部要因で頻度が高い不良品や環境汚染など日常の管理下のものに対しては、日常業務そのものであり4つの分類の中では一番経営の姿勢が問われる。日常の業界慣行や、繰り返し発生している場合は経営の杜撰さが追及される。

これらの性格を踏まえてスポークスパーソンを選定する。また、消費者保護のために第一報を発信する記者会見では、製品などの担当執行役員が、事件が収束して経営責任が問われる段階で社長がスポークスパーソンを務めるなど、時系列を追って選任することも有効である。

ただ、日常の調整や戦略思考は優秀でも、個人の性格により記者の質問に気色ばむ、むきになって反論する、質問を途中で遮る、業界用語や専門用語を多用して煙に巻く、意見と事実を混同して持論を展開するなど高圧的な態度をとる人や、逆ににやにやする、きょろきょろする、落ち着かないなどの性格の人はスポークスパーソンに向かない。しかしながら役職上、記者会見を行う可能性が高い場合は普段から訓練を受けて、これらの癖を克服することが必要である。記者会見のゴールは記者を言い負かすことではなく、情報を共有し企業の今後の対応姿勢を表明する場であり、多くのステークホルダーに理解を求め、場合によっては対応に協力を取り付ける場である。記者会見の失敗で多くの第三者を不幸にすることは防ぐ必要がある

2 事務局要員の情報収集および情報整理能力の向上

記者会見訓練というと、社長などのスポークスパーソンの話し方や態度、お辞儀の仕方などが注目されるが、実は事務局の組織的な情報収集および分析能力が低いことを指摘されることが多い。短時間で情報を収集し、分析し、発表用原稿を作るためには、訓練が必要である。予見を持たずに正しい情報の収集を行う、自社の立ち位置の確認、業界用語を排除したわかりやすい文書の作成、被害者、消費者、市民、株主、投資家、取引先、官公庁などステークホルダーごとの関心事の分析、などを短時間で行っていく。

情報漏洩事件を起こした企業で、最初の記者会見で漏洩した件数や内容、影響度などを間違って発表し、その後何度も記者会見で訂正した事例がある。記者会見のたびに漏洩件数や漏れた情報の深刻度が増え、顧客の不信感が増大し多数の顧客が離れていく結果となった。正しく事件の全貌をつかむために多くの要員の投入と、日常時から緊急時へ会社全体を切り替えすばやく情報を収集する訓練が必要である。記者会見訓練でも短時間で様々な多くの雑多な情報から、情報を整理し、ステートメント、プレス資料、Q&A を作り、その後に記者会見を行う通しの訓練を行うことがあるが、事務局の情報整理がうまくいかず記者会見の資料が時間までに作成できないこともある。記者会見はスポークスパーソン１人の問題ではないことを認識する必要がある。

3 被害者意識の払拭

最近では、自社単独で製品を顧客や消費者に提供するところは少なくなり、多くの企業のサプライチェーンによる協力や委託による生産などが一般化している。サプライチェーンの企業や委託先の企業が原因でお客様にお詫びをすることがある。この場合、感情的には相手先企業がしでかしたことという気持ちが生じることはある程度理解できなくもないが、消費者や顧客に

対してはあくまでも接している自社が加害者であることを認識しなければならない。消費者や顧客は企業を信頼して購入しているため、どこに委託しているかどこから部品や原材料を仕入れているかは、まったくわからない。企業にはサプライチェーンや委託先の選定責任があることを忘れてはならない。記者会見で、委託先企業の被害に遭ったためなどと被害者意識で会見し消費者の信頼を失う例が続出しているので特に注意を要する。

そのほかの事後対応

リスクマネジメントを実践している場合、経営者が遭遇するリスクは多くの場合経営を揺るがすものではない。想定される被害が大きく対応する優先順位が高いリスクに対しては事前準備が周到に用意され緊急時対応手順を発動して被害が軽減される。また、優先順位の低いリスクであれば、リスクが顕在化しその場での対応を行ってもそもそも経営への影響は少ないことが多い。しかし時として想定が甘く緊急事態対応を失敗する事態や、あるいはまったく想定していない事態に陥ることもある。その場合には経営者がその場で判断を繰り返す危機管理を行うこととなる。ここでは、経営者をはじめ当事者がその場で判断する状況に陥った場合の危機管理のプロシージャーや心構えを解説する。

6 - 10

危機管理のプロシージャー

想定を超えた影響を受けた場合は、経営者がその場で判断を行う危機管理となる。危機管理では最低限チェックすべきプロシージャーに基づき判断する

- 想定されたリスクが顕在化しその影響度が予想を超えた場合や、まったく想定していない出来事で影響が大きい場合は、危機管理（Crisis Management）を行う
- 危機管理では、企業や組織のすべてを無傷で済ますことはほぼできないため、最少の被害を目指すダメージコントロールを行う
- 危機管理はトップダウンでその場で判断を行うが、意思決定を行うための最低限チェックすべきプロシージャーがある

1 危機管理の必要性

企業や組織はリスク対策を行うべきリスクに優先順位をつけて日常時に様々な対応を行っている。そのためいくつかの重要なリスクはそのリスクが顕在化した場合に備えて事前の準備を行っている。そのリスクが顕在化し緊急事態となった場合に組織だった計画を発動させても状況によってはその対応能力を超えてしまう場合がある。例えば、小規模な製品事故による製品回収を想定し、何度か対応した実績があった企業で、被害者が１万人を超えかつ重度の後遺障害が発生しマスコミに大きく取り上げられ長期間の業務停止処分となる場合を想定する。あらかじめ想定していた被害想定を超え、準備していたコンティンジェンシープランも破綻した場合は、その場で経営者が最終の意思決定を行う危機管理となる。

もう１つは想定をしていなかった事象が発生し、しかも被害が大きい場合

の危機管理である、例えば新型コロナウイルスが世界中に蔓延し、飲食業、ホテル業、旅行業では需要が蒸発した。この場合にどう企業を経営し取引先や従業員を守っていくかはまさに経営の危機管理である。

経営者がその場で考えてトップダウンで決定し、詳細は現場にまかせる権限委譲を行うことが危機管理であるが、意思決定にあたって最低限経営者が考慮するべきチェックリストがある。

2 危機管理のプロシージャー

経営者およびそれを補佐する事務局が対応策を検討し実行するために15のチェックポイントをプロシージャー・手順として策定した。

1)	この事態に関する「対策」で目指すものは何か
2)	事態（事件・事故等）の原因は何か
3)	事態の影響は今後も拡大するか：予想される課題は何か
4)	事態の被害拡大防止対策はあるか
5)	被害拡大防止対策はどこまで確実か
6)	被害拡大防止対策で関係者に協力を依頼できるものは何か
7)	被害拡大防止対策はいつまでに準備できるか
8)	被害拡大防止対策の代替策は何か
9)	代替策はいつまでに準備できるか
10)	被害拡大防止対策の進捗状況をどのように確認するか
11)	被害拡大防止対策についていつ情報開示するか
12)	被害拡大防止対策につきどこまで情報開示するか
13)	被害拡大防止対策は企業倫理、法律に抵触していないか
14)	被害拡大防止対策が失敗した場合のリスクは何か
15)	被害拡大防止対策が成功した場合に残るリスクは何か

経営者および事務局要員は、このチェックリストの質問を適宜投げかけ対応策を検討し、またその対応策が妥当であるかを確認する。1）の目指すものの設定は、一連の被害拡大対応策を適応し事態が収束したときの目指す姿を示すことと、1日後など、対応のその期間の終了時の目指すゴール設定の2つの意味合いがある。明確に目標を設定することで、多くの部門の力を結

集することができる。

また、9）の通り代替策を常に考えることも重要である。緊急事態で思いつきで対策を出した場合、一見よい案に見えることがあるが、見落としがある可能性もある。そこで代替案をいくつか必ず検討の俎上に載せることで、それぞれのメリット・デメリットを比較することができる。最終的にある案を選択することになるが、その場合その案のデメリットなどが残るリスクとして明示される。そのため一連の対応が終了したら次のサイクルでその残るリスクへの対応を速やかに実施していくことになる。

この一連のプロシージャーで重要なのは、最悪のシナリオを検討することである。対策が失敗した場合の影響度をしっかりと把握し、進捗状況を把握しつつ、その間に最悪の事態が発生した場合の次の対応策を考えていく。日本では「言霊」信仰心があるといわれ、失敗を口に出すことがはばかられる雰囲気があるが、危機管理ではあえて失敗や最悪の状況をシナリオ化し明示することが重要である。失敗に備えて二の矢三の矢の準備を怠らないようにする。

3 危機管理の5つの問

15問のチェックリストはマニュアルに記載したり、対策本部の壁に張り出すなどで見える化することで実施漏れをなくすることが可能であるが、さらに重要な問に絞り込んだものを紹介する。5問なので覚えて、日常の様々な場面でも適用できる。

①問題解決の目指すゴールは何か：目的設定

②ゴール達成を阻害する課題は何か：課題設定

③原因は何か：原因分析

④解決策と代替策とを比較したか：問題発展回避、影響度軽減対策

⑤対応策が成功した場合に残るリスクは何か：残存リスク認識

ここでの留意点は、このプロセスそのものがリスクマネジメントプロセスを応用したものであることである。達成すべきゴールを目的とし、その目的達成を阻害するものをリスクとし、その解決のためにリスクマネジメントプロセスを適応できることを示している。

6-11

復旧時の取り組み

緊急事態対応が一段落したのちは、ただちに復旧に向けた活動を行う。第三者委員会を設置し外部の目の取り入れや、ステークホルダーの協力関係を構築しておく

- 緊急事態対応を行い影響の拡大を食い止めたのちは、ただちに経営の再建に向けた復旧活動に取り掛かる
- 経営への影響が大きい場合や原因が社内にある場合には、第三者委員会を設置し原因究明や再発防止策の策定の透明性を確保する
- 復旧を円滑に行うには日常時から構築していたステークホルダーの協力関係が不可欠

リスクが顕在化し、想定していた事態管理での取り組みであっても経営への影響が大きい場合や、想定以上の被害による危機管理の場合ではその経営へのダメージからの復旧を早急に実施する必要がある。緊急事態対応である事態管理や危機管理から復旧に切り替えるタイミングは、組織の存続の見通しが確実となり、現在の緊急事態対応への対応能力が現時点で十分確保され、今後の状況の大半が想定できた時である。

復旧にあたっては被害の状況を踏まえて、場合によっては事業構成を大きく変更する必要もある。その場合一社だけでは復旧に限界がある。同業他社との協力や、資本関係や債権者などの支援を受けることも欠かせない。

ステークホルダーの支援を受けるためには、特に事態を招いた原因が社内にある場合には、結果として社会やメディアの監視を受けることになる。その場合は特に再発防止策や原因および責任の所在を明らかにする必要がある。そのため、第三者委員会を設置し外部の目を取り入れて改善策を打ち立てることが求められる。事実最近は不祥事を起こした企業の多くで、弁護士

や大学教授などの有識者を入れた第三者員会が設置されることが当たり前のようになっている。ただし、第三者委員会が経営者のお手盛りになっていて、調査権限が限定されていたり、調査期間や手法が不十分である等、本当の意味の第三者委員会になっていないという指摘も増えている。この場合、かえってステークホルダーの反発を招くこともあり得る。経営者には耳が痛いことかもしれないが、きちんとした対応を行い、信頼を勝ち取る必要がある。

企業の危機管理の古典であるタイレノール事件のように、また地震で被災した工場をこれを機会に免震建設に切り替え、最先端の機械に切り替えたことで一気に競争力を確保した企業もあるように、ピンチをチャンスに変えることもできる。

事態を招いた企業や組織が、市民などのステークホルダーから信頼を再度獲得するためには、その復旧時の取り組み姿勢は3つの条件をクリアしなければならない。1つはコンプライアンスを順守する誠実さである。2つめが対応できる能力があること。これは事態対応に対する科学的工学的技術力のみならず組織を運営する能力も含まれる。そして一番重要な3つめが、企業や組織がステークホルダーとりわけ被害者や市民の立場に寄り添っているかである。現場復旧や被災者支援を行いその後の復旧を行っていくときの姿勢が、経営者の保身や会社の利益優先であることが垣間見えると、信頼の確保には程遠いこととなる。

6 - 12

危機に陥りやすい組織

不祥事を起こしやすい組織や危機に強い組織には共通要因がある。緊急事態が発生してからすぐには企業体質は変わらない。日常時の不断の努力が欠かせない

- 不祥事を起こしやすい組織はガバナンスが効いていないことが多い
- 危機に強い組織は、時間、予算、要員に余裕があることが多い
- 地震や水害など突発的な事象も恐ろしいが、内部の組織の脆弱性による緊急事態はもっと恐ろしい

1 不祥事を起こしやすい組織

企業や組織で事件や事故が多発するところがあるが、不祥事を起こしやすい組織には共通した特徴がある。超急成長した企業では、中途採用や合併などで企業に短期間で多くの要員が集うこととなり、企業共通の組織文化やルールが周知徹底されにくい。各自が過去の所属企業の価値観で判断したり、成長企業なので出世争いが激しいなどにより、意思疎通に乱れが生じやすい。官僚体質の企業も前例踏襲であったり、過ちを認めない文化であることが多く、世の中の価値観が変化しても過去の硬直的価値観で物事を判断し、世間の常識はずれの対応をしがちである。また、事件が発生した場合は被害者対応より自組織の責任がないことの論陣をはることに終始しがちであり、経営としても本質把握に遅れが生じかねない。内紛がある企業も同様に各派閥間で意思疎通ができず消費者やお客様対応が後回しになりがちである。また事なかれ主義や世間体を気にする企業も、その場限りの場当たり対応をしがちで、結果的に傷口を大きくしがちである。

2 危機管理成功の要件

一方、危機に強い組織の共通点は価値観が統一され、意思疎通がよく、内紛や出世争いの足の引っ張り合いがなく、世間体よりは倫理を重視する対応ができる企業となる。その企業でも危機管理成功のためにはさらにいくつか条件が必要になる。

危機管理の成功のためには、①まずリードタイムが取れること。時間に多少の余裕があり準備期間があること、②法律、規定など各部署が対応を行う根拠文書が整備されていること、対応には社内で意見の食い違いや認識の齟齬が発生する。そのときに対応の根拠となる文章を示すことにより調整がスムーズに進む。③予算があること、対応に費用が掛かる場合、予算がなければ権限委譲されていても対応策の発令には躊躇する。そのため年間予算に一定程度のリスク顕在化時の対応費用を必ず計上しておく。緊急事態発令時にその予算を現場で使えるようにしておくことが危機管理では必要である。④役割権限の明確化を行い、多くの要員が緊急事態対応を行う。この場合は普段の役職の権限を越えて指示がいくこともあり、また場慣れしている担当者のほうが名目の管理職よりも指示が的確であったりする。このような状況ではそれぞれの役割を明示して混乱を防ぐ。⑤1人の指揮者。ワンボイスという言葉があるように、いろいろ意見がありこうしたほうがよいのにと思ったとしても、一度組織決定した場合は組織としての指揮命令系統に対して横から口を出さない。意見がある場合は事務局に内々に意見具申を行い、表には意見対立があることは出さないことが肝要である。

これらが守られた場合に緊急事態対応や危機管理は成功する。

3 恐ろしい内部からの危機

地震や火災など突発的な緊急事態は影響はすばやく拡大する。外部原因はすぐに対処可能であり、事態管理に必要な要員の動員は比較的容易である。事態の影響が長引く場合には対策本部の設定期間を延長し戦略的に対応する。

一方、内部から発生する不祥事のような緊急事態は、企業や組織への影響が検知されない間に忍び寄り拡大していく。兆候を見逃し、否定し、無視し、誤解し、急に影響が顕在化することで緊急事態となる。既存の対処策で手に負えなくなる危機管理状況となってしまわないよう対処策を的確に実施する必要がある。組織として恐ろしいのはこちらの潜在するタイプのリスクである。自分と関係ないと当初思った遠隔地での自然災害や天候不良によるサプライチェーンの停止あるいは情報漏洩、異物混入、品質問題、法令違反、コンプライアンス問題などがこれにあたる。

特に品質問題などでは、安全性のずれを顧客が直接確認できないため、通常の作業工程として容認されるところからはじまる。複雑すぎる手順や非現実的なスケジュール、慢性的要員不足、訓練不足、監視の甘さなどから手順の逸脱が発生する。これらの逸脱がその場で罰せられないで放置され、軽微な事故を報告せず、従業員同士がお互いをかばいあうなどがみられる。また管理者と従業員の間にも仲間意識で作業不備の許容が生じるなどで問題が拡大していく。また不備を発見しても放置され体系の改善が行われず、だれかを非難して終わる、経営者が関心を持たず要員や予算が欠落している、要員に対する安全や福祉への配慮がないなどの状況が続くと、いずれ大きな事件事故が発生する。経営者はこの恐ろしい予兆を感知し、体質改善を怠らない努力が必要である。

4 危機管理におけるリーダーの役割

危機管理を行う場合には、対策本部長である社長や執行役員は当然のこと、各機能部門のリーダーもそれぞれの役割を果たすことが求められている。リーダーの役割としては、緊急事態であることを認識し、日常業務と区分けしたある概念を確立する。影響を確認し、対策を実施し被害の拡大を制限する。様々な予測されるレベルの課題を実際に発生させない対策を合わせて実施する。特に他の組織に与える影響拡大を削減する。決められた対策を部下に実行させ、組織外部のステークホルダーの懸念を払拭するよう説明する。

このような危機管理の実践において、特に留意するべき点は、対応にあたっている要員のストレスの軽減やメンタルヘルスケアである。アメリカのICSでは対応要員の安全確保は対策本部長・指揮者の責任と明確に定められている。そのためにもリーダーが努めなければいけないのは、交代要員の手配、物資の供給であるロジスティックスの確保である。また、多くの関係者と情報共有を行う必要があるため、表現する能力を磨かなければならない。公式および非公式のコミュニケーション能力、SDGs、ジェンダー、ダイバーシティを配慮した言葉・語彙、表現能力が求められる。そのためには日常時からこれらの対応能力を開発する必要がある。

5 危機管理の留意点

危機管理に至った状況は厳しい状況であり、十分な準備がない状況での対応になりがちのため、最善を尽くしたとしても結果は保証されない。結果によっては、企業の再建をメディアや市民が監視する状況となり、様々な制約が発生し自由度が必ずしも確保できない場合もある。また一部部門の売却や経営陣の退陣などが避けられない場合もある。その中でも経営者の責務として任務を全うすることが求められる。

このような状況において、リスクマネジメントや危機管理を円滑に行うためには、下記のようないくつかの留意点がある。

①実際に何か事象が起きると企業の中に複数の目的が同時に設定される。経営としての目的、組織の維持、安全確保、事象解決のためのタスクなどである。これらの目的の設定により同時にそれぞれの残留リスクも異なる。そのため目的や残留リスク、およびそれぞれの対策などが錯綜し事態が複雑となる。また目的や対策相互にコンフリクトも生じ得る。経営者の目的は経営の継続であり現場の目的はとりあえずの原状復帰となるが、これらが一致しない場合も発生する。

②経営者に求められる能力は指揮能力であり、一方現場は個々の事象に対する対応能力である。特に現場の目的と経営者の目的が相違した場合に、現場の実行しようとする対応を止めて、経営の求める方向へと切り

替えさせる能力が必要となる。例えば、地震で工場が被災した場合に工場の責任者は早期復旧を目指すが、経営者の立場では他者への代替生産への委託や工場の移転を進める局面などが考えられる。

③危機管理の成功のためには創造性と柔軟性が必要である。倫理や法律などは守るべきものであるが、組織内の規範や日常時のルールを越えた判断や戦略も必要になる場合がある。その場合には組織のパーパスや企業理念などの根本的価値観に照らした行動が必要である。

④危機管理は人で行う。特に影響を受けた人への思いやりや包摂がなくては成功しない。優先順位に基づく対応を行うため、すべての顧客や取引先、従業員などの期待を満足させることができないし、一部は不義理をすることもある。それらの影響を受ける人の理解を得ることが必要である。

6 - 13

危機管理十か条

緊急事態や危機管理を経験した経営者の言葉から学ぶことも多い。危機管理における十か条にまとめた

- リスクマネジメントおよび緊急事態対応や危機管理を文化として組織に根付かせていくために、危機管理の十か条を活用する

1 危機は忘れる間もなくやってくる

経営者は、「今日にでも緊急事態が起きるかもしれない」という緊張感を持つことである。地震を例に挙げれば1995年の阪神・淡路大震災から日本は地震の活動期に入ったといわれており、東日本大震災や熊本地震など2-3年に1回は被害地震が発生している。そして今後30年以内に70%以上の確率で、首都直下地震や南海トラフ大地震が想定されている。また気候変動により猛暑や大雪、さらに風水害が毎年どこかで発生している。さらに、新型コロナウイルス、情報セキュリティ侵害、そしてウクライナ侵攻など続々と発生している。寺田寅彦の「災害は忘れたころにやってくる」ということわざは通用しなくなってしまった。

2 リスクマネジメントの基本は自己防衛

リスクが顕在化したときに本当に頼れるのは自社のみである。とりわけ、発生直後には助けを求めることは困難である。自らに降りかかった火の粉は自力で振り払う覚悟がいる。どこかのサイトで汎用のマニュアルをダウンロードすればよいということには決してならない。コンプライアンスや労務管理、品質管理、情報セキュリティに地震水害火災対策、そして商品開発や

海外進出など、リスクマネジメントは各組織がそれぞれの実情に応じて、自分で考えて日頃から構築していくものである。

3 本当の危機は事故災害直後からはじまる。

危機管理のポイントは、リスクマネジメントの一環である事前の準備・事態管理である。しかし危機管理の真価は、不祥事や事故災害が発生した後の一挙手一投足において問われる。

4 悲観的に準備し楽観的に実施せよ

経営者は常に最悪の事態を想定しなければならない。最悪に備えるというのが危機管理の基本である。そして緊急事態発生時には、悲観的に検討した様々な対策から最適なものを楽観的に実施することが成功の鍵となる。

5 危機管理は引き算のマネジメントである

事態管理の準備段階や緊急事態対応の実行段階においては、「A がだめならどうするか」、「B もだめならどうするか」という具合に、引き算の発想で代替案を詰めていく。

6 価値のある無駄

無駄を省くことは経営者の大きな関心事であるが、リスクマネジメントにおいて経営者の役割は一見無駄に見える対策に価値を見出すことである。緊急事態への備えはコストと人的負担を要するので、「ここまでの対策は必要ない」と断じてしまいがちであるが、再度過去の教訓に目を向けることが求められる。「過去の教訓を活かせるか否かは経営トップの胸ひとつ」。運よく使われなかった代替策や防御策のコストは決して無駄ではない。

7 失敗こそ訓練なり

みかけの訓練の成功は事前準備の失敗である。経営者に失敗するところをみせたくないと想定を甘くした訓練は意味がない。経営者の参加する訓練の前に予行演習をしている企業もあるが、経営者は訓練の目的を問うべきである。厳しい条件による訓練での失敗にどれだけ学べるかが緊急事態対応を成功させるための決定的なポイントである。多くの失敗による課題を見つけて「本番でなくてよかったね」と改善することこそが成功した訓練といえる。

8 継続は力なり

緊急事態への対応力は絶えざる訓練によって鍛えることができる、と同時に、対策マニュアルも実践的な訓練を通じて見直されてこそ、生きたマニュアルとなる。日常のリスクマネジメントの見直しも含めて継続的改善がリスクに強い企業を作り上げる力の源泉である。

9 信頼の絆が命綱

リスクが顕在化したときに本当に頼れるのは自社のみである一方、取引先企業などの支援の有無が生き残りの決め手となる。代替オフィスの確保や復旧資材の調達、技術者の派遣、そして受注の継続などが必要なときに支持してもらえるか否かは、相手との信頼関係の強さによって決まる。その意味で、日ごろから取引先との信頼の絆を強めておくことが重要である。

10 便りのないのは悪い便り

緊急事態発生時の状況認識でしばしば陥りやすいのは、音信不通の相手の状況を楽観的に判断してしまうことである。その結果、復旧支援の対応が遅れたことは少なくない。情報が取れなければ最悪の事態を想定し先遣隊の派遣や発注先の切り替えなど緊急事態対応をする必要がある。

最後に1つ付け加えると、「この世の中に絶対安全は存在しない。常に存在するのはリスクである」という事実である。時々刻々様々に変化するリスクに事前に備え事後に的確に対応することが経営者として求められている。

危機管理十か条

一、危機は忘れる間もなくやってくる

一、リスクマネジメントの基本は自己防衛

一、本当の危機は事故災害直後から始まる

一、悲観的に準備し楽観的に実施せよ

一、危機管理は引き算のマネジメントである

一、価値のある無駄

一、失敗こそ訓練なり

一、継続は力なり

一、信頼の絆が命綱

一、便りのないのは悪い便り

第 IV 部

よりよいリスクマネジメント構築のために

第Ⅱ部では日常時のリスクマネジメントについて、第Ⅲ部では実際にリスクが顕在化した場合について、それぞれ具体的にどのように進めればよいかを解説してきた。ここではよりよいリスクマネジメントを構築するために、最近注目されているいくつかのリスクへの個別の取り組みと企業の実例を紹介し、最後に実際の企業で行われている階層構造をもったリスクマネジメントの進め方を理想的なリスクマネジメントとして解説する。

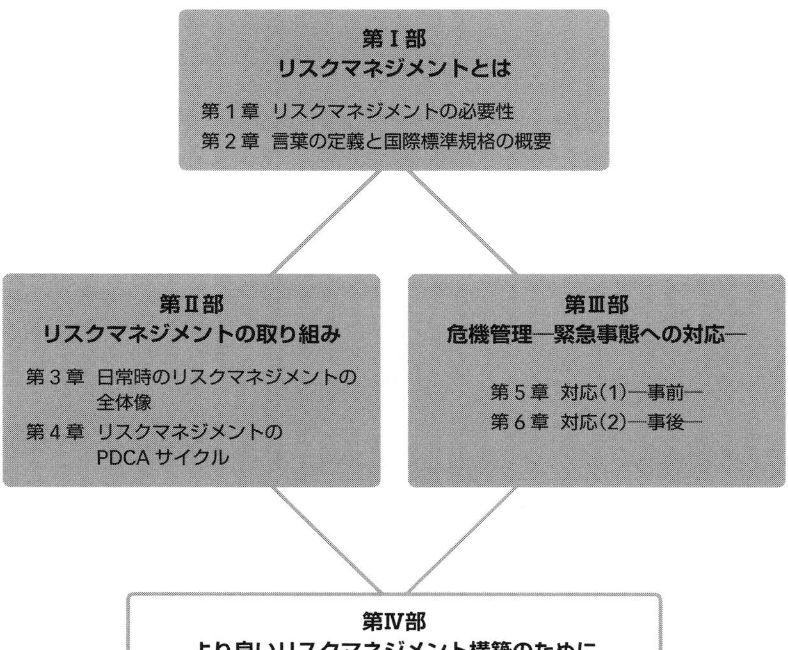
第Ⅰ部
リスクマネジメントとは
第１章　リスクマネジメントの必要性
第２章　言葉の定義と国際標準規格の概要
第Ⅱ部
リスクマネジメントの取り組み
第３章　日常時のリスクマネジメントの全体像
第４章　リスクマネジメントのPDCAサイクル
第Ⅲ部
危機管理―緊急事態への対応―
第５章　対応(1)―事前―
第６章　対応(2)―事後―
第Ⅳ部
より良いリスクマネジメント構築のために

リスクマネジメント構築に向けた具体的な取り組み

リスクマネジメントプロセスの共通の考え方を説明してきたが、顕著なリスクには固有の対応プロセスが整備されている。

ここまで、リスクに対する日常の取り組みと、事件や事故などリスクが実際に発生した場合の考え方を整理してきた。しかし実際のリスクへの対応はそれなりの対応策が整備されている。第４章の対応策では火災対策や情報セキュリティへの対策を一部紹介した。ここでは最近注目をあびている具体的なリスクとして、コンプライアンス、事業継続計画 BCP、製品安全の３つの取り組み事例を紹介する。実際の取り組みにあたっては、それぞれが専門書としてノウハウが詳細に解説されるほどであるが、ここではそのエッセンスを示す。

1

コンプライアンスの取り組みの要点、属人思考を知る

企業のコンプライアンスの逸脱には、個人犯罪と組織犯罪の２つがあり、組織犯罪がなくならない大きな要因に属人思考があることを理解する

- 企業のコンプライアンス違反の中で組織犯罪は大きな影響を与える
- 内部統制システムを構築していても組織犯罪がなくならない原因として属人思考の影響があることを理解する
- 組織犯罪をなくすには、最終的に個人が摘発されることを理解させることと、公益通報・内部告発の仕組みを構築すること

企業の取り組むべき重要なリスクの１つにコンプライアンス違反が挙げられる。しかし近年の日本企業では粉飾決算、品質不正、産地偽装、検査不正、優越的地位の濫用、贈収賄、談合など組織的なコンプライアンス違反が後を絶たない。

企業のコンプライアンス違反には３つの類型がある。①個人の私欲による違反、②無知による違反、③組織的違反である。

①個人の私欲による違反の典型例は会社の資金を着服する横領がある。最近はインセンティブ給与を適用する会社が増えてきたことにもよるが、個人の成績確保のための循環取引や、個人的つながりによる営業末端の談合なども増えている。これらはいずれも個人の利益のために個人が単独で行う違反行為である。

②無知による違反行為は、担当者が法律を知らないで違犯してしまうことである。例えば下請法違反の事例では個人事業主や小企業への発注を口頭のみで済ませたり、支払い期限が検収後60日以内を知らずに支払いを遅延さ

せたりなどがある。このほかパンフレットにネット上の図面などを無断でコピーして掲載してしまう著作権違反なども多い。

最後が企業ぐるみの犯罪として世間から糾弾される③組織的違反である。これは部下の個人のミスによる違反を上司が隠蔽したりすることも含まれるが、大事件になるのは経営陣が関与して長期間繰り返された組織犯罪である。上からの命令で複数の管理職や担当者が犯罪に加担して行われる。中にはいわれた通り仕事をしただけで違法性を知らないという人もあるが、多くは何らかの違法性を知りながら上司の指示通りの仕事をこなしてしまう。ここに組織犯罪の恐ろしさがある。上場企業の粉飾決算、パワハラの圧力で行われた違法募集活動、品質未達製品を書類書き替えで出荷する、など複数の人間が関わって犯罪行為が行われる。

個人犯罪の典型である横領の防止には、内部統制システムを構築し、こまめな経理のチェックや現金の扱いを複数で行うなどの歯止め策が有効である。無知による違反行為には、その業務に関わる要員への研修が有効である。しかし組織犯罪は人事権を握られている上司からの業務命令の形で指示がくるため食い止めることが難しい。

なぜこのような違法行為をしてしまうのか。コンプライアンス研究の第一人者である岡本浩一氏の分析では、属人思考の影響を指摘している。多くの従業員は業務上の指示を法律などの規範によって判断するのではなく、「だれからいわれた」という人の要素で判断するという。日本人は特にこの傾向が強いが、欧米諸国でもみられる。属人思考がよい方向で働くと、「この人のためなら」と頑張る行為にもつながっている。これが悪いほうへ働くと、例えば同じ提案をしてもだれから提案するかで通るか通らないかが変わる、先輩の指示には無条件に従う、などの行動につながる。特に現場にみられる徒弟制で後輩の指導がされる場合には、先輩のだれかが違法行為を行いそして業務手順を変えた場合に、代々違法性を知らずにその手順が引き継がれることも起きている。

先にも述べたが、粉飾決算の防止やコンプライアンス違反を防ぐ仕組みである内部統制システムは、個人の違反抑止には有効であるが、経営者や上司が違法行為を指示し属人思考で部下が実行してしまう犯罪には有効ではない。

最終的にこのような組織犯罪を防ぐためには、犯罪行為に関わった本人が摘発されることを教育し、また公益通報者保護法による内部告発窓口を機能させる必要がある。

2

コンプライアンス促進のための4つの法改正

コンプライアンスを促進するために21世紀に入り4つの法律が成立あるいは改正された。経営者が自らコンプライアンスの順守が求められている

- コンプライアンス経営を実現するには、経営者自らがコンプライアンスを順守する
- 会社法、金融商品取引法、公益通報者保護法、独占禁止法の主旨を理解する
- 最終的には経営者の個人財産の拠出というペナルティが抑止力

企業のコンプライアンス順守を促進するために21世紀に入り相次いで法律が制定・改正された。アメリカで複数発生した大規模粉飾決算事例による法律改正によるコンプライアンス強化の要請が欧州をはじめとする先進国にも求められたことにもよる。日本のコンプライアンス研究の第一人者である高巌氏の指摘のように、日本では商法の大改正を行い成立した会社法や金融商品取引法、公益通報者保護法、そして独占禁止法の改正がコンプライアンス推進に関わる大きな4つの法律である。

1 会社法

会社法では、362条にリスクマネジメントやコンプライアンス促進の努力義務が記載されるとともに、歯止め策として株主代表訴訟制度の改正が盛り込まれた。株主代表訴訟は、取締役および執行役員の会社運営に瑕疵があり、会社が大きな損害を被った場合、株主がその会社の損害の補填を取締役など経営陣の個人財産を供出して補填することを要求する訴訟である。株主個人は直接的に賠償金を受け取ることにはならないが、個人財産が補填され

会社資産が復活し株価が上昇する場合には間接的に損失が補塡される。取締役など会社経営者が敗訴を免れるには、内部統制システムを社内に構築し大規模な組織犯罪を防ぎ、善管注意義務や忠実義務違反に問われないよう会社経営を行う必要がある。

2 金融商品取引法

金融商品取引法では、個人株主が株や債券を購入する場合に得られる情報は有価証券報告書が中心のため、内部統制システムを構築しこの有価証券報告書の記述に誤りがないことを監査法人が監査をすることを求めている。そのため粉飾決算や役員報酬の虚偽記載、個人の特定株主支配の隠蔽など、有価証券報告書に誤りがあり、それが発覚して株価が下がった場合には株主が株価下落の損失額を直接会社に賠償請求できる株主訴訟制度が整備されている。したがって粉飾決算により株価が下落すると、株価下落による損失補塡を株主訴訟で行い、会社がその訴訟で支払った額を善管注意義務違反として会社法の株主代表訴訟で経営者の個人財産拠出を行うよう問うことができる仕組みになっている。また、虚偽記載に対しては個人と会社と双方に懲役刑と課徴金が設定されている。

3 公益通報者保護法

品質不正や検査不正、産地偽装など顧客がすぐには不正がわからないような法律違反を最終的に止めさせるためには、状況に詳しい内部者が不正行為を監督官庁やマスコミに知らせて明るみに出すしかないと考えられている。このため欧米ですでに採用されていた公益通報者保護法が成立した。社内で法律違反を発見した人は、まず社内の窓口に通報する。一定期間社内で対応されない場合は、監督官庁やマスコミに通報しても機密漏洩の就業規則違反に問われず、また会社は通報者に対していじめや左遷、さらには解雇など不利益な処置をしてはならないとした。法律は改正が繰り返し行われているが、残念ながら現状ではまだ通報者の保護が不十分であり、いじめや解雇、左遷などが後を絶たないでいるとの指摘もある。また、転職市場が欧米より小さな日本では、保護が不十分の状況でその後も勤務を続けなければならないことを考えると、なかなか内部通報による是正が進まない。しかし、長期間の不正の継続は、事態発覚時点の企業へ与える影響が増すので、不正の早期発見とその是正を促すために企業は公益通報者保護を充実させる必要がある。

4 独占禁止法

最後は独占禁止法の改正である。欧米や日本ではすでに導入済みの談合をしている企業の自己申告を促す制度である。公権の調査が入る前に自主した企業に対して、その後の談合事件解明に向けた協力が認められると、1番目の企業には刑事罰が免責となる。また申告順に5社までは調査への貢献度に応じて課徴金が減免される。

このように4つの法律の制定や改正によりコンプライアンス違反の撲滅が促進されているが、いずれにしろ会社が被った損失や罰金、課徴金などの損失は最終的に株主代表訴訟で経営者の個人財産の拠出が要求される仕組みとなっている。経営者個人の痛みがコンプライアンスの最後の歯止めとなる。

3

事業継続計画BCPの7つの要件

事業継続計画は防災と混同されがちであるが、別物である。供給責任を果たすためにお客様と製品に優先順位をつけ、代替先で提供することを理解する

- BCPと地震防災は別の概念である。地震、水害、感染症、火災、サイバー、ストライキ、など何らかの原因による製品サービスの供給停止がテーマ
- 被災前提、供給責任、優先順位、目標管理、戦略思考、資源管理、経済指標の7つの中核的思想がある

製造業を中心に部品や原材料の調達先であるサプライチェーンが全世界に拡大し、また在庫を極力圧縮する方式が一般化してきたため、何らかの理由で自社の製品サービスの提供が停止すると、その影響が瞬時に世界中に拡大する状況となってきている。そのため供給停止対応は世界的な関心事となり国際標準規格ISO22301の認証制度も構築されている。

日本では、2005年に政府から各種のガイドラインが提供されBCP（Business Continuity Plan）の普及がはじまったが、当初は普及のしやすさから地震防災の延長で捉えられていた。しかし、製品サービスの供給が停止する原因は地震だけではなく、気候変動の影響が表れていると想定される風水害の増加や、サイバーアタックによる情報システムの停止、そして記憶に新しい新型コロナウイルスによる都市封鎖による部品供給の停止など様々である。このため地震防災とセットで作られたBCPから脱皮して、様々な事業中断原因に共通の対応ができるBCPへ改善することが求められている。

BCPは防災と異なり以下の7つの中核的思想がある。

図表Ⅳ－①　BCPの概念図（突発災害編）

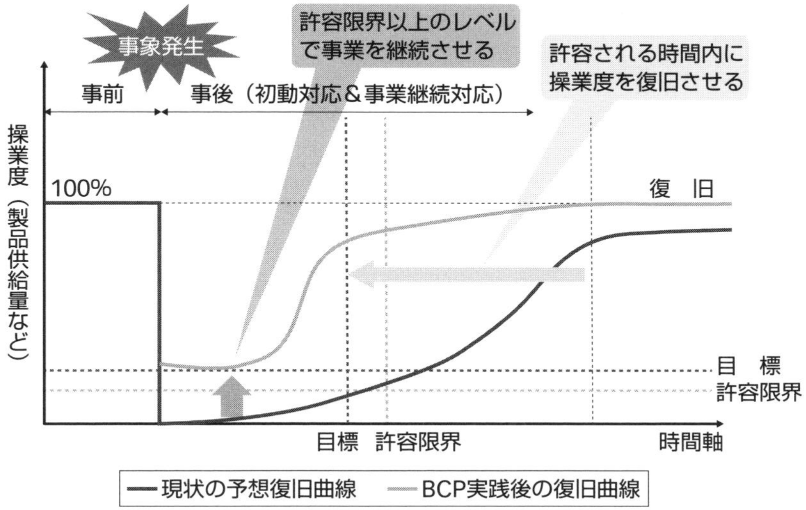

出所：内閣府「事業継続ガイドライン（第3版）」（2013年）。

1　被災前提：オールリスクで被災を前提とする。

製品サービスの供給が停止する原因・リスクは地震だけではない。近年の事例を列挙すると、地震、水害、大雪、火山噴火、新型コロナウイルスによるロックダウン、国の輸出規制、通関規制、集団感染、従業員の集団離職、工場火災、倉庫火災、特注機器の故障、コンピュータウイルス、サイバーテロ、クラウドのシステムトラブル、じゃがいも不作、豚熱、鳥インフルエンザ、道路陥没事故、テロ、ストライキ、部品会社の倒産、不良品、半導体の入手不能、ウクライナ侵攻、そして工業用水の供給停止などがある。これらへの対処は地震防災、水害防災、防火、サイバー対応などそれぞれリスクごとに実施する。一方、BCP は業務停止をいかにカバーするかの観点でできるだけ共通の方針で取り組むことが必要である。

2 供給責任：BCPの目的は供給責任を果たすこと

地震防災の延長線上でBCPが考えられていたことから、BCPの目的が地域貢献となっている企業も多い。しかし欧米で当初構築されたBCPの前提はお客様の需要が日常通りの中で、何らかの理由で自社の製品サービスの供給ができなくなった時の対応を考えるものであった。つまり供給責任をいかに果たすかがBCPの本来の目的である。なお、新型コロナウイルスのパンデミックで観光業、宿泊業、飲食業、鉄道航空、エンターテインメントなど一部の業種では需要蒸発といわれる激しい収入減少に見舞われた。これらへの対応は事業継続計画では対応できない。需要激減への対応はもう1つのBCPであるBusiness Contingency Plan、つまりは不測事態対応計画を用いる事態管理あるいは危機管理のテーマである。

3 優先順位：重要業務・中核業務の選定

被災を前提とすることから、従業員、社屋、機材、部品、システムなど製品やサービスを提供するのに必要な経営資源が損傷をし、供給制約が発生している。このため日常提供しているすべての製品やサービスを提供することができず、優先順位を決定する必要がある。つまりお客様と製品・サービスに優先順位をつけることになる。防災では備蓄や人道的対応などボトムアップでの検討が有効である場合も多いが、BCPはこのように究極の経営判断が求められるため、社長をはじめとする経営者の関与が不可欠である。製品やサービスのほかに買掛金の支払いや給与支払い、ホームページなどの広報活動なども優先順位が高くなることもあり、製品・サービスの製造と合わせて重要業務・中核業務と呼ばれる。

4 目標管理：目標復旧時間と目標復旧レベル

重要業務・中核業務が決まれば、いつまでにどれくらいの量を供給するかを決定する。お客様との契約やサービスレベルアグリーメントを守ることを重視する場合は短期間となる。あるいは市況状況や従業員の被災状況を考慮して長めに設定する場合もあるが、これも経営判断となる。つまり「どのお客様にどの製品をいつまでにどれくらい届けるのか」を経営者が決定する。地震など突発災害ではいつまでにという目標復旧時間が重視されるが、感染症の場合は、どれくらいの量を継続的に提供できるかというレベルが重視される傾向がある。

5 戦略思考：代替戦略と早期復旧戦略

目標が決まればそれをどう実現するかがテーマである。被災した状況を想定する場合、BCPの普及の初期で地震防災からBCPの取り組みを進めた企業では、政府が設定した想定地震に準拠し、この程度の揺れでは工場は小被害でとどまるなどとし、その場での早期復旧をメインにしていた企業が多かった。しかし東日本大震災の大津波での被災や熊本地震で震度7が2回くるなど想定を上回る被害でBCPが機能しない事例が発生している。一方欧米の被害想定はオールリスクを想定し最悪のシナリオを前提とするため、多くは工場の全焼で工場復興まで数か月から1年を費やすことを想定する。つまり製品やサービスを供給する拠点あるいは本社機構を別の被災していない地域に代替することがBCPの基本戦略である。代替拠点を設立するには、大企業であれば複数工場を、また金融機関では情報システムのバックアップセンターを構築することが一般的である。一方、拠点が1つしかない中小企業では同業他社と組む「お互い様協定」が有効であり、中小企業庁や各地の商工部局が推進している。どの企業と組むかはこれも経営者のマターである。

東日本大震災や熊本地震でも同業他社のお互い様協定による代替戦略が効果を上げたBCPの成功例が報告されている。

なお、感染症では経営資源のうち人材の代替性を特に確保する必要がある。

このため①クロストレーニング：各業務を複数の要員ができるように訓練する。多能工化もこれにあたる。②スプリットオペレーション：要員を2つ以上のチームに分けて半数勤務とし、濃厚接触者がチームをまたがらないよ

図表Ⅳ－② BCPの基本は非被災地での代替生産

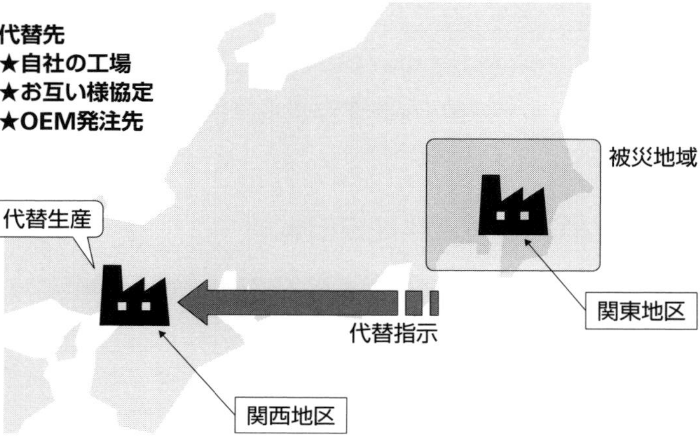

うにする。万が一感染者が発生した場合は、すぐにチームを交代することにより急には業務を停止しないようにする。③応援受援：同業他社と相互支援協定を結び、いざというときは要員を派遣してもらう。

6 資源管理：サプライチェーンの代替確保

自社が無傷でも部品や原材料を提供してくれるサプライヤーが被災したり、倒産したりして供給が止まると、自社も友連れで製品の提供が困難となる。このため部品や原材料の複数調達が必要となる。自動車産業では部品点数が１万点にものぼるが、どれか１つ欠けても自動車は完成しない。サプライヤーもまた、部品や原材料の供給を受けている。このように数珠繋ぎとなることをサプライチェーンと呼ぶ。このどこかで供給停止となると全体が止まりかねない。基本はそれぞれが複数のサプライヤーに発注することである。一方、少量であったり特許などの関係で１社発注となっている場合は、設計段階から極力１社発注とならないような設計をするか、サプライヤー自身にBCPを構築してもらうこととなる。このように最新のBCPでは設計・購買部門がBCPのホットコーナーとなっている。

7 経済指標：資金繰りの確保

目標復旧時間を長めにとる場合、どうしても越えられない限界が、資金繰りの限界である。企業は資金の限界があり経済指標を重視する必要がある。そのため製品やサービスの供給が停止した状況で、どれだけ耐えられるかの財務シミュレーションを行い、必要に応じて損害保険や社債の発行、銀行からの借り入れ予約などの手当を行う。

このように防災とBCPの違いを理解して経営者が関与して進めることが求められている。国もBCPと防災の普及のために、内閣官房のレジリエンス認証制度や中小企業庁の事業継続力強化計画認定制度を相次いで制度化した。

4

製品安全へのリスクマトリックスの活用

リスクマネジメントプロセスはERMのみならず、各個別テーマでも実践している。製品設計にリスクマトリックスを活用した事例を紹介する

- 製品設計においてリスクを洗い出し特定する
- 頻度と影響度のリスク算定を行い、リスク評価により対応策を定める
- 極めて危険なリスクが対処できない場合は開発製造を中止する回避策も範疇に定める

リスクマネジメントプロセスの7つのステップは企業の中の様々な業務に適用できる。ここでは製品開発において、お客様に安全に使用してもらえるよう改良を行うプロセスの事例を紹介する。

ここでは、充電式ドリルを安全にするための製品開発における適応例を紹介する。

試作品をもとに、具体的にお客様が遭遇する危険な場面をリスクとして目録化する。図表Ⅳ-③を参照いただきたい。ここではaからlまで14個のリスクが明記されている。あらかじめ作成されているリスクマトリックスは影響度が致命的から無視的まで4段階、発生頻度が頻発するから発生し得ないまで5段階の20のマトリックスに定められている。危険度は1から20まで順番がつけられており、さらに発生頻度と重大度により4つの段階にわけられている。一番危険な段階では設計変更、安全装置・機構の取り付けでも低減できなければ開発製造の中止という回避策を行うことが定められている。その他の3つの段階では設計変更や安全装置・機構の取り付けや、取扱説明書による警告をリスクの程度によって行うと定めている。

一番危険度の高い4のカテゴリーには2つのリスク事例があり、cでは

図表Ⅳ－③　製品開発リスクマトリックスおよび危険度と対応方針と充電式ドリルの具体的なリスクの位置付け

	発生し得ない	発生しそうにもない	ときどき発生する	発生する	頻発する
致命的	12	8	4 c,g	2	1
危機的	15	10	6 h	5 a,b,j,k,l	3
限界的	17	14 f	11 i	9 e	7 d
無視的	20	19	18	16	13

1〜5　設計変更、安全装置・機構の取り付け、開発・製造中止（回避策）
6〜9　設計変更、安全装置・機構の取り付け⇒警告表示（⚠危険）
10〜17　設計変更、安全装置・機構の取り付け⇒警告表示（⚠警告）
18〜20　設計変更、安全装置・機構の取り付け⇒警告表示（⚠注意）

出所：東京海上火災保険株式会社「PL予防のための製品リスクアセスメント」『リスクレーダー』（'97-2）。

「充電式ピンプラグは二重構造でないため感電のおそれがある」と見える化されている。このリスクへの対処はアース端子をつけ、アース線を標準装備にすることで解消する。また同じくgでは「本体の刃先を斜めに使うと刃先が滑るおそれがある」と見える化されている。このリスクには安全装置を取り付けるまたはすべり止め用部品を添付する対策を行う。

また、比較的小さいリスクカテゴリーの例として11のカテゴリーではi取扱説明書に破棄に伴う注意点がないため、環境汚染を引き起こす可能性があることが指摘されており、対処策として取扱説明書に破棄の注意点の記載を追加することにした。

このように、1つの製品の開発に対してもリスクマネジメントプロセスは有効に機能している。

図表Ⅳ－④　充電式ドリルの具体的リスクと対応策

	危険の内容	危険の低減策
4	c　充電式ピンプラグは二重構造でないため感電のおそれがある	アース端子をつけ、アース線を標準装備にする
4	g　本体の刃先を斜めに使うと刃先が滑るおそれがある	安全装置を取り付ける。または、すべり止め用部品を添付する
5	a　本体を強く押し付けるとドリルの刃が折れて飛散する	安全装置を取り付ける
5	b　本体の電源スイッチの表示が1、0表示のみでon/offがわからず、緊急時にユーザーがスイッチを切れないおそれがある	「入る」「切る」表示に変更する
5	j　本体のチャックハンドルをつけたまま回すと、遠心力でハンドルが飛ぶ	スプリング内蔵のチャックハンドルを採用し、手で押していないと操作できないようにする
5	k　取り扱い説明書に分解禁止と記述しながら、詳細な分解図が掲載。本体、バッテリー、充電器も容易に分解可能	詳細分解図を削除する。特殊工具を要するネジを採用する
5	l　充電器の電子端子部が凸のため、金属片に振れた場合、ショートして発火する恐れがある	安全カバーを取り付ける
6	h　モーター部の過熱が度重なると劣化しやすい材質を使用しているため、破損し人身事故を起こす可能性がある	本体部分のプラスチックの材質を変更する
7	d　充電器のラベル（2枚）の文字が小さすぎるため、危険な取り扱いをする恐れがある	警告ラベルを再検討し、文字を大きくする
9	e　取扱説明書の安全上の注意が目立たないため、危険な取り扱いをする恐れがある	取り扱い説明書の記載要領を変更する
11	i　取扱説明書に廃棄に伴う注意点が無いため、環境汚染を引き起こす可能性がある	取り扱い説明書の記載を追加する
14	f　取扱説明書の説明とイラストが一致していないため、誤操作のおそれがある	取り扱い説明書の記載要領を変更する

出所：東京海上火災保険株式会社「PL予防のための製品リスクアセスメント」『リスクレーダー』（'97-2）。

リスクマネジメント先端企業の体制構築事例

リスクマネジメント動向調査2021によるとリスクマネジメント委員会を設置している企業の割合は82%にものぼる。ここでは実際に先進的な企業がどのような体制を構築しているのか。数字だけでは見えてこない実際のリスクマネジメントの運用事例を紹介する。

5

グループ会社のERMの構築

親会社が各事業部門、子会社、孫会社、関連会社のグループ会社すべてのリスクマネジメント全体を推進する

- 親会社にグループ会社全体の ERM 推進部局を設置
- 事業部、子会社、孫会社それぞれでリスクマネジメント組織を作り PDCA を実施
- グループ会社全体のブランド棄損も想定し、グループ会社の弱点の把握と状況により強化策の実施に必要な資金人材の投入を親会社の推進部局が行う

近年、持ち株会社制を用いる企業が増えてきている。持ち株会社にすることにより事業会社の組み換えや、M＆A、経営統合が行いやすいなどのメリットがある。一方上場企業では持ち株会社が株主総会で直接株主と向き合うが、事業そのものは傘下の各事業会社が行うこととなる。企業のリスクの大半は事業に伴うものが多く、株主としては各事業会社のリスクマネジメントに関心が向かうこととなる。

この事例では、持ち株会社方式ではないが、企業規模の大きな上場企業がリスクマネジメントはグループ会社経営戦略そのものであるとして捉えて実践しているものである。

親会社に企業グループ全体のリスクマネジメントを統括して推進するための事務局を設置する。親会社自体も複数の事業部や工場などそれぞれの現場のリスクマネジメントを推進する。各部門では品質管理やコンプライアンス、環境管理、労働安全活動など、事業経営に重大な影響を与えるリスクを対象にそれぞれのリスクマネジメントを行っていく。一方、子会社、孫会社にはそれぞれリスクマネジメント部門を設置し、会社ごとにそれぞれ企業全

図表Ⅳ－⑤　グループ会社のERMの全体像

リスクマネジメントはグループ会社経営戦略そのもの

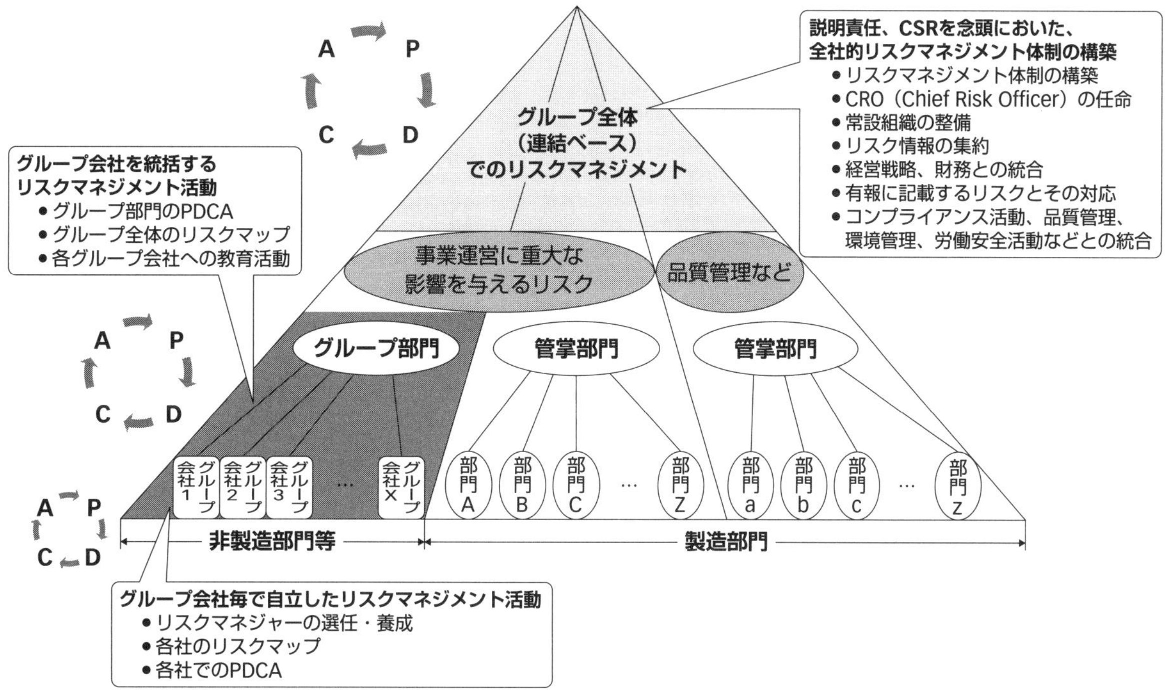

体のリスクマネジメント活動を実施していく。

このように、各事業部、子会社、孫会社、関連会社などの主体ごとにリスクマネジメント組織を作りPDCAの継続的改善活動を行うことが基本である。当然、それぞれの事業部や会社ごとに優先して取り組むべきリスクには違いがある。しかし、グループ全体として優先すべきリスクの決定や、各企業をまたがるリスクへの取り組みなどは親会社の全体統括部門で状況把握を行い取り組んでいく。また、どこかの会社や組織でリスクが顕在化し、ブランドを棄損しグループ全体の評判の下落や財務的損失などが発生することも想定されるため、グループ内のリスクマネジメントとしての弱点の把握と強化策の実施、場合によっては必要な資金や人材なども親会社の統括部門が提供している。

金融商品取引法関係で定められた内部統制の要求事項でも最低限持ち株比率による連結対象のグループ会社のすべてのリスクマネジメントは持ち株会社の責任範囲と定めている。中心テーマは粉飾決算の防止や有価証券報告書の誤りや不正の防止が対象であったが、企業経営の健全性をグループ会社すべてに求められているものと理解して、リスクマネジメントの取り組みを進めている。

6

取締役会のリスクマネジメントの役割を強化

経営の意思決定そのものがリスクマネジメントであり、取締役会のリスク把握の役割を強化した

- リスクマネジメントは取締役の責務と規定
- すべての事業計画や社内稟議書に損失を引き起こすリスクを明記
- リスクが過小評価されていないかも吟味し、取締役会で決済

この企業では大規模再開発事業にあたって、正式な手続きを踏まずに案件が進み、結果として損害を被るといった不祥事を経験した。そのため、単にコンプライアンスを強化することにとどまらず、経営のリスクマネジメントを強化するために意思決定のプロセスそのものを見直した。

社内のすべての事業計画や投資などに関する社内の稟議書に、事業が成功した場合の収益見込みを記述することはどこの企業でも実施していると思われる。ここでは、そのすべての稟議案件に対して考え得るリスク、成功に伴うメリット、投資する経営資源（資金）、成功阻害要因、想定される最大損失、などを明記することとした。これらにつき特に成功阻害要因や想定される最大の損害額などが甘い見積もりにならないよう、社内の様々な目を通して議論を深めるようにした。海外の工事案件などで日本の建設業で大きな損失が発生していることもあり、これらのリスクを事前に把握することができるようになり、一部の声の大きな役員が案件を通したり、またこれは社長が昔担当取締役のときに通した案件だから、損失が出てもやめられない、などといった弊害をなくすことができるようになった。一方、損害額が大きいからといってすべての案件を実施しなければ、企業が環境変化に負けてじり貧になるが、リスクを知って経営判断を行いリスクテイクを行うことで、新た

な投資案件に積極的に取り組むこともできるようになった。

すべての稟議書の決済を取締役会とすることによって、会社としての意思決定のプロセスを透明化し、たとえ案件が失敗し損失が発生したとしても意思決定の妥当性を株主へ説明できるようになった。これを機会に取締役がまさに執行役員をチェックし取り締まることができるようになった。

7

全世界のグループ会社の認識統一を担う専門部長の任命

全世界に広がるグループ会社のリスクマネジメントの認識を統一するために、顔が見える関係を構築し、締め付けよりも悩み事相談を重視する

- 各役職の分掌業務、ジョブディスクリプションにリスクマネジメントを明記
- 親会社にリスクマネジメント部局を設置し複数の部長クラスを配置
- 世界中のグループ会社を巡回し顔が見える関係を構築。国際標準規格に準拠する活動を行うが、査察ではなく支援を重視する

世界各地にグループ会社を持つこの製造業では、成り立ちも風土も違う各グループ会社のリスクマネジメントを統一して推進するために、国際標準規格のISO31000に準拠することを方針とすることとした。一方、具体的な運用を行うためには各企業の経営者とリスクマネジメント責任者および担当者を育成する必要がある。

取締役、執行役員、管理職をはじめ全職員の役割として各々の分掌業務規程にリスクマネジメントの項目を明記した。そのため個人の給与査定にリスクマネジメントの日常時の取り組みと緊急事態対応の評価が加わることとなった。ここで、リスクの範囲は、コンプライアンス違反や地震、火災、不良品などのマイナス要素だけではなく、売り上げ、利益、新商品対応などの戦略的項目も対象としている。一方、具体的な取り組みを進めるために、まず国内の研修制度を充実させた。リスクマネジメント責任者および担当者研修を最低年1回実施することにより、新任担当者に責任を認識させること、ノウハウを身に付け支えること、そして顔が見える関係を構築することを重視した。

本社のリスクマネジメント部門は各部署の責任者にも意見がいえるように

部長職クラスを複数あてることとし、緊急事態の対応でも交代要員を確保するとともに、半数は国内海外のグループ会社を巡回し、各グループ会社の具体的なリスクを把握するとともに、推進にあたって困っていることを聞き出し解決のためのアドバイスを行うこととした。これら各社の個別のリスクに対する日常時の取り組み状況や、事件事故発生時の対応の情報交換ができる情報システムも構築した。そのため、海外のグループ会社での事件や事故が発生した場合でも、すでに顔合せをして意見交換をしておくことで、緊急事態の対応も円滑に進んでいる。

8

総合商社のリスクマネジメント

総合商社は、新規事業に積極的に取り組むが、参入・撤退の定量的判断支援としてリスクマネジメントの概念を基盤に据えている

- どの事業にいくら投資を行うか、失敗時のリスク量を把握する
- 国ごと、事業ごとに投資金額枠を設定し、１つの国や事業に投資が偏らないポートフォリオを構築する

ゆりかごから墓場まで、ラーメンからミサイルまでと幅広い事業を扱う総合商社は、投資を行うだけではなく、グループ会社を設立し自ら事業を行う世界的にもユニークな事業形態である。総合商社の性格上、新進気鋭の取り組みを行うため新規事業投資も盛んであるが、すべてが成功するわけではなく事業撤退も頻繁に起きている。つまり戦略リスクが豊富な事業である。

新規事業の企画は当然成功する思惑があるから実施するものであるが、競争環境の状況や見込み違いにより累積損失を抱えることも頻繁にある。事業が失敗したと判断した場合は早めに損切りとして事業撤退を行う。一般に事業の撤退は惜しむ気持ちがあるため遅れがちとなるため、あらかじめ投資ルールと撤退ルールを定めておく必要がある。

この事例では一般に新たな国への進出や新たな事業への進出はグループ会社を設立して実施する。そして事業撤退時の損失のリスクを会社全体で平準化し、企業経営のバランスを取ることを重視した。そのため事業失敗時の損害を資本金の金額とし、累積損失が資本金を超え債務超過となった時点で基本的には撤退とする。これによりあらかじめ最大損失額が投資金額と定量化することとした。

国ごと、事業ごと、会社ごとにリスクの定量化を行い、客観的な数字とし

てリスク量を把握する。これにより地政学リスクにより国ごと没収となった場合でも損害額が一定の範囲内となり、立て直しができないような経営損失とならないようコントロールが可能となった。

9

次世代経営者育成のためのリスクマネジメント経営

全世界のグループ会社の経営者評価のために、リスクに応じたリターンの目標値を設定。事業目標を明確にしグループ会社経営者の評価を透明化する

- 各社のリスクに応じた管理会計上の疑似資本を割り当て、その資本に対する収益率で経営者を評価する
- ハイリスクハイリターン、ローリスクローリターンも事業目標に反映

グループ会社のグローバル展開により、各国のグループ会社の経営者をはじめ本社の役員も多国籍となった。文化が異なる様々な経営者が結集することはダイバーシティの面からも先進的であり、業績向上効果もあった。一方、全世界のグループ会社の社長他役員の人事考課において、様々な文化背景を持つ経営者からの要望で共通する指標の透明化が必要になった。

上場企業など株主からの経営者評価の1つに配当率や投下資本に対する収益リターン率が求められたりしている。一方、グループ会社の場合、その資本量、特に資本金は各国の規制や税率の関係、あるいは買収など様々な要件で都度決められたものであるため、事業の規模やリスク量と関係なく決まっていることが多い。そのため、各グループ会社および本社事業部の年度目標に、資本投下に対する収益リターン（ROE）を適用するが、その管理会計上の投下資本を当該事業の保有するリスク量に設定する。国際会計基準の考えを適用し、その事業が被るであろう1年間の最大損失額を計算し、それを一定規模上回る金額を疑似資本額とする。損失は売り上げ不振、競合他社への劣後など戦略リスクのほか、火災、不良品、地震、特許紛争など目標達成を阻害する要因すべてを対象とする。この過程で明確になった重要リスクに対

して経営者の責任で対策を実施する。

さらに当該事業に要求される利益率を定める。急激な売り上げ拡大が見込めない安定収益事業は低く、ベンチャー的な事業であれば高く設定する。これらにより定められた売り上げや利益等の年間目標をどれだけ達成したかが各グループ経営者の評価の重要な要素となる。さらにグループ会社の経営者に若手を起用することにより将来の幹部候補生の育成や選抜にも貢献し、全体として収益が向上した。

10

サプライチェーンリスクマネジメント

部品・原材料・サービスを提供してくれているサプライヤーのトラブルによるリスクも大きい。サプライヤー選定責任を認識しともに発展することを目指す

- よいサプライヤーの確保には必要なコストを支払う
- サプライヤーのリスク対策にもリスクマップが有効

事業継続計画BCPでもサプライヤーの途絶が大きなリスクであり、資源管理の重要性が示されているが、顧客に向けた製品サービスの提供やお客様満足度の向上に、安定した良質のサプライヤーの貢献が欠かせない。一方では、委託先の不祥事や部品製造業の不良品などによるリコールなど、サプライヤーや委託先のトラブルの影響を被ることも多い。情報システム関係の委託先に派遣されていた派遣社員による個人情報漏洩事件なども記憶に新しい。

BCPではすべての部品納入企業の途絶に備えて、購買部門で代替先を確保していく代替戦略が有効である。しかしながら複数社発注はお互いに品質やコストを競争させるというメリットもあるものの、同じ発注仕様であっても微妙に品質が異なるため、受け入れ側はすり合わせの労力がかかるデメリットもある。

サプライヤーとは共存共栄を目指すこととなるが、サプライヤーの事件事故による影響は無視できない。サプライヤーのリスクを網羅的に把握し、優先順位をつけ対応を行うにはリスクマップが有効となる。リスクマネジメントは階層構造を持っていることを説明したが、全体のERMの下にサプライチェーンリスクを位置付け、そこにリスクマネジメントプロセスを適応することができる。図表Ⅳ-⑥はある企業のサプライヤーリスクマップの一部分で、ある製品Xに着目して作製したものである。実際は製品もいくつもラインナップがあり、また数多くのサプライヤーと取引を行っているため、プロットされるリスクはもっと数が多い。

この例では頻度も影響度も大きな右上のD領域には調達品の品質管理のリスクがある。対応策としてはサプライヤーを代える、設計変更を行うなどの回避策を考える。

頻度は小さいが影響度が大きい左上のA領域には地震による部品の供給停止がある。対応策としてはBCPで検討されている代替調達先の確保や複数社発注などがある。

図表Ⅳ-⑥　サプライチェーンのリスクマップと対処策

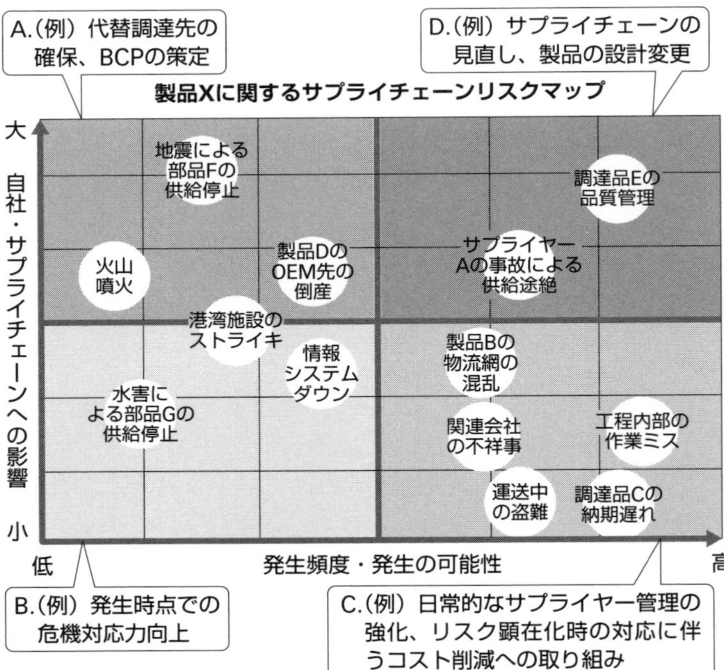

出所：青地忠浩「サプライチェーンリスクマネジメント概論―調達・購買のリスクマネジメント」『品質月間テキスト』No.380；東京海上日動リスクコンサルティング（株）『実践事業継続マネジメント（第4版）』（2018年、同文舘出版）。

頻度が多いが影響度が少ない右下のＣ領域には、納期遅れがある。対処策は日常時の細かな納期管理の充実がある。

頻度も少なく影響度も小さな左下のＢ領域にはストライキがある。この領域はリスクがあることを認識しておき、万が一発生した場合にその場で対処することとする。

このように、リスクマップを作成しリスクの頻度と影響度を把握し合理的な対処方法を行うことで日常時のコストを合理化させ、万が一発生した場合への準備も行うことができる。

11

サプライチェーンのトレーサビリティ

品質管理の観点のみならず児童労働防止や反政府ゲリラ支援防止の観点から、サプライヤーの生産状況を追跡できるトレーサビリティが必要

- 委託先の問題で被害者であるという言い訳は通用しない。お客様に対しては加害者である
- サプライヤーをさかのぼってリスク発生の原因を把握するトレーサビリティの仕組みが必要
- グローバルな視点では紛争鉱物や人権、および二酸化炭素排出量やサイバーセキュリティが焦点

サプライチェーンという名前の通り、原材料および部品は発注先1社で完結していることは少なく、さらにその先に発注が続き数珠つながり、つまりチェーンになっている。サプライヤーが納品できなかったり、あるいは不良品を納品したなど様々な事件や事故があり得るが、いずれにしろ発注仕様を調え、検品し合格を出し原材料や部品を受け入れたからには、お客様に対しては言い訳は通用しない。何よりどこに発注しているかをお客様は知るすべがなく、委託先選定の責任はすべて自社にあることを認識しなければならない。

購買部門が購買先を選定する場合、いくつかの選定指標を設けて総合評価を行っているのが実際である。評価項目の事例を挙げると、下記のようになる。

A社：①CSR（環境、人権、コンプライアンス）、②財務の安定性、③品質、④技術、⑤納期：BCP、⑥顧客の要求仕様への追随度、⑦コスト

B社：①コンプライアンス、②品質、③納期、④BCP、⑤コストダウン、⑥環境

お客様に納品した製品の品質に問題があり、製造物責任賠償を行ったり、製品回収をした場合には、その原因を追及する必要がある。自社の製造過程や納品過程に問題がある場合もあるが、自社に納品された原材料や部品の品質に問題があることもある。その場合はサプライチェーンをさかのぼってその根本原因を把握できる仕組みをあらかじめ構築しておく必要がある。製造会社、製造工場、製造工程、作成日付、ロットなどが即時に把握できること、それがトレーサビリティの仕組みである。

トレーサビリティの構築はもともと品質問題への対応であったが、最近は児童労働の防止や紛争鉱物の購入防止などの国際的な要求も厳しくなっている。サプライチェーンのすべてで、児童労働が行われている企業の製品を扱っていないこと、人権侵害が行われていないこと、また反政府勢力のゲリラが提供している鉱物（これを紛争鉱物という）を用いていないことを証明することが求められるようになってきている。事実、アメリカが人権侵害が行われていると指摘した地域で作られた綿花やトマトを利用した製品の輸入を禁止する措置を発動した事例がある。また、気候変動対応として二酸化炭素排出量をサプライチェーン全体で削減することも求められるようになり、さらに情報セキュリティの強化も必要となった。この点からもトレーサビリティが必要となっている。

12

理想的なリスクマネジメントの全体像

グループ経営を前提に、グループ会社レベル企業レベルのERM、各拠点、部門単位、各リスク単位の階層構造をもって平時と緊急時のリスクマネジメントの継続的改善活動を行っていく

- リスクマネジメントは経営者の責務
- 企業全体で優先するリスクを選定するフェーズ1
- リスクごとにリスクマネジメントプロセスを運用するフェーズ2
- リスクが発生したときの対応を行うフェーズ3

グループ会社経営が一般的になってきたが、基本は各企業でリスクマネジメントが実践されていることである。これまで述べてきたことが実際の企業でどのように運用されているかを、一枚の図にした。この内容が説明できれば企業レベルERMとしてのリスクマネジメントが理解できたといえる。

左の柱は経営者の柱である。この柱がぐらつくと会社もぐらつくこととなる。基本は経営者、社長をはじめとする執行役員の責務である。方針の発信、日々の稟議の承認、監査指摘事項の受け止め、そして定期的なリスクマネジメント全体の見直しの4点が経営者としての責務となる。経営者はこれらの執行について監督機関である取締役会や監査委員会、監査役会に報告を行い、これらの機関は責務として執行役員の監視を行う。

日常の取り組みはフェーズ1とフェーズ2がある。フェーズ1では企業全体で取り組むリスクの優先順位をつける。経営者と全部門長が参加するリスクマネジメント委員会を常設し、リスクを洗い出し、リスクマップなどを用いてリスクの評価を行い、会社として取り組むべきリスクの優先順位をつける。またこれらを参考に保険やローンなどの財務手当を行う。

図表Ⅳ－⑦　理想的なリスクマネジメント

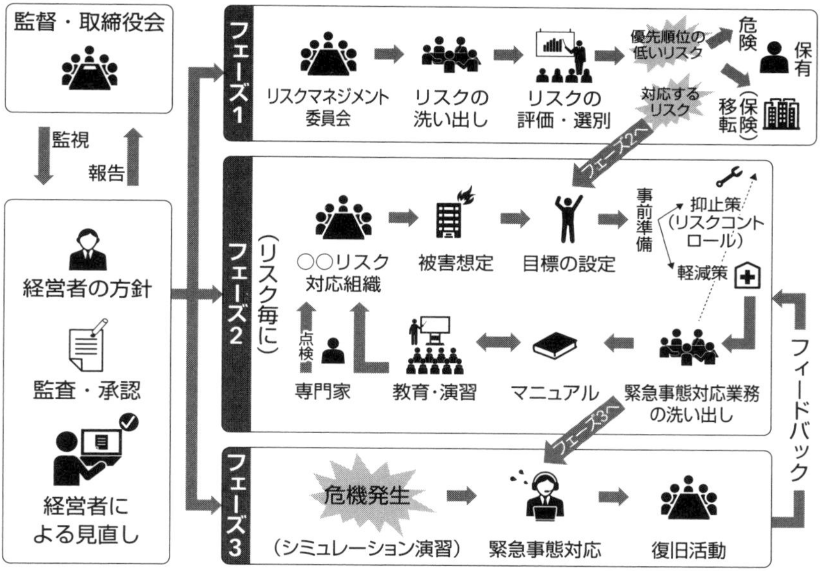

出所：リスクマネジメント規格活用検討会編著、編集委員長野口和彦編『ISO31000:2018（JISQ31000:2019）リスクマネジメント解説と適用ガイド』（2019年、日本規格協会）より著者が修正。

フェーズ2は優先的に取り組むべきリスクごとにこの取り組みのサイクルが行われる。リスク対応組織が決定され、その組織が対応策を推進する。リスクの被害想定を行い、リスク削減目標を設定し、リスク対応として抑止策と軽減策を日常対応として実施する。また万が一リスクが発生した場合の緊急事態対応業務を定め、これらをマニュアルや手順化する。従業員に対してこれらを周知徹底、教育演習を行い業務ができるようにする。また専門家を交えて点検し不備があれば是正を行う。このようにリスクマネジメントのプロセスは、企業全体レベル、事業部、拠点、リスクごとのレベルの様々な階層で日常的にPDCAの継続的改善が行われる。

フェーズ3はこれらの対応策をかいくぐって実際にリスクが顕在化した場合への対応である。あらかじめ緊急時の対応業務を準備していたもので対処できる事態管理の場合と、想定外や想定以上の状況への危機管理と双方のレベルがある。いずれにしろ緊急事態対応を行い、復旧活動を実施して、これらの反省点や教訓をフェーズ1、フェーズ2にフィードバックする。また、日常の対策が十分機能しているとなかなか緊急事態にならないため、かえって緊急事態対応の対応力が落ちるというジレンマがある。そこを補うために定期的に事件事故の発生を想定したシミュレーション演習を行う。

このような活動を企業全体で整合性をもって合理的に行うことが理想的なリスクマネジメントの実践となる。

参考文献

【書籍・雑誌】

Baruch Fischhoff, John Kadvany著、中谷内一也訳『Risk: A Very Short Introduction, First Edition』丸善出版、2015年。

Emmett.J.Vaughan. *Fundamentals of Risk and Insurance* (*9th edition*). Wiley India Pvt. Limited, 2007

青地忠浩「サプライチェーンリスクマネジメント概論―調達・購買のリスクマネジメント」 品質月間委員会『品質月間テキスト』380号、2011年。

岡本浩一『リスク心理学―ヒューマン・エラーとリスク・イメージ―』サイエンス社、1992年。

岡本浩一・鎌田晶子『属人思考の心理学―組織風土改善の社会技術―』新曜社、2006年。

甲良好夫・堀裕監修、伊藤勝也著『インターナル・コントロール―内部統制システム構築の手引き―』商事法務研究会、2001年。

指田朝久「リスクマネジメント―危機管理のプロシージャー―」『月間総務』2016年8月号。

指田朝久「リスクマネジメント―危機管理10則―」『月間総務』2018年12月号。

佐々淳行『危機管理のノウハウ(Part1-3)』PHP文庫、1979年(Part1)、1980年(Part2)、1984年(Part3)。

ジェームス・ラム著、林康史・茶野努訳『戦略的リスク管理入門』勁草書房、2016年。

高巌『コンプライアンスの知識(第3版)』日本経済新聞社、2017年。

東京海上火災保険株式会社『実践「企業危機管理」読本』プレジデント社、1995年。

東京海上日動リスクコンサルティング株式会社『実践事業継続マネジメント(第4版)同文舘出版、2018年。

東京海上日動リスクコンサルティング株式会社『リスクマネジメントがよ〜くわかる本(第二版)』秀和システム、2012年。

広瀬弘忠『人はなぜ逃げ遅れるのか―災害の心理学―』集英社新書、2004年。

リスクマネジメント規格活用検討会編著、編集委員長野口和彦『ISO31000:2018(JISQ31000:2019)リスクマネジメント―解説と適用ガイド―』日本規格協会、2019年。

【その他資料】

金融庁企業会計審議会内部統制部会「財務報告に係る内部統制の評価及び監督の基準案」(2005年12月18日公表)。

東京海上火災保険株式会社「PL予防のための製品リスクアセスメント」『リスクレーダー』1997-2号。

東京海上日動火災保険株式会社「リスクマネジメト動向調査2019」。

東京海上日動火災保険株式会社「リスクマネジメト動向調査2021」。

内閣府「事業継続ガイドライン（第3版）」。
農林水産省「平成20年度　農林水産省補助事業、食品業界の信頼性向上セミナー（実践版）テキスト」。
野村證券「証券用語解説集」（https://www.nomura.co.jp/terms/）。

【規格】

BS11200:2014 "Crisis Management Guidance and Good Practice"
JISQ2001:2001「リスクマネジメントシステム構築のための指針」
JISTRQ0001「危機管理システム」
IEC/ISO31010:2009/JISQ31010:2012「リスクマネジメント―リスクアセスメント技法」
ISO9001:2015/JISQ9001:2015「品質マネジメントシステム―要求事項」
ISO14001:2015/JISQ14001:2015「環境マネジメントシステム―要求事項及び利用の手引」
ISO22320:2011/JISQ22320:2013「社会セキュリティ―緊急事態管理―危機対応に関する要求事項」
ISO22301:2019/JISQ22301:2020「セキュリティ及びレジリエンス―事業継続マネジメント―要求事項」
ISO/IEC27001:2013/JISQ27001:2014「情報技術―セキュリティ技術―情報セキュリティマネジメントシステム―要求事項」
ISO31000：2018、JISQ31000：2019「リスクマネジメント―指針」
PAS200:2011 "Crisis Management Guidance and Good Practice"

索 引

英数

AAR …… 161
BCP …… 15, 272, 300
BIS 規制 …… 140
COP …… 254
CRIP …… 254
crisis management …… 11, 35, 187, 277
CRO …… 61, 181, 272
ERM …… 41, 81, 310, 326
haccp …… 102
IC3 …… 252
ICS …… 201, 211, 223
incident management …… 35, 187, 235
ISMS …… 122
ISO14001 …… 43
ISO22301 …… 43, 300
ISO22320 …… 211, 259
ISO27001 …… 43, 122, 152
ISO31000 …… 29, 34, 41, 92
ISO31010 …… 97, 102, 119
ISO9001 …… 43
ISOGUIDE51 …… 28
JISQ2001 …… 5, 14, 34
KPI …… 168
MCOPE …… 120
NIMS …… 211
PDCA …… 38, 49, 79, 327
PML …… 100
ROE …… 319
SWOT 分析 …… 74, 82
Tail-VaR …… 139
TCFD …… 17
uncertainty …… 29
VaR …… 138, 142
3 分間ブリーフィング …… 252

あ

アカウンタビリティ …… 69, 75, 182

移転 …… 114, 136, 146
インシデント …… 180
インターナルコントロール …… 77

エクイティプット …… 126
エスカレーション …… 186, 202, 246
演習 …… 153, 233, 327
エンドポイント …… 31

応援受援 …… 304
オールリスク …… 301
お互い様協定 …… 303
オペレーショナルリスク …… 87, 95

か

会社法 …… 8, 30, 77, 297
回避 …… 114, 146
確率 …… 92
株主代表訴訟 …… 9, 16
監査 …… 54, 172, 176
監視測定 …… 168
監督機関 …… 56
管理スパン …… 198

危機管理 …… 11, 35, 37, 187, 277, 288
危機管理元年 …… 5, 40, 233

危機管理規程 ………… 192
記者会見 ………… 220, 243, 262
机上演習 ………… 155, 235
機能別組織 ………… 198, 214
基本目的 ………… 59
キャッシュフロー ………… 126
キューバ危機 ………… 11
教育 ………… 153, 233
協議 ………… 71
共有 ………… 117
記録 ………… 160
緊急事態 ………… 208, 225, 258, 327
緊急事態宣言 ………… 202
緊急事態判定 ………… 194, 245
金融工学 ………… 28
金融商品取引法 ………… 77, 263, 298

クライシスコミュニケーション ………… 158
クロストレーニング ………… 303
訓練 ………… 155

経営資源 ………… 54, 67, 153
経営者 ………… 54, 233, 326
軽減策 ………… 19, 116, 208
継続的改善 ………… 59, 170, 181
権限委譲 ………… 189, 192, 217
原則 ………… 42

公益通報者保護法 ………… 9, 298
行動指針 ………… 59
広報 ………… 200, 237, 263
後方支援 ………… 213
コーポレートガバナンス ………… 17, 57, 72
国際会計基準 ………… 127, 137
国際標準規格 ………… 27, 153
個人情報保護法 ………… 122
コスト対効果 ………… 33, 55, 146
コミットメント ………… 52
コンサルテーション ………… 71
コンティンジェンシープラン … 168, 189, 277
コンティンジェントキャピタル ………… 126
コンティンジェントノート ………… 126
コンピテンシー ………… 153, 215, 239
コンプライアンス ………… 108, 173, 179, 294

さ

サーベンスオクスリー法 ………… 9
債券 ………… 124
財務インパクト分析 ………… 131
財務リスク ………… 87, 95
サプライチェーン ………… 304, 321, 324

指揮命令系統 ………… 195, 196
事業継続計画 ………… 15, 272, 300
事業継続力強化計画認定制度 ………… 305
時系列一覧表 ………… 229
事後対応 ………… 35
事前準備 ………… 186
事態管理 ………… 35, 37, 187, 235
シナリオ ………… 100, 236, 303
資本 ………… 127, 133, 139
シミュレーション ………… 236
シミュレータ ………… 237
事務局 ………… 66, 198, 249
受容 ………… 118
状況認識の統一 ………… 251, 253
状況の確定 ………… 74
情報の吸い上げ ………… 223
ジョブディスクリプション ………… 315

スイスチーズモデル ………… 207
ステークホルダー ………… 74, 157, 262, 281
ステートメント ………… 267
スプリットオペレーション ………… 303
スポークスパーソン ………… 268, 272

西暦2000年問題 …… 21
セキュリティ …… 37
絶対安全 …… 289
説明責任 …… 68, 149
戦略リスク …… 87, 95, 108

早期警戒システム …… 205, 208, 245
早期復旧戦略 …… 303
想定外 …… 15, 37, 187
相転移 …… 189
属人思考 …… 294
ソルベンシーマージン …… 140
損害保険 …… 116, 124, 129

た

対策本部 …… 198, 219, 247
第三者委員会 …… 280
第三者評価 …… 167
貸借対照表 …… 127
大数の法則 …… 25
代替戦略 …… 303
タイレノール …… 11, 20, 281
ダメージコントロール …… 190, 277

チェックシート …… 171
チェックリスト …… 225, 231
地下鉄サリン事件 …… 5, 40, 233

低減 …… 114, 146
定量化 …… 137, 317
テールリスク …… 139
適用範囲 …… 81
デリバティブ …… 124
点検 …… 177, 181
点検是正 …… 171

独占禁止法 …… 10, 299
特別損失 …… 7
特急ルート …… 206
取締役会 …… 56, 313, 326
トレーサビリティ …… 324

な

内部統制 …… 29, 77, 96
内部統制システム …… 295
内部留保 …… 127

日常点検 …… 171
日本型会計基準 …… 7
日本型経営 …… 56
認証制度 …… 45
任務遂行責任 …… 68, 149

は

パーセプションギャップ …… 105
バイアス …… 103
ハイリスクハイリターン …… 28, 319
ハザード …… 31
ハザードリスク …… 87, 95
パフォーマンス評価 …… 163, 166, 181
パラメトリック保険 …… 126
バランスシート …… 133
バリューアットリスク …… 137
阪神・淡路大震災 …… 5, 40, 233
反復的プロセス …… 119

ヒートマップ …… 163
被害想定 …… 38, 97, 151
東日本大震災 …… 14, 38, 145, 261

ファイナイト …… 126
負債 …… 133
不作為 …… 85

不測事態対応計画 …… 168, 189, 302
不確かさ …… 28, 81
復旧 …… 281
復旧期間 …… 35
フレーミング …… 103
フレームワーク …… 43
ブレーンストーミング …… 84
プレス資料 …… 268
フローチャート法 …… 84
プロシージャー …… 243, 277
プロスペクト理論 …… 103
分散 …… 116
粉飾決算 …… 9, 78
分離 …… 116

ペリル …… 31

冒険貸借 …… 23
方針 …… 59, 64, 326
ポジションペーパー …… 213, 253, 264
保有 …… 114, 118, 146

ま

マニュアル …… 185, 208, 225
マネジメントシステム …… 45, 176

メンタルヘルス …… 285

モニタリング …… 78
モンテカルロシミュレーション …… 102, 138, 141

や

有価証券報告書 …… 9, 16, 108
有効性評価 …… 163, 166
融資 …… 129
融資枠 …… 124
優先順位 …… 108, 187, 226

抑止策 …… 19, 116, 208

ら

ランク法 …… 93

リアルタイム …… 236, 240
リーダーシップ …… 52
力量 …… 67, 83
リスク …… 3, 28, 31, 133
リスクアセスメント …… 97, 102
リスクオーナー …… 68, 181, 272
リスク基準 …… 81, 118, 182
リスクコスト …… 143
リスクコミュニケーション …… 71, 157, 256
リスクコントロール …… 143
リスク情報の開示 …… 16, 151, 158
リスク対策 …… 80, 114
リスクテイク …… 55
リスクトレードオフ …… 148
リスクの算定 …… 80, 92, 181
リスクの特定 …… 80, 86
リスクの発見 …… 80, 83, 158
リスク評価 …… 80, 106, 181
リスクファイナンス …… 124, 143
リスク分散 …… 25
リスクマップ …… 95, 107, 146
リスクマトリックス …… 306
リスクマネジメント …… 22, 32, 34, 41, 77, 287, 326
リスクマネジメント委員会 …… 50, 63, 163
リスクマネジメントプログラム …… 80, 146, 163
リスクマネジメント目標 …… 80, 112
リスク源 …… 29
リスク量 …… 118, 127, 137

リニエンシー 10

レイアウト 219
レジリエンス認証 305
レスポンシビリティ 69
レビュー 181, 250

ロイズ 24

わ

枠組み 43
ワンボイス 283

著者紹介

指田朝久（さしだ　ともひさ）　**東京海上ディーアール株式会社　主幹研究員**
京都大学博士（情報学）、気象予報士、情報処理技術者システム監査

立教大学21世紀社会デザイン研究科客員教授、法政大学ビジネススクール兼任講師、慶応大学ビジネススクール非常勤講師、同志社大学ビジネススクール嘱託講師、常葉大学環境防災研究科非常勤講師、桜美林大学ビジネスマネジメント学群非常勤講師、日本大学危機管理学部非常勤講師を兼務。

1955年生まれ、東京大学工学部計数工学科数理コース卒業、1979年東京海上火災保険株式会社に入社し、情報システム部、リスクマネジメント業務部を経て東京海上リスクコンサルティング株式会社設立とともに出向。主に危機管理、情報リスク、事業継続計画BCPなどのコンサルティングに従事。また、政府業務継続に関する評価等有識者会議委員など政府自治体など各種委員を歴任。

著書に『リスクマネジメントがよ～くわかる本（第2版）』（秀和システム）、『実践　事業継続マネジメント（第4版）』（同文舘出版，共著）、『企業の地震リスクマネジメント入門』（日科技連出版社，共著）など多数。

編者紹介

東京海上ディーアール株式会社

1996年8月に東京海上火災保険株式会社の企業向けリスクコンサルティング部門を独立させ、東京海上リスクコンサルティング株式会社として設立。2021年7月に現社名に変更。企業や自治体などに対して、火災爆発、自然災害、製品安全、環境問題、土壌汚染、情報リスク、苦情対応、コンプライアンス、交通安全、広報対応、海外安全、危機管理、事業継続計画BCP、サプライチェーンリスクマネジメント、健康経営など幅広い分野において、最新のデジタル技術を駆使して、リスクの評価やリスクの低減対策、事故事件発生時の危機対応に関するコンサルティングを行っている。

URL：https://www.tokio-dr.jp/

2022年 9 月 30 日　初版発行
2024年 5 月 15 日　初版 4 刷発行　　略称：リスク危機管理

これだけは知っておきたい
リスクマネジメントと危機管理ガイドブック

編　者　Ⓒ 東京海上ディーアール株式会社
発行者　中 島 豊 彦

発行所　同 文 舘 出 版 株 式 会 社
東京都千代田区神田神保町 1-41　〒101-0051
営業（03）3294-1801　編集（03）3294-1803
振替 00100-8-42935　https://www.dobunkan.co.jp

Printed in Japan 2022　　DTP：マーリンクレイン
印刷・製本：萩原印刷

ISBN978-4-495-39066-2